AUS DEM TAGEBUCH DER MADEMOISELLE S...

oder

Die Memoiren der Sängerin Wilhelmine Schröder-Devrient

AUS DEM TAGEBUCH DER MADEMOISELLE S...

oder

Die Memoiren der Sängerin Wilhelmine Schröder-Devrient

Nach dem Erstdruck
der Budapester Babylon-Presse
neu herausgegeben
von

KATINKA & FRITZ VAN EYCKEN

HAFFMANS VERLAG
BEI ZWEITAUSENDEINS

Die vorliegende Neuausgabe folgt dem Privatdruck
der »Literaria« Bibliophilen-Vereinigung, Babylon-Presse,
Budapest 1851.

1. Auflage, Mai 2016

Umschlagbild von Raphael Kirchner.
Gestaltung & Herstellung von Urs Jakob,
Werkstatt im Grünen Winkel, CH-8400 Winterthur.
Satz: Fotosatz Amann, Memmingen.
Druck & Bindung: Ebner & Spiegel, Ulm.
Printed in Germany.

Dieses Buch gibt es nur bei Zweitausendeins im Versand,
Karl-Tauchnitz-Straße 6, D-04107 Leipzig.
Telefon 069-420-8000, Fax 069-415003.
Internet www.Zweitausendeins.de,
E-Mail info@Zweitausendeins.de.
Oder in den Zweitausendeins-Läden
in Augsburg, Berlin, Braunschweig, Bremen, Darmstadt, Dortmund,
Erfurt, Frankfurt am Main, Freiburg, Göttingen, Hamburg, Hannover,
Karlsruhe, Mannheim, Marburg, Münster, Neustadt an der Weinstraße,
Oldenburg, Ulm & Weil am Rhein.

ISBN 978-3-86150-996-7

INHALT

EINFÜHRUNG
Brief an den unbekannten Retter & Lehrmeister
11

ERSTER TEIL

Erster Brief.
Kindheit & Erweckung unserer Heldin Pauline.
Unverhoffte Betrachtung ihrer Eltern.
Die Gouvernante Marguerite. Rettung vorm Gewitter.
17

2. Brief.
Die Geschichte Marguerites. Im Dienste der Baronin.
Beim Grafen in Genf. Freuden zu zweit & selbdritt.
41

3. Brief
Betrachtungen des weiblichen Körpers.
Über weibliche Pein, List & Lust.
59

4. Brief
Ausbildung zur Sängerin.
83

5. Brief
Abenteuer mit dem Korrepetitor Franzl.
Die Tante & ihr Mops. Spröde
Stuten & Glückliche Hengste. Freundin Rudolfine
und ihre Mündlichen Überlieferungen.

Ode an die Freuden, Warnung vor den Folgen.
Mit Rudolfine in Baden.
Der italienische Nabob und sein Wiener Bankier.
89

6. Brief
Eine fürstliche Troika.
107

7. Brief
Die Geschichte des Fürsten. Abschied von Wien.
135

ZWEITER TEIL

8. Brief
In Frankfurt in der Ödnis. Heimat ist die Musik.
Freundschaft mit Denise & Duvalin.
Zwei Jahre keusch wie die heilige Magdalena.
149

9. Brief
Wieder in Wien. Weiter nach Ungarn.
163

10. Brief
Die Eroberung des jungen Herrn Arpad von N. und eine Zaubernacht im Park. Im Banne des Marquis de S.
169

11. Brief
Anna, Nina und die liebe Rosa. Filtrierter Champagner.
Pein & Lust in Ofen & Pest.
193

12. Brief
Ferrys Philosophie des befreiten Genusses.
Maskenball im Odalisken-Harem.
207

13. Brief
Ferry & Nina. Bei den Räubern in Ungarn im Walde.
223

14. Brief
In Italien. Mit Sir Ethelred Merwyn in Florenz.
Finale Orgie im Kapuzinerkloster zu Rom.
233

15. Brief
Köstliche Pasteten. Die vier Erbinnen in Paris.
Köstliche feurige Ungarinnen.
249

Letzter Brief
aus London. Was bleibt? Sarolta & Rosa. Rosa solo.
Von der Wollust zur Wohllust.
261

ANHANG

Editorisch-biographische Notiz
277

Glossar
279

Über Wilhelmine Schröder-Devrient
281

AUS DEM TAGEBUCH DER MADEMOISELLE S......

EINFÜHRUNG

Brief an den unbekannten Retter & Lehrmeister

Warum sollte ich Ihnen etwas verhehlen? Sie haben sich in sehr schwierigen Lagen meines Lebens als ein so wahrer und uneigennütziger Freund erwiesen, haben mir so wesentliche Dienste geleistet, daß ich Ihnen mein vollständiges Vertrauen schenken kann. Ihr Wunsch überrascht mich übrigens nicht. Schon in unseren früheren Gesprächen bemerkte ich, daß Sie eine Neigung und Vorliebe haben, die geheimen Triebfedern zu erforschen, welche bei uns Frauen die Ursache so mancher Handlungen werden, für welche auch die geistreichsten Männer häufig um die Erklärung verlegen sind. Obgleich uns die Verhältnisse jetzt weit auseinander geführt haben und wir uns aller Wahrscheinlichkeit nach nie wieder sehen werden, so denke ich doch stets mit Dankbarkeit an die Zeit, wo Sie mir in meinem großen Unglück beigestanden und in allem, was Sie mir getan, verschafft und abgewehrt, nie an sich gedacht, sondern nur mein Wohl gewollt haben. Das werde ich Ihnen nie vergessen! Es hat nur von Ihnen abgehangen, jede Gunstbezeugung von mir zu erhalten, die ein Mann nur wünschen kann, denn Sie kannten mein Temperament und ich war Ihnen sehr gut. An Gelegenheit hat es uns nicht gefehlt, und ich habe Sie oft bewundert, welche Gewalt Sie sich angetan haben. Denn daß auch Sie in dem fraglichen Punkte außerordentlich reizbar, ebenso reizbar wie ich waren, habe ich mehr als einmal bemerkt, und

Sie haben es mir oft selbst gesagt, daß ich einen sehr scharfen Blick und sehr viel mehr Verstand habe als viele andere Frauen. Nun haben Sie das Verlangen an mich gestellt, Ihnen aufrichtig und vor allen Dingen ohne weibliche Zurückhaltung – die ich Ihnen ja selbst oft genug Ziererei genannt habe – meine Erfahrungen und Anschauungen über das Fühlen und Denken der Frauen mit Bezug auf den wichtigsten Moment ihres Daseins: die Liebe und Vereinigung mit dem Manne, mitzuteilen. Anfangs setzte mich Ihr Wunsch in Verlegenheit, denn – lassen Sie mein Bekenntnis gleich mit einem entscheidenden Charakterzuge aller Frauen ohne Ausnahme beginnen: – »Nichts wird uns schwerer als eine vollkommene Aufrichtigkeit gegen den Mann; denn die Sitte und die Notwendigkeit des gesellschaftlichen Zwanges legt uns von frühester Jugend an so viele Rücksichten auf, daß wir ohne Gefahr nicht aufrichtig sein können!« Als ich aber über das nachdachte, was Sie eigentlich von mir verlangen, und vor allen Dingen, als ich mich der Eigenschaften des Mannes erinnerte, der es von mir verlangte, da fing Ihre Idee an, mir Vergnügen zu machen. Ich versuchte es, einige meiner Erfahrungen zu Papier zu bringen, stockte zwar, als ich an Dinge kam, die wirklich eine vollkommene Aufrichtigkeit verlangen und die man eben nicht niederzuschreiben pflegt; aber ich zwang mich, dachte daran, daß ich Ihnen eine Freude damit mache, und überließ mich nun ganz der Erinnerung an die vielen glücklichen Stunden, die ich genossen und von denen ich nur eine bereue: dieselbe, über deren traurige Folgen Ihre aufopfernde Freundschaft mir hinweggeholfen hat. Als ich erst die anfängliche Scheu besiegt hatte, empfand ich bei der Schilderung dessen, was ich von anderen Frauen erfahren, ein ganz entschiedenes Vergnügen. Je ausführlicher ich wurde, je mehr kam mein Blut auf die angenehmste Art in Wallung. Es war mir wie ein Nachgeschmack der Freuden, die ich genossen und deren ich mich nicht schäme, wie Sie wissen. – Wir sind durch die sonderbarsten Verhältnisse so vertraut miteinander geworden, daß es mir übel anstehen würde, mich Ihnen in einem andern Lichte zu schildern, als ich wirklich bin, wofür mich aber – dank meiner von früher Jugend an bewiesenen Lebensklugheit – niemand außer Ihnen und dem unglückseligen Menschen, der mich so schmählich betrogen, zu halten das Recht hat. Es ist allerdings mehr eine Verkettung von ungewöhnlichen Umständen, als mein eigenes Verdienst, daß ich in dem ganzen Kreise meiner Bekanntschaft als ein vollkommen tugendhaftes und sogenanntes kaltes Mädchen gelte, während selten ein Mädchen mehr genossen und mehr erfahren haben dürfte, als ich bis zu meinem jetzt 36. Lebensjahre. Indessen, was halte ich mich bei der Vorrede so lange auf?

Ich sende Ihnen, was ich seit einigen Tagen niedergeschrieben habe, und Sie mögen dann selbst beurteilen, ob ich aufrichtig bin oder nicht. Ich habe versucht, die erste Ihrer Fragen zu beantworten, und ich habe mich überzeugt, wie recht Sie hatten, als Sie mir einmal sagten, der geschlechtliche und sittliche Charakter bildet sich nach denjenigen Umständen, unter denen der Mensch in die sorgfältig verschleierten Geheimnisse der Liebe eingeweiht wird. Ich finde jetzt allerdings, daß dies auch bei mir der Fall gewesen ist!

Obgleich ich fleißig fortfahren werde, aufzuzeichnen, was ich erlebt und erfahren habe, so erhalten Sie doch nicht eher einen Brief von mir, bis Sie den ersten beantwortet haben. Vorderhand macht mir die sonderbare Schriftstellerei Vergnügen, sogar mehr Vergnügen, als ich für möglich gehalten.

Daß Sie mein unbegrenztes Vertrauen nicht mißbrauchen werden, dafür bürgt mir Ihre edle Gesinnung und Ihr edler Charakter, von dem ich ja die glänzendsten

Beweise habe. Was wäre ich ohne Sie? Ihre aufopfernde Freundeshilfe, Ihren Rat? Ein elendes, verlassenes und vor der Welt entehrtes Geschöpf!

Ich weiß aber auch, daß Sie mich trotz Ihrer anscheinenden Kälte und Entsagung lieb haben.

Deshalb gebe ich mich also getrost in Ihre Hände. Grüßen Sie usw.

Dresden, den 7. Februar 1851.

Erster Teil

Erster Brief

Kindheit & Erweckung unserer Heldin Pauline.
Unverhoffte Betrachtung ihrer Eltern. Die Gouvernante Marguerite.
Rettung vorm Gewitter.

Meine Eltern, wohlhabende, aber keineswegs reiche Leute, hatten mir eine musterhafte Erziehung gegeben. Mein lebhafter Charakter – die Gabe, alles spielend zu erlernen, und namentlich mein schon früh ausgebildetes Talent für Musik, machten mich zum Liebling nicht allein meiner Eltern, sondern aller, die unser Haus besuchten. Bis zum 13. Jahre hatte mein Temperament vollständig geschwiegen. Andere junge Mädchen hatten mir erzählt, was es namentlich für eine Bewandtnis mit dem Unterschiede zwischen dem männlichen und weiblichen Geschlechte habe, daß es eine Fabel sei, wenn man uns weismachen wolle, der Storch bringe die Kinder, und daß doch gewiß recht sonderbare Dinge vorgehen müßten, wenn man sich verheirate. Mein Interesse an solchen Gesprächen war immer nur das der Neugierde gewesen. Meine Sinne sprachen dabei noch in keiner Weise mit. Erst als sich an meinem Körper die ersten Spuren der Mannbarkeit zeigten, als ein leichter Anflug gekräuselter Haare sich da bemerkbar machte, wo die Mutter selbst beim Anziehen und Waschen nie eine vollständige Entblößung litt, da gesellte sich zu der Neugierde auch noch das Wohlgefallen. Wenn ich allein war, untersuchte ich die mir unerklärliche Erscheinung des krausen Haarwuchses an jener Stelle, die doch eine große Bedeutung und Wichtigkeit haben mußte, da alle Welt sie so sorgfältig hütete und den Blicken entzog. Beim Aufstehen, wenn ich mich bei verschlossenen Türen allein wußte, nahm ich einen Spiegel von der Wand, stellte mich davor und rückte ihn so lange schräg, bis ich alles genau sehen konnte, öffnete mit den Fingern, was die Natur so sorgfältig verschlossen hält, begriff dann aber um so weniger, was meine Gespielinnen von der Art und Weise erzählten wie die innigste Vereinigung zwischen Mann und Frau stattfinde. Der Augenschein überzeugte mich, daß das gar nicht möglich sei. An Bildsäulen hatte ich ja gesehen, wie anders der Mann von der Natur ausgestattet ist als die Mädchen. Da ich diese Untersuchung immer beim Waschen mit kaltem Wasser vornahm, wobei ich an den Wochentagen allein und ganz nackt war, während ich sonntags in Gegenwart der Mutter die Hüfte bis zum Knie bedeckt halten mußte, so konnte es nicht fehlen, daß ich auch bald auf die immer mehr sich rundenden Formen der Hüften und Schenkel aufmerksam werden mußte. Das machte mir ein unerklärliches Vergnügen. Meine Gedanken schweiften in die Weite. Ich versuchte, mir auf alle mögliche Weise zu erklären, was ich doch nicht begreifen konnte; ich erinnere mich aber genau, daß damals meine Eitelkeit sich zu regen begann.

Um diese Zeit war es auch, daß ich mich selbst wunderte, wie abends beim Zubettegehen meine Hand unwillkürlich auf meinen Unterleib fiel und mit den eben aufkeimenden Haaren spielte. Das Kräuseln zwischen den Fingern, die Wärme der Hand machte mir Vergnügen, ohne daß ich damals schon ahnte, wieviel mehr dort schlummerte. Ich preßte dann die Schenkel über der Hand zusammen und schlief regelmäßig in dieser Lage ein.

Mein Vater war ein sehr ernster Mann und meine Mutter ein Muster weiblicher Sitte und des feinsten Anstandes, so daß ich vor beiden einen außerordentlichen

Respekt, gerade deswegen aber auch die größte Liebe für sie fühlte. Höchst selten kam ein Scherzwort über die Lippen meines Vaters, und ebenso selten sah ich von ihm eine Zärtlichkeit für meine Mutter. Dabei waren beide sehr schöne Leute. Der Vater war damals ungefähr 40, die Mutter 34 Jahre alt.

Nie war mir der geringste Gedanken gekommen, daß unter dieser ernsten und in jeder Beziehung gemessenen Außenseite soviel Sinnlichkeit und Lebensgenuß verborgen sei, wie ich durch einen sonderbaren Zufall von ihnen erfahren sollte. Ich war 14 Jahre alt geworden und ging eben in den Konfirmandenunterricht zu einem Prediger, der, nebenbei gesagt, meine erste schwärmerische Liebe war, und nicht die meinige allein, sondern die aller seiner Schülerinnen, obgleich er nichts weniger als jung und schön war. Ich habe vielfach beobachtet, daß Lehrer, und vorzüglich Religionslehrer, den ersten nachhaltigen Eindruck auf das Gemüt junger Mädchen machen. Ist der Prediger ein guter Kanzelredner – ein in der Gemeinde beliebter Mann, so schwärmen alle jungen Mädchen für ihn. Später komme ich vielleicht auf diesen Gegenstand zurück, der ja auch zur Beantwortung Ihrer Frage gehört.

Ich war also vierzehn Jahre alt und körperlich schon vollkommen ausgebildet, bis auf das eigentliche Zeichen der periodischen Blume, das Zeichen der ganzen Weiblichkeit. Da kam der Geburtstag des Vaters heran, und die Mutter traf mit der liebevollsten Geschäftigkeit alle Vorbereitungen dazu. Ich hatte ein Gedicht gemacht – Sie kennen ja mein kleines poetisches Talent – (unter uns gesagt, mit dem Wunsche, daß es unser Prediger korrigieren möge und ich dann einen Vorwand hätte, zu ihm zu gehen) – einen großen Blumenstrauß gewunden und war schon frühmorgens festlich angezogen, weil der Vater schöne Toilette sehr liebte. Meine Eltern schliefen nicht zusammen, weil der Vater oft sehr spät arbeitete und dann die Mutter nicht stören wollte, – so sagten sie wenigstens; später habe ich auch darin ihren weisen Lebensgenuß erkannt. Alle die Dinge, welche vor dem Zubettgehen und nach dem Aufstehen nötig sind, die Zwanglosigkeiten, welche sich mit der Bequemlichkeit verbinden, die nachlässige, oft lächerliche Toilette des Nachtanzuges, kurz die zu genaue Bekanntschaft sollten Eheleute von sich fernhalten, damit sie sich immer neu und reizvoll bleiben. Mein Vater schlief also nicht in dem Schlafzimmer meiner Mutter. Gewöhnlich stand er um 7 Uhr auf. An seinem Geburtstage war die Mutter schon um 6 Uhr auf und im Hause tätig, um die Geschenke zu ordnen und Vaters Bild zu bekränzen. Gegen 7 Uhr sagte sie: das frühe Aufstehen mache doch recht müde und sie wolle sich noch einen Augenblick aufs Bett legen bis der Vater herüberkäme. Weiß der Himmel, wie mir die Idee kam, aber ich dachte, es müsse doch zu hübsch sein, wenn ich dem Vater gleichzeitig mit der Mutter gratulieren könne, denn ich hatte ihn schon in seinem Zimmer husten gehört. Er war also auf und mußte bald herüberkommen. Während die Mutter noch mit dem Dienstmädchen sprach, schlüpfte ich in das Schlafzimmer, welches einen Alkoven mit einer Glastüre hatte, in welchem die sämtlichen Garderobeschränke standen. Dort wollte ich versteckt stehen bleiben, bis die Mutter dem Vater gratulierte, und dann durch mein Erscheinen die geliebten Eltern überraschen. Ganz stolz und glücklich über meinen Plan, stand ich mäuschenstill hinter der Glastür des Alkovens, als meine Mutter hereintrat, sich schnell bis aufs Hemd entkleidete, sich auf ein bereitstehendes Bidet setzte und sich sorgfältig wusch. Ich sah dabei zum ersten Male, welch einen wunderschönen Körper meine Mutter hatte. Dann stellte sie einen großen Stehspiegel, der am Fußende ihres Bettes neben ihrer Toilette stand, schräg gegen ihr Gesicht und legte sich dann ins Bett, die Augen aufmerksam nach der Tür gerichtet. Jetzt erst kam mir der Gedanke, daß ich wohl eine Ungeschicklichkeit begangen haben könnte, und ich wäre gern so weit wie möglich aus dem Alkoven weg gewesen. Ein dunkles Gefühl sagte mir, daß vor meinen Augen etwas geschehen würde, was ein junges Mädchen nicht sehen dürfte. Ich hielt ängstlich meinen Atem an und zitterte an allen Gliedern. Da öffnete sich die Tür, und der Vater trat herein, wie gewöhnlich des Morgens mit einem eleganten Schlafrock bekleidet. In dem Augenblick, wo die Tür sich bewegte, hatte meine Mutter die Augen geschlossen und stellte sich fest schlafend. Der Vater trat an das Bett, betrachtete mit dem Ausdruck der größten Liebe die Schlafende, ging dann zur Tür zurück und schob den Riegel vor. Mir wurde immer banger, und es war mir zumute, als sollte ich in die Erde sinken, als mein Vater nun leise die Beinkleider abstreifte, so daß er unter dem Schlafrocke nur noch das Hemd hatte, sich dem Bette wieder näherte und vorsichtig die leichte Schlafdecke abhob. Damals hielt ich es für Zufall, jetzt weiß ich es besser, daß die Mutter mit geöffneten Schenkeln – das eine Bein angezogen, das andere ausgestreckt – dalag. Ich sah zum ersten Male einen andern weiblichen Körper, aber ausgewachsen und in vollster Blüte, und dachte mit Beschämung an die Unreife des meinigen. Das Hemd war ganz heraufgeschlagen, so daß nichts verdeckt blieb, und auf der Brust war es so weit offen, daß der linke Busen in seiner ganzen Weiße hervorquoll. Wie wenige Frauen habe ich nachher kennen gelernt, die es wagen durften, sich ihren Männern oder Liebhabern so zu zeigen, denn die bei weitem größere Zahl der Frauen hat über zwanzig Jahre hinaus keinen schönen Körper mehr. Mein Vater schien den Anblick mit seinen Augen zu verschlingen, dann aber beugte er sich vorsichtig nieder über die Schlafende, benetzte im Munde seinen Finger und führte ihn dahin, von wo seine Augen sich noch nicht weggewandt hatten. Zart fuhr er auf und nieder, und kaum war es einige Male geschehen, als meine Mutter seufzte, das andere Bein wie im Schlaf anzog, und sich auf sonderbare Weise mit den Hüften bewegte. Ich fühlte mich wie mit Blut übergossen, schämte mich, wollte wegsehen und konnte doch nicht. Als die Bewegungen der Hüften stärker wurden, benetzte der Vater noch einmal seinen Finger und ließ ihn dann so tief hineingleiten, daß seine ganze Hand von den reizenden krausen Haaren bedeckt war. In diesem Augenblick öffnete meine Mutter die Augen, als ob sie eben erst erwacht wäre, schloß aber gleichzeitig die Schenkel, so daß sie die Hand meines Vaters gefangen hielt, und rief mit einem langen Seufzer:

»Bist Du es, geliebter Mann? Eben träumte ich von Dir. Wie schön weckst Du mich! Tausend und abertausend Glückwünsche zu Deinem Geburtstage!«

»Den schönsten bringst Du mir damit, daß ich Dich überraschen konnte. Wie reizend Du heute wieder bist! Du hättest Dich nur sehen sollen!«

»Mich aber so zu überfallen! Du hast doch die Türe verriegelt?«

»Sei unbesorgt. Willst Du mir aber wirklich gratulieren, so öffne Deine Schenkel wieder. Du bist so frisch und duftig wie eine Rose!«

»Alles, was Du willst, Du Engel von einem Mann. Aber willst Du nicht lieber bis heute abend warten?«

»Da hättest Du nicht so einladend daliegen müssen. Fühle nur her, so wirst Du Dich überzeugen, daß ich nicht warten kann. Heute müssen wir alles genießen!«

Nun sank er auf ihr Gesicht nieder und die Küsse wollten gar kein Ende nehmen. Dabei blieb seine Hand in spielender, liebkosender Bewegung an dem Orte, wo sie gewesen, und ich sah die Hand meiner Mutter sich unter den Schlafrock ihres Mannes stehlen, wo sie ebenso geschäftig schien, während die Küsse immer glühender wurden. Dann küßte mein Vater den Hals, den Busen, saugte an den Rosenknospen desselben, ging dann noch weiter herunter und heftete seine Lippen auf den Mittelpunkt aller weiblichen Reize. Kaum hatte der Vater ihn mit dem Munde berührt, so schob die Mutter sich herum, so daß sie quer auf dem Bette lag. Der Vater kniete nieder und hielt mit den Händen ihre weitgeöffneten Schenkel hoch aufwärts, ließ aber keinen Augenblick den Mund von der Quelle seines Vergnügens. Da er mir den Rücken zukehrte, so konnte ich nicht sehen, was er machte, schloß es aber aus den leisen Ausrufen meiner Mutter, welche ganz außerordentliches Vergnügen zu empfinden schien, denn die Augen verschwammen ihr, die Brust zitterte, die Schenkel bewegten sich hin und her, und seufzend und abgebrochen rief sie:

»Ach wie gut! Mehr oben! Wie liebenswürdig Du heute bist! Ah! – Ah! Jetzt saugen! So! – Es kommt gleich! Ach, warum kann ich Dich dabei nicht auch küssen! – Himmlisch! – Etwas tiefer mit der Zunge! Nun rascher! Ah! ah! Ich spritze! Ich – Ah! Halt, nicht mehr! Das ist überreiz! Ah—h!«

Jedes dieser Worte ist mir unvergeßlich. Wie oft habe ich sie mir nachher in Gedanken wiederholt! Wie viel darüber nachgedacht und gegrübelt! Ist es mir doch, als tönten sie noch jetzt in meinen Ohren.

Es trat jetzt eine Pause ein. Die Mutter lag mit geschlossenen Augen regungslos; der ganze Körper schien seine Spannkraft verloren zu haben, und die hochgehobenen Schenkel sanken auf den Rand des Bettes herab. Ich war erschrocken über den Gesichtsausdruck, den beide angenommen. Das war nicht mehr mein sanfter, ernster Vater, das war nicht mehr meine keusche, sittliche Mutter. Das waren ein paar Wesen, die keine Rücksicht mehr kannten, die glühend und wonnetrunken sich gegenseitig in einem mir unbekannten Genusse überboten. Der Vater hielt sich einige Augenblicke ganz ruhig, setzte sich auf den Rand des Bettes und betrachtete nur mit brennenden, fast wilden Blicken den Punkt, dessen Liebkosungen meine Mutter zu so wohllüstigen Ausrufungen veranlaßt hatten. Mir war der Atem so vollständig bei dem Anblick vergangen, daß der heftige Herzschlag mich fast zu ersticken drohte. Tausend Gedanken gingen mir durch den Kopf, aber noch war die Besorgnis, wie ich unbemerkt aus dem Verstecke wieder herauskommen sollte, die Besorgnis, von meinen Eltern entdeckt zu werden, die Hauptsache. Lange sollte ich indessen in diesem Zustande nicht bleiben, denn was bis jetzt geschehen, war nur das Vorspiel gewesen. Ich sollte das erste Mal so viel auf einmal sehen und lernen, daß ich keiner weiteren Belehrung mehr bedurfte.

Wie gesagt, hatte sich der Vater neben die noch immer unbeweglich daliegende Mutter auf den Rand des Bettes gesetzt, so daß er mir das Gesicht zukehrte. Es schien ihm heiß zu werden, denn plötzlich warf er seinen Schlafrock und das Hemd ab, zog aber dann den Schlafrock wieder an. Nun sah ich mit einem Male, worüber ich mir nach den Erzählungen meiner Gespielinnen schon oft den Kopf zerbrochen hatte! Mir gingen geradezu die Augen über, so starrte ich vor Neugier und Aufregung darauf hin. Wie anders war das, als ich es bei Statuen und bei kleinen Knaben gesehen hatte! Ich erinnere mich deutlich, daß ich mich davor fürchtete und doch einen angenehmen Schauder über meinen Körper herabrieseln fühlte. Der Vater sah gar nicht darauf hin, sondern hielt die Augen immer auf den Körper meiner Mutter geheftet. Mit der Hand schien er das rebellische Glied bändigen zu wollen, denn er fuhr immer leise darüber hin und ich sah, wie er plötzlich die Spitze desselben entblößte. Mir wurde immer ängstlicher zumute. Als ob mir etwas geschehen sollte, kniff ich unwillkürlich die Schenkel zusammen, denn soviel hatte ich im Umgange mit anderen Mädchen schon erfahren, daß die beiden Teile, die ich zum ersten Male entblößt vor mir sah, zusammen gehörten. Wie das aber möglich sei, da ihre Größe so verschieden war, konnte ich nicht begreifen. Nachdem diese Ruhe einige Minuten gedauert hatte, nahm mein Vater die kraftlos herabhängende Hand meiner Mutter und führte sie dahin, von wo ich meine Augen nicht abwenden konnte. Sowie sie fühlte, was er ihr in die Hand gab, schlug sie die Augen auf und lächelte unbeschreiblich holdselig, richtete sich auf und hing mit so leidenschaftlichen Küssen an seinem Munde, daß ich mir selbst sagte, alles Bisherige sei nur die Einleitung gewesen zu dem, was noch geschehen sollte. Beide sprachen kein Wort, aber nachdem sie einige Minuten die heißesten Küsse gewechselt hatten, wobei seine Hand zwischen ihren und ihre Hand zwischen seinen Schenkeln beschäftigt war, warf sie das Hemd und er den Schlafrock ab. Meine Mutter legte sich dann so auf das Bett, daß sie eine Unterlage von Kissen gerade unter der Mitte des Körpers hatte, und ich bemerkte deutlich, daß sie sich so lange hin- und herschob, bis sie in ihrer liegenden Stellung bequem in den Spiegel sehen konnte, den sie sich zurecht gerückt, ehe sie sich vor dem Eintritt meines Vaters schlafend gestellt hatte. Mein Vater konnte das nicht bemerken, denn er sah weniger in das schöne freudestrahlende Gesicht meiner Mutter, als zwischen ihre Schenkel, die sie jetzt weit auseinanderlegte, so daß mein Vater dazwischen knien konnte. Ich sah so angestrengt auf beide hin, daß mir die Augen fast aus dem Kopfe springen wollten. Ihre Lage war so, daß ich alles ganz genau sehen konnte. Meine Mutter nahm den stolzen Speer ihres Mannes in die Hand, führte ihn zu jener wunderbaren Spalte, benetzte den Kopf mit Speichel und wischte dann einige Male damit auf und nieder, wobei sie in eine Art von gierendem Seufzer ausbrach. Dann sagte sie:

»Jetzt, Liebster, aber langsam, damit wir zusammen genießen. Der erste Erguß war so reizend, daß ich fürchte, der zweite wird nicht so rasch kommen. Laß mich nur nicht im Stich!«

Ich armes, unwissendes Mädchen! Was verstand ich damals von dem, was meine Mutter sagte. Ich sah nur, daß, sowie meine Mutter »jetzt!« gesagt hatte, das Glied meines Vaters langsam in ihrem Schoß versank. Weit entfernt, Schmerz darüber zu empfinden, wie ich erwartet hatte, leuchteten ihre Augen vor Vergnügen. Sie schlang beide Füße um die Hüften meines Vaters zusammen, als wollte sie ihn noch tiefer in sich hineindrücken; dabei waren ihre halbgeschlossenen Augen immer auf den Spiegel gerichtet, in dem sie genau alle Bewegungen meines Vaters sehen konnte und sich mit großer Begierde an dem Bilde im Spiegel ergötzte. Die tausend Gefühle, welche mich damals bewegten, ließen mich gar nicht daran denken, das beide Körper eigentlich wunderschön waren. Jetzt weiß ich freilich, daß solche Schönheit zu den größten Seltenheiten gehört. Ich sah nur erstaunt die Sache, ohne an Nebendinge zu denken. Als der Vater mit dem ersten Eindringen ganz in ihr versunken und regungslos schien, öffnete sie nach einigen Minuten ihre pressenden Schenkel. Er hob sich und zog dadurch den glühend roten Pfeil aus der Spalte heraus, um gleich wieder bis an die Wurzel in ihr zu versinken. Bei jedem Stoße bewegte sie entgegenkommend die

Hüften, und ich konnte deutlich sehen, wie ihr Vergnügen mit jeder Bewegung stieg. Das Gesicht des Vaters konnte ich leider nicht sehen; aus dem Zittern der so angenehm beschäftigten Teile und aus seinen immer lebhafter werdenden Bewegungen konnte ich aber schließen, daß ihn die Wollust übermannte. Er sprach kein Wort, sondern handelte nur. Die Mutter stieß dagegen einzelne Worte aus – manchmal unverständlich, als raubte das Vergnügen ihr die Besinnung –, aus denen ich mir zusammenreimen konnte, was zwischen beiden vorging.

»So, recht tief, Du einziger Mann! Halte recht lange an! Nun – langsam. Ah! – Wie stark bist Du heute! Tut es Dir gut? Ich denke, so feucht und schlüpfrig, wie von dem ersten Male, müßte es Dir Vergnügen machen! Jetzt – etwas schneller! So! Ach wie gut! Es kommt doch noch nicht bei Dir? – Halte so lange als möglich an! – Ah – ah! O wie schade! Nun hast Du schon gespritzt – und ich bin noch nicht so weit. – War das ein Strom! Bis zum Herzen habe ich den heißen Strahl gefühlt!«

Der Vater hatte noch immer kein Wort gesprochen. Von dem Augenblicke an, wo seine Bewegungen schneller geworden waren, schien er alle Besinnung verloren gehabt zu haben. Zwischen dem Herausziehen und wieder Hineinstürmen blieb auch nicht ein Zwischenraum. Dann schienen sich Konvulsionen seines Körpers zu bemächtigen. Er zitterte und bebte, die Schenkel zuckten, und endlich schien er sich so tief in meine Mutter hineinzubohren, daß er wie leblos liegen blieb, den Kopf auf ihren wogenden Busen sinken ließ und sich dann erschöpft auf die Seite legte.

Während die Mutter nach einem Handtuch griff und erst sich und dann den Vater abtrocknete, hatte ich Gelegenheit, die Veränderung zu bemerken, die unterdessen bei beiden vorgegangen. Was bei meinem Vater groß, rot und drohend gewesen war, lag jetzt klein und matt da, und ich bemerkte nur einen weißen Schaum, mit dem die Spitze überzogen war, bis das Handtuch die Spuren desselben wegnahm. Was dagegen bei meiner Mutter eng geschlossen und kaum bemerkbar gewesen war, stand auseinander und erschien glühend rot. Sie öffnete die Schenkel und ließ ebenfalls einen weißen Schaum herausfließen, der die ganze Höhlung zu füllen schien, und von dem ich dummes Ding nicht begriff, wo er hergekommen war. Dann holte sie Wasser, wusch erst den Vater auf das Zärtlichste und füllte dann eine Spritze, die eine krumme Röhre hatte, führte sie bei sich ein und reinigte sich gründlich, worauf sie sich an das Bett setzte, auf dem der Vater noch immer ausgestreckt und wie träumend lag. In seinem Gesichte lag die vollständigste Befriedigung, in dem ihrigen nicht. Sie war offenbar in ebensolcher Aufregung als der Vater vorhin gewesen war, nachdem er sie so lange zwischen den Schenkeln geküßt hatte. Bei dem Abtrocknen hatte sie auch wie zufällig dem Spiegel eine andere Richtung gegeben, sodaß mein Vater, dessen Kopf jetzt an derselben Stelle lag, wo vorher der ihrige ruhte, nicht dasselbe Bild in ihm sah, das sie mit solcher Gier genossen hatte. Ich war in solcher Spannung, daß ich auch diese kleine, anscheinend unwillkürliche Bewegung bemerkte, für die ich aber freilich erst später die Erklärung fand. Nun glaubte ich, es sei alles vorbei, und obgleich meine Sinne in einer unglaublichen, fast schmerzhaften Aufregung waren, so dachte ich doch nun daran, wie ich, ohne mich zu verraten, aus dem Schlafzimmer herauskommen könnte. Ich hatte mich aber geirrt und sollte noch mehr zu sehen bekommen. Vor dem Bette sitzend, beugte sich meine Mutter über den Liegenden und küßte ihn auf das zärtlichste.

»Warst Du glücklich?« fragte sie schmeichelnd.

»Über alle Beschreibung, Du herrliches Weib! aber es tut mir nur leid, daß Du nicht mit mir zusammen fertig geworden bist. Ich war zu aufgeregt und konnte mich nicht mehr halten. Es schoß wie eine Fontäne heraus!«

»Das tut ja nichts! Ich will ja Deinem heutigen Geburtstage nur die Freude machen und habe ja schon vorhin einen himmlischen Genuß gehabt.«

Dabei beugte sie sich auf ihn herab und küßte dieselbe Stelle bei ihm, die er vorhin bei ihr geküßt hatte. Diesmal konnte ich besser sehen, was geschah, als vorher, wo der Vater mir den Rücken zugedreht hatte. Erst küßte, streichelte und liebkoste sie sein Glied, dann nahm sie die Spitze in den Mund.

Mit der rechten Hand griff er der so wohllüstig Beschäftigten erst an den Busen, dann zwischen die Schenkel, die sie auch sogleich öffnete, um ihm die vollste Freiheit zu gestatten. Ich sah, wie der Finger erst ganz oben in ihrer Spalte spielte, dann tiefer ging und endlich ganz eindrang, während sie mit dem Munde rascher saugte, bis – zu meiner größten Verwunderung – unter ihren Liebkosungen das wunderbare Wesen sich wieder aufrichtete und dieselbe Gestalt annahm, wie ich es zuerst gesehen hatte. Offenbar hatte meine Mutter das gewollt, denn ihre Augen strahlten vor Vergnügen, und da mein Vater keine Bewegung machte, sondern zufrieden schien, daß seine Hand eine so angenehme Beschäftigung gefunden hatte, so schwang sich meine Mutter unter einer Flut von Küssen über ihn her, sodaß sein ganzer Körper zwischen ihren Schenkeln lag. Der Zufall hatte gewollt, daß ich das, was jetzt geschah, doppelt sehen konnte, einmal von der Seite, weil die Langseite des Bettes mir gerade gegenüber stand, das andere Mal von hinten in dem Spiegelbilde. Was ich bis dahin immer nur hatte teilweise sehen können, je nachdem die

Körper sich näherten oder voneinander entfernten, das konnte ich nun in dem Spiegel so deutlich beobachten, als stände ich dicht dabei, und nie werde ich dieses Schauspiel vergessen! Es war das Schönste, was man nur sehen konnte, und schöner, als ich es je selbst erlebt habe. Beide Gatten waren aber auch in vollster Gesundheit, Kraft und Aufregung. Die Mutter war diesmal der eigentlich geschäftige Teil, während der Vater sehr viel ruhiger schien als bisher. Er faßte sie zwar um die runden, schneeweißen Hüften, nahm die Knospen ihres Busens zwischen seine Lippen und saugte daran, wenn sie sich vornüberbeugte, bewegte aber den Unterkörper fast gar nicht, während sie Feuer und Flamme schien und eine außerordentliche Lebendigkeit entwickelte. Sie führte mit der Hand die wieder drohend aufrecht stehende Lanze an die Öffnung und senkte sich dann soweit herab, daß sie ganz eindrang. Hatte ich alles Vorhergehende mit Angst und Bestürzung angesehen, so kamen jetzt ganz andere Gefühle über mich: Wallungen, von denen ich mir keine Rechenschaft zu geben wußte, die aber unbeschreiblich süß waren. Hätte ich nicht das Rauschen und Knittern meiner Kleider gefürchtet, so würde ich mit meiner Hand dahin gefaßt haben, wo meine Mutter eine so überwältigende Wohllust zu empfinden schien, daß sie alles um sich vergaß und aus einer stillen ruhigen Frau eine glühend Genießende wurde. Der Anblick war über alle Beschreibung schön! Die kräftigen Glieder meines Vaters, die blendend weißen, runden Formen meiner Mutter, und jene Teile in engster Verbindung und Bewegung, in welchem sich das ganze Leben und Sein zweier glücklicher Menschen konzentriert zu haben schien! Wenn sie sich hob, sah ich, wie die roten Lippen ihrer Spalte sich nur ungern von dem Zeichen männlicher Kraft trennten, welches, zwischen ihnen und eng von ihnen umschlossen, bald bis in das

Innerste drang, bald ganz entblößt war, um gleich darauf wieder zu verschwinden. Diesmal sagte meine Mutter gar nichts, aber beide schienen in gleicher Steigerung zu genießen. Die Bewegungen wurden von beiden gleichmäßig schneller, beide brachen die Augen gleichzeitig, und als die höchste Wohllust eintrat, stieß mein Vater plötzlich von unten herauf, als ob er ganz in das reizende Geheimnis hinein wollte, während meine Mutter ihre Schenkel so weit als möglich spreizte und von oben herabdrückte, als ob sie alles hineinpressen wollte. Dann sagte der Vater: »Jetzt! Jetzt! Ich spritze! Himmel, wie süß!« Und gleichzeitig die Mutter: »Es kommt! Es kommt! Ach, welch' ein süßer Strom!« Eine Sekunde wohl dauerte diese höchste Entzückung, dann sanken beide Arm in Arm auf das Bett nieder, zogen aber nun die Decke über sich, um sich nicht zu erkälten, so daß mir der Anblick ihrer Körper entzogen wurde.

Ich stand wie versteinert! Die beiden Wesen, für welche ich bis jetzt die meiste Ehrfurcht und Liebe gefühlt, hatten mich über Dinge aufgeklärt, über welche sich junge Mädchen so wunderbar verkehrte Gedanken machen, hatten allen Schein und alle Verstellung beiseite geworfen, durch die sie mir bisher als ganz rein, leidenschaftslos und ehrfurchtgebietend erschienen waren; hatten mir gezeigt, daß die Welt unter der äußeren Form der Sitte und des Anstandes den Genuß und die Wohllust verbirgt. Aber ich will jetzt noch nicht philosophieren, sondern ich will erst erzählen. –

Zehn Minuten ungefähr mochten beide wie leblos unter der Decke gelegen haben, dann standen sie auf, wuschen sich, zogen sich an und verließen das Zimmer. Ich wußte, daß meine Mutter den Vater zunächst in das Zimmer führen würde, wo die Geburtstagsgeschenke aufgestellt waren, und dieses lag an dem Balkon, der in den Garten führte. Ich schlich mich daher einige Minuten nachher aus dem Schlafzimmer und lief so rasch als möglich in den Garten, von wo aus ich die Eltern begrüßte. Wie ich dann mein Gratulationsgedicht hergesagt habe, weiß ich nicht. Mein Vater hielt meine Verwirrung für Rührung. Konnte ich doch meine Eltern nicht ansehen, weil ich den Gedanken nicht los werden konnte, wie ich sie vor wenigen Minuten in einer ganz anderen Verfassung gesehen hatte. Der Vater küßte mich und die Mutter; aber welch' eine andere Art von Kuß war das? So kalt, so förmlich! Auch die Mutter küßte den Vater. Aber wie hatte ich sie vorher küssen sehen? Ich war so verwirrt und verlegen, daß ich endlich meinen Eltern damit auffiel. Ich schützte Kopfweh vor, weil ich mich nur danach sehnte, auf mein Zimmer zu kommen und allein zu sein, denn ich vermochte keinen anderen Gedanken zu fassen, als das so unerwartet Gesehene zu ergründen und womöglich selbst Versuche anzustellen. Der Kopf brannte mir wie Feuer, und das Blut jagte mir fast fühlbar durch die Adern.

Die Mutter meinte, ich sei wohl zu fest geschnürt. Das war eine willkommene Gelegenheit, mich in meinem Zimmer auskleiden zu können, und das tat ich auch mit einer solchen Eile, daß ich fast alles zerriß. Wie war aber mein unreifer Körper so wenig schön im Vergleich zu der vollendeten Schönheit meiner Mutter! Kaum rundete sich bei mir, was bei ihr schon die üppigsten Formen angenommen hatte. Das vollste Gebüsch bei ihr war bei mir kaum leichtes Moos.

Sofort versuchte ich mit der Hand an mir selbst, was ich den Vater hatte tun sehen; ich rieb hin und her, auf und nieder, öffnete die Lippen des Einganges so weit als möglich, aber den Finger tiefer hinein zu bringen war mir nicht möglich, ohne Schmerzen zu empfinden. Es war wohl ein angenehmes Gefühl, wenn ich ganz oben am Eingang, wo ich zwischen den Lippen einen kleinen hervorragenden Fleck fühlen konnte, sanft, und besonders mit warmem Speichel benetzt, rieb; aber daß man davon so außer sich geraten, so alle Besinnung verlieren könne, wie ich bei meiner Mutter gesehen hatte, das konnte ich nicht begreifen. Ich schloß daraus, daß zu solcher Wohllust ein Mann gehöre, und verglich in Gedanken den Prediger mit meinem Vater. Ob der sich wohl auch mit seinem ernsten Wesen nur so verstellte, wie sich offenbar mein Vater gegen uns verstellt? Ob er wohl auch so feurig, so wohllüstig, so besinnungslos wird, wenn er sich mit seiner Frau allein befindet? Ob er es wohl auch mit mir tun würde, wenn ich das täte, was die Mutter getan? Namentlich konnte ich das Bild nicht vergessen, wie sie jenes wunderbare Glied geküßt, daran gesaugt, seinen Kopf in den Mund genommen und so lange geliebkost hatte, um es aufs neue in sich zu versenken.

In einer Stunde war ich zehn Jahre älter geworden. Als meine eigenen Versuche nichts helfen wollten und ich ermattet davon ablassen mußte, überlegte ich hin und her, was ich nun tun müsse. Schon damals war ich in allen Dingen ungemein systematisch, ich führte ein Tagebuch, hielt Rechnung über meine kleinen Einnahmen und Ausgaben und schrieb alles mögliche auf. So kam ich denn auf den Gedanken, mir erst alle Worte aufzuschreiben, die ich gehört hatte, aber vorsichtig auf kleine Papierschnitzel, damit niemand daraus klug werden könnte. Dann dachte ich über alles Gehörte und Gesehene nach und baute mir mein Phantasieschloß zurecht.

Erstens hatte die Mutter sich schlafend gestellt und sich so zurecht gelegt, daß der Vater das tun mußte, was sie wünschte. Das hatte sie offenbar in der Absicht getan, damit der Vater nicht merken sollte, was sie wünschte. Sie war also die Verlangende, wollte aber nur als die Gewährende erscheinen. Sie hatte sich ferner den Spiegel so zurecht gerückt, daß sie durch den Anblick doppeltes Vergnügen haben mußte. Hatte mir der Anblick im Spiegel doch auch mehr Vergnügen gemacht als die Wirklichkeit, weil ich Dinge ganz deutlich sah, die ich sonst nicht hätte sehen können. Aber auch das hatte sie vor dem Vater versteckt. Sie hatte ihm also nicht eingestehen wollen, daß sie mehr genoß als er. Endlich hatte sie ihn gefragt, ob er nicht bis heute abend warten wolle, während sie doch alles vorbereitet hatte, um gleich morgens zu genießen, was sie wünschte.

Zweitens hatten beide mehrmals ausgerufen: »Es kommt!« Es war von einem »Erguß« die Rede gewesen und als das höchste Vergnügen eintrat, hatten beide gesagt: »Ich spritze!« Was war das? Vergebens zerbrach ich mir den Kopf, was das wohl bedeuten könnte. Ich mag gar nicht schreiben, welche widersinnige Erklärung ich mir damals erfand. Bei aller gewöhnlichen Schlauheit junger Mädchen ist es erstaunlich, wie lange sie über alle Dinge im Dunkeln tappen und wie selten sie gerade auf die einfachste und natürlichste Erklärung dabei kommen.

Das Küssen und Saugen war jedenfalls nicht die Hauptsache, sondern nur eine Vorbereitung gewesen, obgleich die Mutter offenbar gerade dabei das meiste Vergnügen gehabt hatte, sowohl als der Vater ihr an der Spalte saugte und wahrscheinlich mit der Zunge spielte, denn sie hatte ja dabei gesagt: »Jetzt tiefer!« und nachher, daß es ein »himmlischer Genuß« gewesen sei, – als auch wie sie dem Vater dasselbe tat. Kurz, es gab so viel zu denken, daß ich den ganzen Tag nicht zur Ruhe kam. Fragen wollte ich niemanden, denn da die Eltern das alles so vorsichtig verborgen hatten, so mußte es wohl etwas Unschickliches sein. Wir bekamen viel Besuch den Tag über, und des Nachmittags kam auch der Onkel mit seiner Familie in die Stadt. Er brachte seine Frau, meine Cousine, ein zehnjähriges Mädchen, meinen Vetter von sechzehn Jahren und eine französische Gouvernante aus der Schweiz mit. Da der Onkel am andern Tage noch Geschäfte in der Stadt hatte, so blieben sie die Nacht bei uns, und die Cousine mit ihrer Gouvernante mußten in meinem Zimmer schlafen. Dazu wurde noch ein Bett aufgeschlagen und neben das meinige gestellt. Dort sollte die Gouvernante, die Cousine aber mit mir zusammen in einem Bette schlafen. Mir wäre es lieber gewesen, wenn ich im Bette der Gouvernante hätte schlafen können, denn sie war ein sehr lebhaftes Frauenzimmer, 28 Jahre alt, nie um eine Antwort verlegen, und von ihr hätte ich vielleicht Belehrung erhalten können, obgleich ich nicht wußte, wie ich das anfangen sollte, da sie doch eine Erzieherin war und meine kleine Cousine sehr strenge hielt. Aber ich dachte mir, die Vertraulichkeit des Zusammenliegens im Bette würde schon eine Gelegenheit herbeiführen, und machte tausend Pläne. Als die Zeit zum Zubettgehen herangekommen war, fand ich Marguerite schon in unserem Schlafzimmer. Sie hatte eine spanische Wand zwischen die beiden Betten geschoben, sodaß die Schlafenden vollständig voneinander getrennt waren. Sorgfältig brachte sie uns beide zu Bett, ließ uns unser Nachtgebet hersagen, nahm dann die Lampe auf ihre Seite mit hinüber, wünschte uns gute Nacht und ermahnte uns, bald einzuschlafen. Das hätte sie bei meiner Cousine kaum nötig gehabt, denn kaum unter der Decke, war sie auch schon eingeschlafen; bei mir aber war vom Schlafen keine Rede. Allerlei Gedanken gingen mir im Kopfe herum. Ich hörte Marguerite noch einige Zeit herumwirtschaften, sich dann ausziehen und das Nachtkleid anziehen. Ein schwacher Lichtschein durch die spanische Wand zeigte mir eine kleine, kaum einen Stecknadelkopf große Öffnung, und schnell hatte ich eine Haarnadel zur Hand, um das Loch unbemerkt größer zu machen, sodaß ich mich im Bette nur etwas herauszuschieben brauchte, um ganz bequem zu Margueriten hinüber zu sehen. Sie hatte eben das Hemd ausgezogen, um das Nachthemd anzuziehen.

Ich sah freilich keinen so schönen Körper wie den meiner Mutter, aber doch runde, reife Formen, eine kleine, aber wohlgeformte Brust und geschlossene Schenkel. Ich hatte kaum eine Sekunde Zeit für das Beschauen, denn rasch warf sie das Nachthemd über, setzte eine Haube auf und holte dann aus ihrem Reisesack ein Buch, mit dem sie sich an einen Tisch, dem Bette gegenübersetzte und zu lesen begann.

Kaum aber hatte sie einige Minuten gelesen, als sie aufstand, die Lampe nahm und auf unsere Seite kam, um nachzusehen, ob wir auch schliefen. Natürlich schloß ich die Augen so fest als möglich und öffnete sie erst wieder, als ich hörte, daß sich die Erzieherin auf ihrer Seite auf den Stuhl setzte. Gleich war mein Auge auch wieder an der Öffnung. Marguerite las mit größter Aufmerksamkeit in dem Buche, und sein Inhalt mußte etwas ganz Besonderes sein, denn ihre Wangen röteten sich und ihre Augen glänzten, die Brust hob sich unruhig, und plötzlich ließ sie die rechte Hand unter das Hemd sinken, setzte den einen Fuß auf die Bettstelle und schien nun noch eifriger – mit größerem Vergnügen zu lesen. Was ihre Hand unter dem Hemde machte, konnte ich freilich nicht erkennen, da sie bedeckt war, aber ich reimte mir das heute morgen Gesehene zusammen. Manchmal schien sie nur mit den Fingerspitzen in den Haaren zu spielen, dann drückte sie wieder die Schenkel zusammen und bewegte sich mit dem Unterkörper hin und her. Vor lauter Aufmerksamkeit auf die Hauptsache hatte ich gar nicht bemerkt, daß neben ihr auf dem Tische ein kleines Blechgefäß mit einer Spirituslampe stand, dessen Inhalt bald anfing zu dampfen. Wahrscheinlich hatte sie die Flamme schon vor dem Entkleiden angezündet, denn ich hatte es nicht gesehen. Plötzlich legte sie das Buch weg, faßte in das dampfende Gefäß, und als sie den Finger herauszog, sah ich, daß Milch darin erwärmt worden war. Sie schien sich nur überzeugt zu haben, ob die Milch heiß genug sei. Denn nun holte sie aus ihrer Reisetasche ein Paket Wäsche hervor, wickelte es auf und hatte plötzlich ein sonderbares, mir unerklärliches Instrument in der Hand. Es war schwarz und hatte genau dieselbe Form wie das, was ich heute früh bei meinem Vater gesehen hatte. Ich armes Ding, was wußte ich damals von einem Godemiché! Sie senkte ihn in die heiße Milch, ließ ihn eine Zeitlang darin, legte ihn dann an ihre Backe, als wollte sie prüfen, ob das Instrument die rechte Wärme habe. Kaum hatte sie sich davon überzeugt, als sie die Spitze desselben wieder in die Milch legte, die beiden Kugeln am andern Ende zusammendrückte und beim Loslassen das Innere der Kugeln mit der warmen Milch füllte. Nun setzte sie sich wieder, stellte beide Füße hoch auf das Bett, und zwar meinen Augen gerade gegenüber, sodaß ich zwischen ihre ausgebreiteten Schenkel sehen konnte, da sie das Hemd hoch heraufgeschlagen und unter dem Gürtel des Kamisols befestigt hatte. Mir quollen vom angestrengten Sehen fast die Augen aus dem Kopfe. Nun nahm Marguerite das Buch wieder in die linke Hand – ich hatte beim Aufnehmen bunte Bilder darin bemerkt, ohne erkennen zu können, was sie darstellten, – jenes Instrument in die rechte Hand und führte dessen Spitze an jenen wunderbaren Teil, den ich eben auch bei mir selbst in der Hand hatte. Ganz langsam fuhr sie erst auf und nieder, von oben bis unten, rieb leise eine gewisse Stelle, wobei ihre Augen immer sonderbarer glänzten und das Buch mit seinen Bildern fast zu verschlingen schienen, dann leitete sie die Spitze zu der eigentlichen Öffnung und drängte langsam den ganzen Schaft hinein, wobei sie die Schenkel noch mehr auseinanderspreizte, den Unterkörper entgegenschob und einen leisen Seufzer ausstieß. Sie schob so lange, bis der Schaft nicht weiter eindringen konnte und die Kugeln sich fast mit den Haaren vereinigten. Ebenso langsam, wie er eingedrungen war, zog sie ihn auch wieder heraus, und nun wiederholte sich das Spiel nach und nach immer schneller, bis sie das Buch fallen ließ, die Augen schloß, die linke Hand im Munde befeuchtete und sich – während das Instrument unten immer rascher eindrang – oben in der Spalte kitzelte und rieb. Ihr Körper schien in Konvulsionen zu geraten. Sie kniff die Lippen gewaltsam aufeinander, als fürchte sie sich durch einen Seufzer zu verraten; endlich schien der höchste Moment bei ihr gekommen; mit beiden Händen preßte sie die Kugeln, daß die Milch gewaltsam in ihr Inneres spritzen mußte, schloß dann die Schenkel über dem noch immer tief eingedrungenen Instrumente und lag regungslos, aber tief atmend still auf dem Stuhle. Ich rührte mich immer noch nicht. Endlich öffnete sie die Schenkel wieder, zog das Instrument, das ganz mit Schaum bedeckt schien, heraus und fing den nachstürzenden Milchstrom in einem Tuche auf. Dann trocknete sie alles, packte Buch und Instrument sorgfältig ein, kam darauf noch einmal mit der Lampe an unser Bett, um zu sehen, ob wir schliefen, und legte sich dann selbst zur Ruhe, mit so ruhigem, glücklichem Gesichte, als sei sie nun vollständig befriedigt. Während sie in das Bett stieg, schob auch ich mich zurecht und freute mich, nun eine Gelegenheit gefunden zu haben, die mir Lösung aller Rätsel verhieß, die sich unruhig in meinem kleinen Kopfe herumtummelten.

Ich war außer mir, aber auch fest entschlossen, daß Marguerite mir beichten, mich aufklären, mir helfen sollte! Tausend Pläne durchkreuzten meinen Kopf. Wie ich sie ausführte, soll mein zweiter Brief Ihnen sagen! War ich nicht aufrichtig?

2. Brief

Die Geschichte Marguerites. Im Dienste der Baronin. Beim Grafen in Genf. Freuden zu zweit & selbdritt.

MARGUERITE war also meine Hoffnung. Gern wäre ich gleich zu ihr hinübergeeilt, hätte mich zu ihr ins Bett gedrängt, hätte gebeten oder gedroht, bis sie mich vollständig über alle die seltsamen, verbotenen und aufregenden Dinge aufgeklärt hätte, die ich heute gesehen hatte; bis sie mich gelehrt, das nachzuahmen, was mich so unbeschreiblich lüstern gemacht hatte. Aber so jung ich war, hatte ich doch denselben Verstand und dieselbe vorsichtige Berechnung, die mich später vor so vielen Unannehmlichkeiten bewahrt hat. – Konnte ich nicht durch irgend einen Zufall ebenso belauscht werden, wie ich sie belauscht und wie ich meine Eltern gesehen hatte? Ich fühlte, daß es sich um Unerlaubtes handelte und wollte ganz sicher sein. Obgleich ich ganz im Feuer war und das rebellische Fleckchen da unten prickelte und zuckte, so verhielt ich mich doch ganz ruhig, preßte die Schenkel zusammen, und als ich mit meinem Plane fertig war, den Onkel auf das Land zu begleiten, weil sich dort Gelegenheit finden mußte, mit Marguerite ganz allein und unbelauscht zu sein, schlief ich spät ein.

Es wurde mir nicht schwer, beim Onkel und bei den Eltern meinen Plan durchzusetzen, und ich erhielt die Erlaubnis, acht Tage auf dem Lande zuzubringen. Das Gut meines Onkels lag nur wenige Meilen von der Stadt und nach dem Mittagessen wurde hinausgefahren. Den ganzen Tag über war ich so liebenswürdig und zuvorkommend gewesen, und auch Marguerite schien großen Gefallen an mir zu finden. Meine kleine Cousine war mir ganz gleichgültig, und vor meinem Vetter fühlte ich eine unerklärliche Scheu. Da ich sonst keinen jungen Mann kannte, mit dem ich so nahe und so unverdächtig hätte zusammenkommen können, als mit ihm, so war er mein erster Gedanke gewesen, um über all' die Rätsel aufgeklärt zu werden, die mich seit dem Versteck im Alkoven quälten. Ich war so freundlich und auffordernd als möglich gegen ihn gewesen, er war mir aber immer scheu ausgewichen. – Bleich und mager, hatte sein Auge einen ganz sonderbaren unsteten und trüben Ausdruck, und wenn ich ihn neckend berührte, schien es ihm entschieden unangenehm zu sein. Ich sollte bald den Grund dieser auffallenden Erscheinung kennen lernen, die ich um so weniger begriff, als ich immer gesehen hatte, daß Jünglinge seines Alters sich in die Gesellschaft junger Mädchen drängen. Es war gegen 8 Uhr abends, als wir auf dem Gut ankamen, hoher Sommer und sehr heiß. Von der Fahrt ermüdet, eilte alles, sich bequemer zu kleiden. Es wurde Tee getrunken, und ganz unbefangen scheinend, sorgte ich dafür, daß ich in das Schlafzimmer der Gouvernante gebettet wurde, weil ich vorgab, mich zu fürchten, wenn ich in einem fremden Zimmer allein schlafen sollte. Man fand das ganz natürlich, und so hatte ich meinen Willen durchgesetzt, so daß ich getrost das übrige meiner Schlauheit überlassen konnte. Ich sollte indessen nicht zu Bette kommen, ehe ich nicht noch eine andere Erfahrung machte, an die ich aber jetzt beim Niederschreiben nur mit Widerwillen zurückdenke, wenn sie auch damals einen Eindruck ganz anderer Art auf mich hervorrief. Nach dem Tee fühlte ich die Notwendigkeit, ein natürliches Bedürfnis zu befriedigen, und die Gouvernante wies mich an den dafür bestimmten Ort.

Es waren zwei Türen nebeneinander, die beiden Gemächer aber nur durch eine Bretterwand getrennt, die von der Hitze so ausgetrocknet war, daß einige der Fugen auseinanderstanden. Eben wollte ich wieder gehen, als ich jemand kommen hörte, der die Türe neben mir aufmachte und sofort verriegelte. Ich hielt mich mäuschenstill, um nicht bemerkt zu werden und wollte meinen unbekannten Nachbar erst wieder fortgehen lassen, ehe ich mich entfernte. Nur aus ganz gewöhnlicher Neugier, ohne alle Nebengedanken, lauschte ich durch eine Spalte und sah meinen Vetter, der sich entblößt hatte, aber sehr viel anders beschäftigt war, als ich erwartet hatte. Er saß, hatte die Füße ausgestreckt und hatte beide Hände da, wo sie mein Vater gehabt hatte, als er meine Mutter nach den ersten Küssen betrachtete. Eifrig war er bemüht, etwas aus seiner Lethargie zu wecken, was nicht von selbst dazu bereitwillig schien, und ich sah es endlich in seiner Hand eine andere Gestalt annehmen. So wenig mein unreifer Körper eines Vergleiches mit meiner Mutter würdig war, so wenig war es der meines Vetters mit meinem Vater. Wiederholt benetzte er das Wachsende und Schwellende mit Speichel, wobei seine matten Augen nach und nach einen merkwürdigen Glanz annahmen, dann sah ich ihn in Zuckungen geraten, mit den Lippen beben und endlich einen Strahl weißen Schaumes aus jenem rätselhaften Teile hervorspritzen, der anfangs weitab auf den Boden fiel, dann aber träge aus einer kleinen Öffnung nachquoll und den Schaft hinauflief, welcher aufgehört hatte, sich zu bewegen und matt daneben gesunken war. Obgleich ich durch dieses sonderbare Schauspiel über vieles aufgeklärt worden war – namentlich reimte ich mir jetzt alles zusammen, was meine Eltern von jenem Erguß gesprochen hatten und was Marguerite sich gestern abend künstlich durch Milch ersetzt hatte –, so war mir doch das, was ich hatte sehen müssen, unbeschreiblich widerwärtig – nicht während seines Verlaufs, denn da war Neugier und erwachte Sinnlichkeit mit im Spiele gewesen; aber jetzt, wo ich diese vollkommene Schlaffheit und Entkräftigung eines noch so jungen Mannes sah, wo ich Zeuge sein mußte, daß er die Spuren seiner heimlichen Sünde abwischte, und dabei so stier und gläsern aus den Augen blickte. Mein Vater und meine Mutter waren schön geworden als sie riefen: Es kommt! Ich spritze! Mein Vetter aber häßlich, fahl und zerknickt. Daß Marguerite so etwas trieb, begriff ich; denn ein Mädchen ist überall auf Heimlichkeiten angewiesen, wenn es sich um Gefühl und Genuß handelt. Und dann hatte sie es mit einer wahren Begeisterung, mit äußerster Heftigkeit und vollster Hingebung getrieben. Mein Vetter dagegen maschinenmäßig, ohne alle Poesie, matt und tierisch. Was konnte einen kräftigen jungen Mann dazu veranlassen, ein so elendes Vergnügen zu genießen, wenn er es bei Frauen und Mädchen besser haben konnte?

Ich fühle mich förmlich beleidigt von ihm. Hätte er sich mir genähert und es nur ein wenig klug angefangen, so hätte ich es ihm vielleicht gemacht, wie es meine Mutter dem Vater gemacht hatte, und wobei er so überselig zu sein schien.

Ich wußte nun so Vieles und schloß daraus so richtig auf Anderes, daß ich nur noch der Bestätigung durch Marguerite bedurfte, um ganz aufgeklärt zu sein. Diese mußte und wollte ich haben, wollte wissen, warum man diese Dinge so sorgfältig verbirgt, wollte erfahren, was davon gefährlich, was erlaubt sei, und wollte an mir selbst erfahren, worin diese Entzückungen beständen, von denen ich so viele Ausbrüche gesehen hatte.

Der Abend kam, und mit ihm zog ein schweres Gewitter herauf. Gegen 10 Uhr, als eben die ersten Blitze leuchteten, gingen wir zu Bett. – Meine kleine Cousine war in das Schlafzimmer ihrer Eltern gebettet worden, und ich war so mit Marguerite ganz allein. Mit größter Aufmerksamkeit beobachtete ich alles, was sie tat. Als sie die Tür verriegelt hatte, machte sie es sich erst bequem und packte dann die sämtlichen Sachen aus ihrer verschlossenen Reisetasche in Kommoden und Schränke. Auch das Bündel Wäsche sah ich zum Vorschein kommen, und sie packte es sorgfältig unter einen Stoß Wäsche. Auch das Buch, in dem sie gelesen hatte, verbarg sie dort. Gleich war ich entschlossen, während der Zeit, die ich auf dem Gute bleiben würde, der Sachen habhaft zu werden und sie mir so aufmerksam als möglich zu besehen. Beichten sollte mir Marguerite aber auch, ohne daß ich ihr mit der Entdeckung ihrer heimlichen Freude drohte. Meine natürliche Schlauheit gefiel sich in dem Gedanken, sie durch Überraschung, Bitten und Überreden so zu bestricken, daß sich alles wie zufällig und von selbst machte. Ich weiß nicht, warum, aber so schien es mir hübscher und versprach meiner Neugier ein größeres Vergnügen.

Das Gewitter war unterdessen immer mehr zum Ausbruch gekommen, und der Donner rollte fast unaufhörlich. Ich stellte mich sehr ängstlich, und kaum hatte Marguerite sich ins Bett gelegt, als ich bei einem heftigen Donnerschlage aus dem meinen sprang und unter Ausrufen der größten Furcht mich zu ihr flüchtete. Ich bat sie, mich doch bei sich aufzunehmen, weil meine Mutter das auch bei jedem Gewitter getan hätte. Mit allerlei Trost und beruhigendem Zuspruch nahm sie mich neben sich, ich umklammerte sie und drückte mich so fest als möglich an sie, als wollte ich mich bei jedem Blitze in sie hinein verstecken. Alles mögliche zu meiner Beruhigung anwendend, küßte, streichelte und drückte sie mich an sich, aber so gleichgültig und gar nicht, wie ich eigentlich wünschte, daß ich nun doch nicht recht wußte, wie ich es anfangen sollte, um mehr von ihr zu verlangen.

Die Wärme ihres Körpers machte mir ein unbeschreibliches Vergnügen und ich drückte mein Gesicht fortwährend zwischen ihren Busen, wobei ich jedesmal einen eigentümlichen Schauer meiner Glieder herabrieseln fühlte. Dahin zu greifen, wo ich eigentlich wollte, getraute ich mir aber nicht, und so fest ich zu allem möglichen entschlossen gewesen war, so hatte ich doch jetzt, wo ich der Erfüllung so nahe war, gar keinen Mut. Plötzlich kam mir der Einfall, über einen Schmerz zwischen meinen Schenkeln zu klagen. Ich wimmerte förmlich und wußte gar nicht, was das sein könnte, bis Marguerite dahin fühlte und ihre Hand bald hier, bald dahin lockte. Ich versicherte, der Schmerz ließe nach, sobald ich nur die Wärme ihrer Hand fühlte, und wenn sie hin und herriebe, höre das Gefühl ganz auf. Ich sagte das so unbefangen, daß sie damals gewiß noch nichts von meiner Absicht gemerkt hat. Ihre Berührungen waren auch nur noch dienstfertig, ohne irgend ein Mitgefühl zu verraten. Als ich sie aber vor Dankbarkeit küßte, mich immer enger an sie schmiegte und ihre Hand zwischen meinen Schenkeln drückte, merkte ich doch, daß in ihr ganz andere Gefühle sich zu regen begannen.

Während sie mit der ganzen Hand das Moos an der entscheidenden Stelle drückte, fühlte ich, wie ihre Finger behutsam die jungen Lippen öffneten und einen Eingang suchten, der leider noch nicht da war. Das tat sie aber so vorsichtig, daß ich merkte, sie sei ebenso ängstlich, weiter zu gehen, als ich es eben noch gewesen war. Dieses gegenseitige Tappen und Suchen machte mir ein großes, außerordentliches Vergnügen. Ich empfand ganz dieselben Begierden erwachen, die mich zu ihr geführt hatten, hütete mich aber sehr wohl, zu erkennen zu geben, daß mir ihre Hand ganz andere Empfindungen bereitete, als die Linderung eines vorgeblichen Schmerzes. Und wirklich war es etwas ganz anderes, dort eine fremde Hand zu fühlen, als die eigene. Eine wunderbare Wärme ergoß sich über meinen ganzen Körper, und als sie mit dem Finger jenen kleinen hervorstehenden Teil berührte, durchzuckte es mich so angenehm, daß ich sofort erklärte, da sitze der Schmerz und da müsse ich mich wohl erkältet haben, daß es mir so wehe tat. Offenbar machte es ihr Vergnügen, einen Vorwand zu haben, daß sie mit der Hand die Erkältung vertreiben konnte. Außerordentlich sanft rieb sie hin und her, herauf und herunter, und versuchte dabei immer wieder hineinzukommen. Das tat mir aber wirklich weh, und wenn sie das an meinem Zucken merkte, kehrte sie jedesmal wieder zu dem wohltuenden Punkte zurück. Unzweifelhaft regte sie das auf, und ich merkte an ihrer wachsenden Zärtlichkeit, an der Art, wie sie mich an sich preßte und das Hemd soweit als möglich hinaufschob, um die nackten Körper recht nahe aneinanderzubringen, daß ich meinen Zweck erreicht hatte. So wenig geistreich das Mittel auch war, so klagte sie plötzlich an derselben Stelle über Schmerz. Wahrscheinlich hatte sie sich ebenso erkältet wie ich, und was war natürlicher, als daß ich ihr ganz treuherzig anbot, den schmerzhaften Fleck ebenfalls zu wärmen, da mir das so vollkommen geholfen hatte. Wie der Blitz öffnete sie schnell die Schenkel und machte mir freie Bahn. Triumphierend, daß meine List erreicht hatte, was ich gewünscht, faßte ich schüchtern und ungeschickt, um mich nicht zu verraten, an den Gegenstand meiner Neugier und fand schon bei der ersten Berührung einen gewaltigen Unterschied gegen mich selbst. Absichtlich hielt ich anfangs die Hand still und überzeugte mich nur, daß alles viel größer, weiter und reifer sei als bei mir.

Marguerite hielt auch die Ruhe meiner Hand nicht

aus, sondern hob und drehte sich ihr entgegen; die Schenkel kamen in eine eigentümliche zitternde und bohrende Bewegung, und nun erklärte sie mir, daß der Schmerz bei ihr mehr unten, mehr im Innern sei. Gefällig, aber keineswegs übereilt oder mich verratend, suchte ich den unglücklichen Schmerz zu lindern und ließ den Zeigefinger so tief als möglich die schmerzliche Stelle suchen. Es machte mir ein ganz unbeschreibliches Vergnügen, den wunderbaren Bau dieser Öffnung auf das Genaueste zu untersuchen, aber immer noch so plump und anscheinend unwissend, daß sie sich bewegen mußte, wenn sie die Frucht ihrer Verstellung ernten wollte. Das tat sie denn auch, und meine Hand spielte nun dieselbe Rolle, die mein Vater gespielt hatte, als meine Mutter sich damals über ihn setzte. Meine Hand verhielt sich still, und Marguerite kam seufzend, küssend und zitternd in eine so heftige Bewegung, stieß so leidenschaftlich von unten herauf gegen meine Hand, daß meine Finger bis an die Wurzel in ihr versinken mußten. Anfangs war es feucht und schlüpfrig gewesen, bald aber heiß und trocken geworden, und nun fühlte ich plötzlich, während sie seufzende und unartikulierte Töne ausstieß, meine Hand über und über mit einer heißen Flüssigkeit benetzt, von der ich schloß, daß sie wohl dasselbe sein müsse, was ich bei meinem Vater gesehen hatte. – Gleich darauf hörte ihre Bewegung auf, und sie lag, schwer atmend, ganz still neben mir.

Es war mir gelungen! Zufall und Schlauheit hatten mir geholfen, eine Vertraulichkeit herzustellen, die ich nun jedenfalls weiterführen mußte. Als sie wieder zu sich kam, war sie offenbar verlegen, wie sie mir ihr Benehmen erklären, ihre Wohllust verbergen sollte, denn nach meiner Regungslosigkeit mußte sie schließen, daß ich noch ganz unwissend sei. Unzweifelhaft überlegte sie, was sie tun und sagen solle, um den Vorgang unschädlich für ihre Stellung im Hause meines Onkels zu machen und mich über den eigentlichen Charakter des Schmerzes zu täuschen, den ich gefühlt hatte. Auch ich überlegte, was nun das Beste sei, ob ich mich ganz unwissend stellen, oder nur die Neugierde meine Entschuldigung übernehmen lassen sollte. Tat ich das erstere, so konnte sie mir Falsches erzählen, mir irgend etwas aufbinden, was ich dann glauben mußte, wenn ich mich nicht verraten wollte, noch mehr Lust als Neugier für die Sache zu haben. So entschloß ich mich offen zu sein und nur zu verheimlichen, daß keineswegs der Zufall, sondern meine Berechnung die neue Lage herbeigeführt hatte, in der wir uns befanden. Als Marguerite ganz zu sich gekommen war, schien sie zu bereuen, daß sie sich so ganz ihrem Temperamente überlassen hatte und daß ich sie verraten könnte. Ich beruhigte sie aber bald darüber, indem ich ihr alles nach und nach erzählte, was ich seit dem Tage vorher gesehen hatte, und sie bat, mir zu erklären, was das eigentlich sei, da auch ihr Seufzen, ihre Bewegungen und die sonderbare Feuchtigkeit, mit der sie meine Hand überströmt hatte, mir bewiesen, daß sie wohl damit bekannt sei. Nur verschwieg ich ihr, daß ich auch sie belauscht und daß ich recht gut wisse, was sie im stillen treibe, weil ich mich überzeugen wollte, ob sie ganz aufrichtig gegen mich sein würde. Meine neugierigen Fragen schienen ihr eine schwere Last vom Herzen zu nehmen. Sie fühlte sich wieder in ihrem richtigen Verhältnis als älteres Mädchen gegen eine Unerfahrene, und da ich ihr alles gestand und umständlich erzählte, mit welcher Leidenschaft sich meine Mutter benommen, so schämte sie sich auch nicht mehr vor mir und gestand mir ein, daß sie nächst ihrer Religion nichts Wichtigeres und Schöneres kenne auf Erden, als den Genuß, mit welchem die Natur alles ausgestattet und umgeben habe, was die sinnliche Liebe betrifft. Ich erfuhr nun alles, und wenn Sie in meinen späteren Schilderungen und Betrachtungen einige Philosophie und Menschenkenntnis finden, so verdanke ich die Grundlage dazu der Belehrung meiner lieben Marguerite, die gerade in dieser Beziehung reiche Erfahrungen gemacht hatte.

Ich erfuhr genau, wie die Natur beide Geschlechter gestaltet hat, wie die Vereinigung geschieht, durch welche kostbaren Säfte der Zweck der Natur – die Fortpflanzung des Menschengeschlechtes – und der Zweck der meisten Menschen – das höchste irdische Vergnügen – erreicht wird; – warum die menschlichen Einrichtungen alle diese Dinge mit einem sorgfältig bewachten Geheimnis umgeben; – wie trotz der Gefahr, die in der unbeschränkten Vereinigung liegt, beide Geschlechter sich wenigstens eine annähernde Befriedigung ihres natürlichen Triebes verschaffen können, und welche Folgen es hat, wenn ein Mädchen sich rücksichtslos diesem Triebe überlassen wollte. Wozu ich ihr eben noch durch meine unerfahrene Hand verholfen und was ich bei meinem Vetter erlauscht hatte, sei eine solche annähernde Befriedigung gewesen, und obgleich sie die vollen Freuden der Liebe in den Armen eines jungen, schönen Mannes in ihrer ganzen Stärke kennen gelernt, so sei sie doch mit dem beschränkten Genusse durch sich selbst vollkommen zufrieden, da sie durch die Geburt eines Kindes auch die für eine Unverheiratete traurigen Folgen der ganzen Hingebung an einen Mann erkannt habe. Auch mich warnte sie auf das Eindrücklichste davor. Mit Vorsicht und Selbstbeherrschung könne man vieler Freuden teilhaftig werden, das bewies sie mir durch die Erzählung dessen, was sie selbst erlebt und erfahren hatte, und es war so interessant, zugleich aber auch so belehrend und maßgebend bis zu meinem dreißigsten Jahre, daß ihre Erzählungen in meinem nächsten Briefe eine ausführliche Stelle finden sollen. In vielen Dingen aber sagte Marguerite mir nur, was ich mir selbst schon kombiniert hatte; in andern aber doch Neues und Überraschendes.

Das war nun alles recht schön und gut, aber es war doch immer nicht die Sache selbst. Ich brannte nun auch, selbst die Empfindungen kennen zu lernen und zu teilen, von denen ich jetzt schon vier, so ganz verschiedene Menschen bis zur Ohnmacht berauscht, gesehen hatte. Während Marguerite sprach, hatte ich keinen Augenblick die Hand von der Stelle fortgelassen, die bei ihr so überaus wohllüstig war. Ich hatte in den krausen Haaren gespielt, so oft sie recht lebhaft schilderte, die Lefzen zärtlich gedrückt, und ihr deutlich genug zu verstehen gegeben, daß zur vollständigen Belehrung mir nun auch noch die Praxis fehle. Als sie mir schilderte, was sie empfunden, als sie sich zum ersten Male dem jungen Manne hingegeben hatte, der sie später durch fortgesetzten Umgang zur Mutter gemacht hatte, als sie mir deutlich machen wollte, welch ein himmlisches Gefühl es sei, wenn man jenes wunderbare Glied in seiner ganzen Kraft und seinem Feuer nach und nach in sich eindringen fühle, wenn man fast ineinander verschmelze, wenn endlich jener so beruhigende Balsam gleichzeitig aus dem tiefsten Innern beider Liebenden hervorsprudelt, – da fühlte ich recht gut, wie sie wieder warm dabei wurde, wie es in meiner Hand zuckte und schwoll, wie sie unwillkürlich ihre Schenkel über meiner Hand zusammendrückte. Nun, dachte ich, wäre es Zeit, ihr die Erinnerung daran noch lebhafter zu vergegenwärtigen, und als sie eben sagte: »Das muß man selbst gefühlt haben, um es zu verstehen!« fuhr ich mit dem Finger so tief ich konnte, in die ganz offen stehende und erwartende Spalte, worauf ein tiefer Seufzer augenblicklich ihr Sprechen unterbrach. – Einige Male rieb ich mit größter Heftigkeit die aufgequollenen und sich fast an meine Hände ansaugenden Lefzen auf und nieder, dann aber hielt ich plötzlich inne und sagte: »Wenn ich aber fortfahren soll, dann müssen Sie mir auch einen Vorgeschmack von dem verschaffen, was ich einst zu erwarten habe und was Sie so schön beschreiben!« Wie der Blitz war ihr Finger an meiner kleinen aufrührerischen Öffnung, und aus dem Feuer ihrer Küsse, die mir den Mund verstopften, merkte ich, daß ich ihr mit meinem Verlangen die größte Freude gemacht hatte. Sie zog meinen Finger aus ihrem Körper, fuhr mit dem ihrigen hinein, um ihn anzufeuchten, und kam dann wieder zu mir, wo sie nun einzudringen versuchte. Das ging aber nicht, so weit ich auch meine Schenkel auseinanderspreizte, so sehr ich ihr auch durch Entgegendrängen zu Hilfe kam.

Ganz traurig sagte sie: »Es geht nicht, mein liebes, kleines Mädel! Dein Schooß ist noch verschlossen! Aber ganz leer sollst Du doch nicht ausgehen. Komm, setz' Dich über mich, so daß mein Mund gerade an Deine wunderliebliche Liebesmuschel kommt. Ich will versuchen, ob Dir meine Zunge das ersetzen kann, was Deine Jungfernschaft Dir noch versagt!« Das hatte mein Vater der Mutter auch getan. Ich ließ mich also nicht lange bitten und setzte mich rittlings über sie, daß ihr Kopf gerade zwischen meine Schenkel zu liegen kam. Kaum konnte sie mich erreichen, so fühlte ich die Spitze ihrer Zunge auch schon an der Stelle, wo mir das versuchte Eindringen ihres Fingers wehe getan hatte. Aber welch' eine andere Empfindung war das gegen alles, was ich bisher versucht hatte. Mit den ersten Berührungen der schlüpfrigen, zugespitzten und dadurch harten Zunge Margueritens kam ein so wonnevolles Gefühl über mich, daß ich gar nicht wußte, wie mir geschah. Wegen der Hitze hatten wir längst die Decken abgeworfen, und unsere nackten Körper lagen dicht übereinander. Ich stützte mich vornübergebeugt auf die linke Hand, während die rechte anfing, ihr vorher so plötzlich unterbrochenes Spiel tief in ihrer Muschel – so hatte sie es ja genannt – fortzusetzen. Schon die erste unvollkommene Ahnung der Wohllust, die mich in reiferen Jahren erwartete, erfüllte mich mit ganz unnennbaren Gefühlen. –

Sie fuhr mit der Zunge auf und nieder, kitzelte oben, saugte unten, lutschte an den Lippen, schlürfte an jedem kleinen Fältchen, küßte dann feurig das Ganze, benetzte das Innere mit Speichel und war dann gleich mit der Zunge wieder an dem eigentlichen Eingange, wo sie mir einen unbeschreiblich heftigen, aber auch süßen Kitzel verursachte. Ich fühlte, daß etwas Wunderbares, nie Gekanntes in mir vorging, daß ich trotz meiner Jugend auch schon zu den höchsten Entzückungen berechtigt sei. Was ich empfand, wollte ich wiedergeben und der Freudenbringerin unter mir vergelten, was sie mir tat. Mit einer förmlichen Wut stieß ich erst zwei, dann drei Finger, dann die ganze, damals noch so schmale Hand tief in die feuchte Grotte, welche jedem Stoß nachgab, ja ihn verschlang. Wir gerieten beide ganz außer uns, alle Sinne waren nur auf einen Moment gedrängt, und – wie selten hatte ich das später erlebt – in demselben Augenblicke, wo ich fühlte, daß mein Inneres von einer warmen Flüssigkeit überströmt wurde, schoß ein solcher Strahl ihres Lebenssaftes über meine Hand, daß ich alle Besinnung verlor, auf das bebende Mädchen niedersank und gar nicht wußte, was mit mir vorging.

Als ich wieder zu mir kam, lag ich vorsichtig zugedeckt neben Margueriten, die mich mit rührender Zärtlichkeit liebkoste. Bis dahin nur Feuer und Zärtlichkeit, war ich mir plötzlich bewußt, doch wohl etwas Unrechtes getan zu haben. Eine außerordentliche Mattigkeit lag in allen meinen Gliedern, und obgleich ich fühlte, daß eine lindernde Feuchtigkeit zwischen meinen Schenkeln herabfloß, empfand ich doch ein heftiges Brennen an den Teilen, die Marguerite vorhin so reizend geliebkost hatte. Mir war zumute, als habe ich ein Verbrechen begangen, und ohne daß ich wollte, fing ich bitterlich zu weinen an. Marguerite mochte wohl wissen, daß in solchen Fällen nicht viel mit einem jungen, unerfahrenen Dinge anzufangen sei, sagte kein Wort, drückte mein Gesicht auf ihren Busen, ließ mich ruhig ausweinen und dann einschlafen.

Durch diese, für mein ganzes Leben entscheidende Nacht war mein ganzes Wesen verändert worden, sodaß es meinen Eltern bei meiner Rückkehr in die Stadt auffiel und diese verwundert nach der Veranlassung fragten. Mein Verhältnis zu Margueriten war ebenfalls ein eigentümliches geworden. Bei Tage fremd, sodaß wir uns kaum gegenseitig ansehen konnten, bei Nacht die ausgelassenste Vertraulichkeit, die lüsternsten Gespräche, die wohllüstigsten Liebkosungen. Ich versprach ihr ebenso hoch und teuer, mich nie dazu verführen zu lassen, daß ein Mann jenen gefährlichen Saft in mich ausgieße, als ich ihr erklärte, ich wolle alles genießen, was sich ohne Gefahr genießen ließe. Wenige Tage hatten hingereicht, mich zu dem zu machen, was ich jetzt noch bin und was Sie so oft an mir bewundert haben. Ich hatte gesehen, daß alle Welt um mich her sich verstellte, auch die besten, achtungswerten Menschen, und daß sogar Marguerite, die sich doch ganz in meine Hände gegeben hatte, mir nichts von jenem Instrument erzählte oder es mir zeigte, das doch noch mehr Vergnügen machen mußte als Zunge und Hand, da es ja die Hauptsache, jenen Erguß, nach dem meine Seele verlangte, verschaffen konnte. Teils weil ich Marguerite nicht in Verlegenheit setzen wollte, teils weil mich der Gedanke reizte, meiner Schlauheit mehr als dem guten Willen anderer zu verdanken, ließ mich meine unzähmbare Neugier auf die Idee kommen, den Schlüssel zu dem Schranke in meine Gewalt zu bekommen, ehe ich nach der Stadt zurück mußte. Fünf Tage lang war alle meine List vergebens, dann gelang es mir, den Schlüssel zu erhaschen, und ich benutzte die Stunde, wo Marguerite meiner Cousine unten in Gegenwart der Mutter Unterricht geben mußte, um meine Neugier zu befriedigen. Da hatte ich nun das seltsame Ding in der Hand, besah und befühlte es von allen Seiten und prüfte seine Elastizität; aber es war so kalt, so hart. Ich versuchte, seine Spitze an die Stelle zu bringen, wo ich es bei Marguerite fast ganz hatte versinken sehen. Aber vergebens. Davon hatte ich kein Vergnügen, sondern nur Schmerz zu erwarten. Warme Milch konnte ich, ohne Aufsehen zu erregen, in jener Stunde nicht bekommen, ich mußte mich also begnügen, das Instrument in meinen Händen zu erwärmen. Fest war ich entschlossen, mir den Eingang zu den Freuden zu eröffnen, die ich bis jetzt nur bei andern in so überwältigender Kraft gesehen, selbst aber nur erst ahnen gelernt hatte. Marguerite hatte mich ja so vollständig unterrichtet, daß die Eröffnung jener so geheimnisvollen Bahn zu den höchsten Entzückungen auch in den Armen eines Mannes mit Schmerzen verbunden wäre, und daß sich bei vielen Frauen erst nach jahrelang fortgesetzter Hingabe an die Zärtlichkeit eines Mannes die volle Empfindung für diese Genüsse einzustellen pflege. Ich wußte nicht, aber ich konnte mir denken, was ich entbehren mußte, weil ich nicht eindringen konnte, wohin ich mich sehnte, und dachte, wenn doch der Schmerz nicht zu ersparen sei, so wollte ich lieber jetzt als später ihn ausstehen. Während ich das Instrument noch immer an meinem Busen wärmte, bereitete ich durch die benetzten Finger mein Spältchen auf den unbescheidenen Gast vor und überzeugte mich, daß die vier Nächte, welche ich mit meiner Lehrerin zugebracht, schon eine wesentliche Veränderung bewirkt hatten. Ich konnte mit dem kleinen Finger beinahe bis zur Hälfte hinein, fühlte aber wie ein Muskel sich fest um den Finger schloß. Diesen mußte ich zur Nachgiebigkeit zwingen, das war mir klar. Marguerite hatte Öl angewendet, also ließ auch ich es nicht daran fehlen, setzte die Spitze genau auf die noch kaum bemerkbare Öffnung, drückte, bohrte und drehte so lange, bis der sonderbar geformte Kopf hinein war. Wirklich tat es mir sehr weh! Die Schamlippen brannten wie Feuer, aber meine Phantasie war nun nachgerade zu solcher Spannung emporgeschraubt, daß ich den Schmerz verbiß und wieder drückte. Endlich fühlte ich deutlich, daß etwas zerriß und daß etwas Heißes herausspritzte. Wie ich hinsah, bemerkte ich zum größten Schrecken Blut, und ich sah, daß wirklich das Instrument wenigstens einen Finger lang in der Öffnung steckte, aber keine Spur von einem so angenehmen Gefühl, wie Marguerite es mir verschafft hatte. Auch das Herausziehen des bösen Gastes war schmerzlich, und ich war ganz trostlos über das Erfahrene. Sorgfältig wischte ich das Blut ab, wusch mich wiederholt, fühlte aber den ganzen Tag noch das Brennen und den Schmerz einer Verwundung. Vollkommen enttäuscht schloß ich das Instrument wieder in sein Versteck ein, und war unzufrieden mit mir und Marguerite, daß sie mir nicht geholfen, daß ich etwas hinter ihrem Rücken getan hatte.

Nach so vielen angenehmen Erfahrungen war dies auch wieder einmal eine unangenehme. Ich fürchtete mich vor der nächsten Nacht, Margueritens Zärtlichkeiten und der Entdeckung, die sie dann machen mußte. Hatte ich sie einmal schon getäuscht, so kostete mich das zweitemal umso weniger Überwindung. Rasch war ich mit einem Vorwande bei der Hand. Nach Tische vertraute ich ihr, daß ich im Garten von einer Leiter gefallen sei, mir beim Ausglitschen des einen Beines sehr wehe getan, sogar geblutet hätte. Beim zu Bette gehen untersuchte sie mich und weit entfernt, die Veranlassung zu ahnen, bestätigte sie mir, daß jener unglückliche Fall mich um meine Jungfrauschaft gebracht, bedauerte aber mich nicht, sondern meinen künftigen Mann, der dadurch um den Genuß meiner Erstlinge gebracht sei. Das war mir damals sehr gleichgültig und ist mir auch später sehr gleichgültig geblieben. Aus Schonung für mich litt Marguerite nicht, daß ich in dieser Nacht zu ihr in das Bett kam, was mir auch sehr willkommen war. Sie legte mir Goldcream auf, was mir so wohl tat, daß ich schon am andern Morgen nichts mehr fühlte. Für die kurze Entbehrung entschädigten mich aber die beiden letzten Nächte, die ich auf dem Gute meines Onkels zubrachte, desto vollständiger. Zum ersten Male lernte ich die ganze Gewalt der Wollust kennen, die das Eindringen eines fremden, warmen, lebendigen Körpers in das Innere eines Weibes hervorbringt. Zum ersten Male ergossen sich die Quellen des Vergnügens so erschöpfend, daß mir kein Wunsch mehr übrig blieb und die Befriedigung sich in einem langen unbeschreiblich süßen Ermatten und Hinbrüten kundgab.

Und das alles schon mit vierzehn Jahren, bei noch nicht vollkommen reifem Körper! Ja, und was noch mehr ist, es hat mir weder an der Gesundheit geschadet, noch meinem späteren, recht genußreichen Leben irgend einen Reiz verkümmert. Dazu gehört nun allerdings ein so früh entwickelter Charakter, so fest wie der meinige. An meinem Vetter hatte ich die Erschlaffung kennen und fürchten gelernt, die einem zu häufigen Selbstgenusse folgt. Mein scharfer Verstand ließ mich jedes Übermaß vermeiden. Immer berechnete ich die Folgen, die entstehen könnten, und nur einmal in meinem Leben hat mich die Besinnung und Überlegung verlassen. Schon früh wurde mir die Erkenntnis, daß es nach den Gesetzen, welche die menschliche Gesellschaft sich nun einmal gegeben hat, nur darauf ankommt, mit Vorsicht zu genießen, wenn man ohne Nachteil für sich und andere genießen will. Wer mit starrem Kopfe gegen diese notwendigen Gesetze anstürmen will, zerschellt an ihnen und erntet lange Reue für kurze Befriedigung. Das Glück führte mich allerdings bei meinen ersten Schritten in die Hände eines erfahrenen und gebildeten Mädchens. Hätte ein junger Mann in meiner Nähe gelebt, der sich um mich bemüht, dem die Gelegenheit günstig gewesen wäre, so würde ich, bei meinem Temperament und meiner Neugier, wahrscheinlich sehr bald ein verlorenes Geschöpf gewesen sein. Daß ich es nicht wurde, verdanke ich den Umständen, unter denen ich die erste Belehrung über Dinge empfing, die sehr viel weniger reizend wären, wenn sie nicht verschleiert würden. Und doch sind sie der Mittelpunkt alles menschlichen Lebens und Seins! Das weiß ich jetzt, während ich's damals nur fühlte, und mit dem Takte, den wir Frauen nun einmal vor den Männern voraus haben, ganz richtig ahnte.

Ehe ich in meinem nächsten Briefe weiter gehe, bemerke ich nur noch, daß ich wenige Wochen nach meiner Bekanntschaft mit Marguerite zum ersten Male die Zeichen eines vollständig entwickelten Körpers an mir sah. –

3. Brief

Betrachtungen des weiblichen Körpers.
Über weibliche Pein, List & Lust.

SELTEN mögen zwei weibliche Wesen in ihrer Entwicklung, in ihren Neigungen und sogar in ihren Schicksalen sich so ähnlich gewesen sein, als Marguerite und ich! Als sie mich damals vor der unbegrenzten Hingebung an einen Mann, anders als in der Ehe, warnte, und mir eindringlich die Folgen vorstellte, die ein solches Vergessen der allerersten Lebensregeln oft für das ganze Lebensglück eines Mädchens habe, dachte ich freilich nicht, daß auch für mich einst ein solcher Augenblick des Vergessens kommen würde. Ehe ich aber fortfahre, muß ich zusammenstellen, was ich sowohl in jenen ersten Nächten auf dem Gute meines Onkels, als späterhin im vertrauten Umgange mit Marguerite erfuhr. – Es erklärt vielleicht besser, als ich es selbst vermag, so manche Erscheinung – vielleicht Verirrung meines späteren Lebens.

In Lausanne geboren und sehr gut erzogen, verwaiste Marguerite schon im siebzehnten Jahre. Im Besitze eines kleinen Vermögens, glaubte sie sich bei mäßigen Ansprüchen gesichert, hatte aber das Unglück, in die Hände eines gewissenlosen Vormundes zu fallen, der sie nicht allein mit der größten Strenge behandelte, sondern sie auch später um ihr kleines Kapital brachte. – Bald nach dem Tode ihrer Eltern brachte der Vormund sie in den Dienst einer sehr reichen Baronin aus Wien, die auf einem schönen Landhause bei Morges am Genfer See lebte. Ihr Dienst beschränkte sich fast ausschließlich auf die Toilette der Baronin, die sie mir als die eleganteste und raffinierteste Frau schilderte. Stundenlang brachte ihre ungefähr dreißigjährige Herrin dabei zu. In den ersten Tagen ihres Dienstes fühlte sich Marguerite etwas fremd behandelt; nach und nach gestaltete sich aber das Verhältnis sehr angenehm. Die Baronin fragte sie nach allen Richtungen hin aus. Ob sie schon einen Liebhaber gehabt, und als sie sich überzeugt hatte, daß Marguerite noch ganz unschuldig war, wurde sie viel vertraulicher, und nach ungefähr vierzehn Tagen fragte sie, ob Marguerite sich auch auf die *toilette de la motte* verstünde? Da Marguerite recht gut verstand, was in der französischen Schweiz *la motte* genannt wird, so sagte sie errötend »nein!« Nun meinte die Baronin, daß sie diese Fertigkeit notwendig in ihrem Dienst erlernen müsse, wenn sie ihre Vorgängerin ersetzen und auf die Dauer ihr Vertrauen gewinnen wolle, setzte sich auf das Sofa, die Füße auf zwei Stuhllehnen gestützt, so daß die Schenkel ganz geöffnet waren, gab ihr einen Kamm von Schildpatt, der ebenso weich als fein war, und zeigte ihr, wie sie frisiert sein wollte.

Marguerite sah hier zum ersten Male ganz unverhüllt vor sich, was sie an sich noch nicht so deutlich gesehen hatte. Mit einem seltsamen Gemisch von Gefühlen begann sie das Kämmen, anfangs ungeschickt, bald aber nach Anweisung der Baronin immer geschickter. Da die Baronin eine sehr hübsche Frau, Blondine, und von sehr schönem Teint war, auch kurz vorher auf dem Bidet den ganzen Unterleib auf das Sorgfältigste gebadet hatte, so bot diese eigentümliche *toilette de la motte* weder einen unangenehmen Anblick, noch war sie widrig. Marguerite beschrieb mir auf das Ausführlichste und mit einer gewissen Verliebtheit den Bau ihrer Baronin und gestand mir, daß sie anfangs zwar sehr verschämt dabei gewesen sei, bei einigen Wiederholungen sich aber schon darauf gefreut habe, namentlich als sie bemerkte, daß das Kämmen weniger eine Toilette, als ein Vergnügen für die Baronin sei, da sie manchmal dabei seufzte, die Schenkel und Hüften bewegte und die anfangs gewöhnlich ganz geschlossene Öffnung sich spaltete, die Lippen sich röteten und der etwas hervorstehende, wie ein Ohrläppchen geformte Teil in eine zitternde Bewegung geriet. – Natürlich versuchte Marguerite, als sie auf ihrem Zimmer allein war, an sich selbst das Geschehene. Noch ganz unerfahren, fühlte sie doch sehr bald, daß die Natur in diesen Fleck des weiblichen Körpers eine Quelle unerschöpflichen Vergnügens versenkt hatte, und bald mußte die Hand vollenden, was der Schildpattkamm begonnen hatte. Schlau, wie jedes Mädchen in diesen Jahren und in diesem Punkte, berechnete sie, daß wohl auch die Baronin mehr wünsche, als die bloße Einleitung, aber es nicht von ihr verlangen wolle. Sie sollte sich bald überzeugen, daß, wo Lust von beiden Seiten vorhanden und die Gelegenheit günstig ist, die Verständigung endlich erfolgen muß. – Und doch fand mehrere Wochen lang ein gegenseitiges Täuschen und Verheimlichen des Wunsches statt. Jede wollte, daß die andere den ersten Schritt tun sollte, jede wollte die Überredete, die Nachgebende sein. Endlich trat der Kamm seine Herrschaft an die Hand ab, und kaum war die erste Probe gemacht, so warf die Baronin die Maske der Zurückhaltung ab und zeigte sich ganz als das, was sie war: ein lüsternes, begehrliches, wohllüstiges Weib, von quälenden Fesseln eingeengt, aber entschlossen, sich auf jede mögliche Art des Zwanges zu entledigen. Sie war an einen Mann verheiratet, der, früh vom Leben entnervt, nur in den ersten Jahren der Ehe ihr gegenüber ein wirklicher Mann gewesen war. Aber selbst in dieser Zeit hatte er wohl Begierden erwecken, sie aber nicht befriedigen können. Wie bei vielen, vielleicht bei den meisten Frauen, hatte sich das Mitgefühl bei den Freuden der Liebe erst spät eingefunden. War es körperliche Schwäche oder Folge früheren ausschweifenden Genusses bei ihm, kurz, er hatte gewöhnlich beendet, ehe sie begonnen, sodaß eine verzehrende Sehnsucht bei ihr an die Stelle der Befriedigung trat. Schon seit zwei Jahren lebte er in einer diplomatischen Stellung in Paris und hatte seine Frau, wahrscheinlich in dem Gefühl der endlich eingetretenen vollständigen Unfähigkeit, an den Genfer See gebracht, wo sie höchst elegant und glänzend, aber sehr einsam lebte. – Marguerite bemerkte sehr wohl, daß eine Art von Haushofmeister, ein alter, verdrießlicher Mann, als Aufpasser angestellt sei, der alles, was er sah und hörte, nach Paris berichten mußte. In den Familienverhältnissen der Baronin mußte es wohl liegen, daß sie mit äußerster Sorgfalt jeden männlichen Umgang vermied, so daß niemand im Hause oder in der Nachbarschaft etwas von dem ahnte, was Marguerite später von den geheimen Genüssen ihrer Herrin erfuhr. Anfangs schien es, als ließe sie sich an den Vertraulichkeiten mit ihrer Gesellschafterin vollkommen genügen. Als beide erst keine Scheu mehr vor einander hatten, fanden entweder morgens beim Aufstehen oder abends beim Zubettegehen die ausgelassensten Szenen zwischen der Frau und dem Mädchen, zwischen der Herrin und der Dienerin statt, ohne daß während des Tages die erstere das geringste ihrer Stellung gegen die letztere vergab. Waren die Spielereien zuerst nur einseitig gewesen, so wurden sie bald gegenseitig. Marguerite mußte völlig entkleidet zu ihr in das Bett kommen, und Marguerite brauchte mir nicht zu erzählen, was sie trieben; hatte ich es doch selbst an mir erfahren. Nur hatte sie dort meine Rolle gespielt. Die Baronin soll ganz unerschöpflich in neuen Erfindungen gewesen sein und wußte den Berührungen zweier weiblicher Körper immer neue Reize abzugewinnen. Marguerite schilderte mir diese Zeit als die glücklichste, sorgloseste und genußreichste ihres Lebens.

Wöchentlich einmal fuhr die Baronin nach Genf, um dort Besuche und Einkäufe zu machen usw. Jedesmal ging der Haushofmeister mit, und auch Marguerite wurde, als jenes vertrauliche Verhältnis sich erst befestigt hatte, mitgenommen.

In einem der ersten Hotels hatte der Haushofmeister ein Abkommen mit dem Wirte treffen müssen, so daß die Baronin immer dieselben Zimmer bekam. Ein Schlaf- und Wohnzimmer für sie, daneben ein kleines für Marguerite und neben diesem eines für den Haushofmeister. Aus jedem dieser Zimmer ging eine Türe auf den Korridor, die Verbindungstüren zwischen den Zimmern selbst waren verschlossen und Möbel davorgestellt. Kaum hatte Marguerite nur einige Mal diese Reisen nach Genf mitgemacht, so bemerkte sie auch, daß etwas dort vorgehe, was die Baronin ihr verheimliche. Erstens fand weder abends noch morgens eine Toilette in gewohnter Art noch irgend eine weibliche Vertraulichkeit statt; zweitens war die Baronin sonderbar ängstlich und unruhig, und drittens bemerkte sie an dem Bette und am Nachtkleide der Baronin deutliche Zeichen, daß sie in der Nacht nicht allein gewesen sei, nicht geschlafen haben konnte. Das Bett war in ganz ungewöhnlicher Unordnung, Stühle standen anders, als sie am Abend vorher gestanden hatten, und noch viel unzweideutigere Spuren fanden sich an dem Nachtkleide der Baronin. Mit einer Art Eifersucht bewachte sie jeden Schritt, den die Baronin tat, jeden Brief, der ankam, jede Botschaft, die gebracht wurde, jeden Besuch, der empfangen wurde, aber nichts war zu entdecken! Und doch mehrten sich mit jeder Reise die Anzeichen, daß die Baronin in der Nacht nicht allein war. Vergebens horchte sie von ihrem Zimmer aus, ob sie etwas wahrnehmen könne. Die Baronin verschloß nicht allein die Tür des Wohnzimmers nach dem Korridor, sondern auch die Tür, welche aus dem Wohnzimmer in das Schlafzimmer führte. Ein Lauschen an der verschlossenen Tür, die von dem Schlafzimmer auf den Korridor führte, wäre gar nicht möglich gewesen, weil fortwährend Reisende und Dienerschaft auf dem Korridor verkehrten. Ebenfalls vergebens blieb Marguerite die halbe Nacht an ihrer halboffenen Tür stehen, um zu sehen, ob jemand vom Korridor aus in die Zimmer der Baronin träte. Diese Ungewißheit und dieses Lauschen dauerte mehrere Monate, bis endlich der Zufall eine Aufklärung brachte. – In einer Nacht entstand plötzlich Feuer ganz in der Nähe des Hotels. Der Wirt ließ an alle Türen anpochen, seine Gäste wekken und von der nahen Gefahr in Kenntnis setzen, und Marguerite eilte so schnell wie möglich an die Tür der Baronin, pochte heftig an und wurde von der zu Tode erschrockenen Baronin eingelassen. Der Feuerschein, welcher in die Fenster schlug, hatte die Baronin so aller Fassung beraubt, daß sie am ganzen Körper zitterte und nur unzusammenhängende Worte sprechen konnte. – Mit einem Blicke übersah Marguerite das Schlafzimmer und hatte nun die langgesuchte Erklärung. Der Schrank, welcher vor der Tür stand, die in das danebenliegende Gastzimmer führte, war abgerückt, so daß jemand bequem hatte durchgehen können. Vor dem Bette lag auf einem Stuhl eine Weste, auf dem Nachttische eine Uhr mit Kette, so daß kein Zweifel übrig blieb. Die Baronin sah recht gut, daß Marguerite das alles bemerkte, war aber so erschrocken über den Feuerlärm, daß sie nichts sagte. Schnell packte Marguerite alle Toilettengegenstände zusammen, um gleich fliehen zu können und bemerkte bei dieser Gelegenheit auch eine kleine, sonderbar geformte Blase, die offenbar schon gebraucht war. Als die Baronin etwas Fassung gewonnen, nahm sie gleich jenen Gegenstand aus dem Bette fort, wickelte ihn in ihr Taschentuch und wollte ersichtlich etwas vor ihrer Vertrauten verbergen. – Das Feuer wurde gelöscht und der Vorgang brachte vor der Hand keine Veränderung in dem Verhältnis Margueritens zu der Baronin hervor. Noch ehe sie aber am andern Morgen Genf verlassen hatten, wußte Marguerite bereits von der Hoteldienerschaft, daß in dem Zimmer neben der Baronin ein junger russischer Graf wohnte. Die Zimmer lagen gerade da, wo der Korridor eine Biegung machte, so daß der Graf bei sich aus- und eingehen konnte, ohne an den Türen zu den Zimmern der Baronin bemerkt zu werden, weil er eine Treppe des Seitenflügels benutzen konnte. Jetzt war ihr alles klar. Zwischen dem russischen Grafen und ihrer Baronin bestand ein vertrautes Verhältnis, und es kränkte sie, daß ihr das bisher verborgen geblieben war. Desto fester aber stand bei ihr der Entschluß fest, Mitwisserin des Geheimnisses zu werden. Auf der Rückfahrt nach Morges bemerkte sie auch, daß die Baronin an einer einsamen Stelle des Weges etwas aus ihrem Taschentuche nahm und verstohlen aus dem Wagen warf. – Nach Morges zurückgekommen, trat das gewöhnliche Verhältnis wieder ein, obgleich die Baronin ersichtlich mit sich kämpfte, ob sie Margueriten in ihr Vertrauen ziehen solle, denn daß diese schon mehr wußte, als ihr lieb war, hatte sie bald erkannt. – Es kam aber zu keiner Aussprache zwischen den beiden Frauen. Bei der nächsten Fahrt nach Genf brachte Marguerite jede Minute, die sie frei hatte, auf dem Korridor des Hotels zu und begegnete mehrere Mal dem jungen Russen, einem sehr hübschen, eleganten Mann, der sie schon beim zweiten Begegnen auf der Seitentreppe besonders freundlich ansah und beim dritten sich in ein

Gespräch mit ihr einließ. Als er erfuhr, daß sie die Kammerjungfer einer im Hotel wohnenden Dame sei – Marguerite hütete sich wohl, den Namen derselben zu nennen –, machte er nicht viel Umstände und fragte, ob sie ihn wohl besuchen wolle? – Nur aus Neugier und ohne alle andern Absichten – so hat sie mir wenigstens auf das Treuherzigste versichert – sagte sie, nach einigen Weigerungen und kaum die Folgen bedenkend, ja! Da gerade niemand auf dem Korridor war, so zog er sie auf sein Zimmer, küßte sie, befühlte ihren Busen und wußte auch trotz ihres Sträubens sich anderwärts zu überzeugen, daß er ein blühendes, wohlgebautes Mädchen in seinen Armen hielt. Während seine Hand auf das angenehmste beschäftigt war, sah sich Marguerite überall nach der Gelegenheit um, bemerkte im zweiten Zimmer die Tür, welche zum Schlafzimmer der Baronin führte, und hatte nun auch ihren Plan fertig. Der Graf wollte zwar sofort Ernst machen, stieß aber auf einen Widerstand und schien auch ganz zufrieden, als sie versprach, in der Nacht, wenn ihre Herrschaft schliefe, zu ihm kommen zu wollen. Das könne aber erst spät nach Mitternacht sein, wenn auf dem Korridor alles dunkel wäre. Er schien zu überlegen – und Marguerite freute sich nicht wenig, daß sie wußte, was er überlegte. – Die neue Bekanntschaft schien aber doch das Bedenken zu besiegen, und sie wurden einig, daß sie nur um 1 Uhr kommen solle, er wolle dann seine Tür offen halten. Damit wäre ihr aber nicht gedient gewesen. Sie verlangte daher den Schlüssel und erhielt ihn. Sie triumphierte nicht wenig über ihre Schlauheit und überdachte nun ihren Plan nach allen Seiten. Schon um 10 Uhr hatte die Baronin ihre Nachttoilette gemacht, Marguerite entlassen und wieder vorsichtig hinter ihr beide Türen verschlossen. Statt aber in ihr Zimmer zu gehen, stellte Marguerite sich auf den Korridor an die Tür zum Schlafzimmer der Baronin und horchte aufmerksam auf alles, was drinnen vorging. Es dauerte denn auch nicht lange, so hörte sie die Baronin ihr Liedchen trällern, was sie sonst nicht tat, dann ein leises Pochen, Abrücken eines schweren Möbels und das kaum hörbare Öffnen einer Tür. Nun wußte sie, daß er bei ihr war und eilte zur Tür in die Biegung des Korridors, die zu dem Zimmer führte, in dem sie heute schon gewesen war, überzeugte sich, daß niemand sie sehen konnte, schloß so leise als möglich auf und befand sich am Ziel ihrer Wünsche. Im zweiten Zimmer sah sie einen Lichtschein auf den Boden fallen. Er kam aus der Verbindungstür, die so weit offen stand, als es der halb zurückgeschobene Schrank erlaubte. Rasch zog sie die Schuhe aus und schlich sich an die Türe, von wo sie alles mit der größten Bequemlichkeit übersehen konnte, was im Schlafzimmer der Baronin vorging. Halb lag, halb saß diese auf ihrem Bette in den Armen des Grafen, der ihren Mund, Hals und Busen mit den glühendsten Küssen bedeckte, während die Hand bald auf der Brust, bald auf den Hüften und Schenkeln, endlich aber zwischen diesen ruhte und von der Baronin jedes Entgegenkommen und Erwidern fand. Eine so hübsche Frau die Baronin auch war, so hatten ihre Reize doch diesmal keinen Reiz für sie, dagegen war Marguerite desto gespannter auf das, was sie noch nicht kannte. Auch damit sollte es nicht lange dauern. Der Graf entkleidete sich rasch und nicht zu seinem Nachteil, denn er war ebenso schön als kräftig gebaut. Hier sah Marguerite zuerst, was wir Frauen wohl fühlen, aber nicht aussprechen sollen. Wie erstaunte Marguerite aber, als die Baronin den stolzen Feind in ein Etwas einsperrte, das sie aus einem Kästchen auf dem Nachttisch nahm. Es war eine weiche, weiße, mit einem roten Bändchen verzierte Blase – jene Erfindung des berühmten französischen Arztes Condom, – welche sie mit tausend Liebkosungen und Zärtlichkeiten über den Gegenstand ihrer Wünsche zog, so daß er ganz dadurch verhüllt wurde. Als sie dann seine Toilette gemacht und ihn von außen noch mit einem *l'huile parfumée* gesalbt hatte, legte sie sich zurecht, der Graf bestieg das Bett, kniete zwischen ihre Schenkel und senkte seine Lanze, während die Baronin mit beiden Händen die Lippen ihres Eingangs öffnete, mit der Spitze in die rechte Bahn. Mit einem Stoß verschwand sie in ihrem Innern, und beide Körper vereinigten sich auf das innigste. Marguerite sollte es aber nicht so gut haben, als ich es in jenem Alkoven gehabt hatte; denn als der Graf sich nach dem ersten Eindringen zu bewegen begann, zog die Baronin schnell die Bettdecke über ihn hin, so daß nichts mehr zu sehen war als die beiden Köpfe, zärtlich Mund auf Mund gedrückt, Küsse trinkend, bis die Augen sich schlossen, der Graf nach der heftigsten Bewegung tief seufzte und dann wie ohnmächtig auf sie niedersank. Fest umarmt lagen beide wohl eine Viertelstunde lang nebeneinander, ohne daß sie die über ihn geschlungenen Schenkel losgelassen hätte, und Marguerite gestand mir, daß sie sich nun nicht mehr halten konnte, weil sie einen außerordentlichen Reiz im Innersten ihrer noch unerfahrenen jugendlichen Reize empfand und ihn durch die Hand zu beruhigen versuchte. Ebenso gestand sie mir aber auch, daß es damit nicht habe gehen wollen, und daß sie nach dem, was vor ihren Augen vorgegangen war, eine andere Befriedigung herbeisehnte. – Marguerite belehrte mich nun über den Zweck und Gebrauch jener Vorsichtsmaßregel, die so viel Unglück und Schande in der Welt verhütet hat. Sie erklärte sich den Zusammenhang damals zwar nur auf eigene Hand, besonders, als sie sah, daß die Baronin, nachdem beide wieder zu sich gekommen waren, sich aufrichtete und jene Blase, die an der Spitze mit einer Feuchtigkeit gefüllt war, zwischen den Lippen ihres Kleinods herauszog und neben sich auf den Tisch legte. Das also war der Blitzableiter gegen die Folgen eines Genusses, der mit Recht nur in der Ehe mit ganzer Fülle und Unbeschränktheit gestattet ist – der Blitzableiter, der dem Mädchen, der Witwe, der Frau an der Seite eines verliebten Mannes, Schutz vor den Folgen der Liebe gewährt! –

Marguerite überlegte nun, was zu tun sei. Sie hatte vorderhand genug gesehen, um die Baronin zu einem Geständnis zu zwingen, und obgleich sie ganz in Feuer war, entsagte sie doch für diese Nacht der näheren Bekanntschaft mit dem Grafen, weil sie erst Gewißheit haben wollte, ob er auch bei ihr sich eine solche Vorsichtsmaßregel gefallen lassen würde, denn ohne dieselbe hätte sie zuviel gewagt; dann aber gestand sie mir, daß ihr der Gedanke unangenehm gewesen wäre, die Zweite sein zu müssen. Vorsichtig schlich sie in das andere Zimmer zurück, schloß diesmal aber bemerklich laut mit dem Schlüssel auf, warf diesen in das Zimmer zurück und ging dann, aufgeregt und im Triumphe über das Gelingen ihrer List, auf ihr Zimmer. Die Überzeugung, daß der Graf sie um 1 Uhr erwartete und vergebens harre, machte ihr ein unbeschreibliches Vergnügen; hatte sie ja doch nun alle Fäden in der Hand, um sich zum Mittelpunkte und vor allen Dingen zur Teilnehmerin des ganzen Verhältnisses zu machen. Da die Baronin sie nicht zur Vertrauten gemacht hatte, so wollte sie eine kleine Rache an ihr nehmen und überlegte die ganze Nacht, wie sie das am besten und namentlich zu ihrem eigenen Vorteile erreichen könne. Sie werden über die Schlauheit erstaunen, mit welcher Marguerite ihren Plan entwarf und mit welcher Konsequenz sie ihn durchführte. Das ist auch eine Eigenschaft des weiblichen Geschlechtes, von der ich an mir selbst und an anderen die wunderbarsten Beispiele erfahren habe! In allem, was den himmlischen Genuß betrifft oder ihn herbeiführt, steigert sich der Scharfsinn oder die Verstellungskunst des Weibes auf einen fast unglaublichen Grad. Auch die Beschränktheit war erfinderisch, und gleichviel, ob Laune, Wollust oder wirkliche Liebe die Triebfeder sind, – in den Mitteln, die endliche Vereinigung zu bewerkstelligen, sind Mädchen und Frauen gleich unerschöpflich! – Noch ehe die Baronin aufgestanden sein konnte, klopfte sie am Morgen an die Korridortür des Grafen. Da er glauben mochte, es sei sein Diener oder ein Kellner des Hotels, so öffnete er selbst im tiefsten Negligé und war nicht wenig erstaunt, die nach Mitternacht so lange vergebens Erwartete eintreten zu sehen. Er wollte ihr Vorwürfe machen, sie zu sich auf das Bett ziehen und sofort nachholen, ließ aber sehr bald von seinen Stürmen ab, als sie das Blatt umkehrte und ihm Vorwürfe machte, ihm sagte, sie wäre allerdings etwas früher als verabredet gekommen, habe aber durch die offene Tür sehen müssen, was er mit der Baronin, ihrer Herrschaft, gemacht habe. Wenn sie dem Baron entdeckte, was sie gesehen, so könnte sie eine große Belohnung erwarten, und die Folgen davon möge er sich selbst ausmalen. Das wollte sie aber nicht, sondern nur Teilnehmerin des Verhältnisses sein, unter der Bedingung, daß er sich bei ihr zu denselben Vorsichtsmaßregeln verstehe, die er bei der Baronin anwandt habe. Ebensowenig wolle sie Heimlichkeit für die Zukunft, sondern im Gegenteil seine Wünsche bei der Baronin befördern, wenn sie Teil an ihren geheimen Vergnügungen nehmen könne. – Der Graf sah sie sprachlos vor Erstaunen über diese Erklärung an, war aber mit allem einverstanden und bereit, wenn sie nur schweigen wolle, da in der Tat aus der Entdeckung seines Verhältnisses zur Baronin ein großes Unglück für beide Familien entstehen konnte. – So teilte sie ihm ihren Plan mit und verlangte die Ausführung noch vor der Abreise der Baronin nach Morges, die schon nach dem Dejeuner erfolgen sollte. Verwundert über die Aussicht, die sich ihm auf ein ganz besonderes Verhältnis bot, ging der Graf auf alles ein, und als Marguerite nun seiner Hand vollste Freiheit gestattete, war er fast noch erstaunter, sich zu überzeugen, daß das ebenso unternehmende wie listige Mädchen noch unberührt von einem Manne sei. So unerwartet ihm das war, so bereitwillig machte es ihn, alles zu tun, was sie haben wollte, denn eine liebenswürdigere Teilnehmerin an seinen Genüssen konnte er sich nicht denken. Er wollte ihr sofort den Beweis geben, daß er entzückt von seiner neuen Bekanntschaft sei. Marguerite widerstand aber so entschieden, daß er zu nichts gelangte und daß seine Leidenschaft dadurch nur noch heftiger angeregt wurde. Doch hatte sie bei diesem Versuche genug gefühlt und gesehen, um sie nur noch fester in ihrem Entschlusse zu machen, ihrer mißtrauischen Baronin den Besitz, und zwar den gefahrlosen Besitz des schönen jungen Mannes, nicht allein zu gönnen. Alles, was kaum eine Stunde nachher geschah, wurde noch einmal verabredet, und nachdem sie dem Grafen alles Mögliche, nur nicht das Eine und Letzte, was er verlangte, gewährt und ihn dadurch ganz in Feuer und Flammen gesetzt hatte, entfernte sie sich, ging in ihr Zimmer zurück und erwartete dort die Klingel der Baronin, welche gegen 9 Uhr aufstand, die Tür ihres Vorderzimmers aufschloß, dann klingelte und sich wieder aufs Bett legte, wie sie gewöhnlich zu tun pflegte, während Marguerite alles zur Toilette Nötige im Schlafzimmer ordnete und dann im Vorderzimmer die Sachen zur Rückreise packte, endlich aber das Dejeuner servierte. Das war alles ganz genau verabredet, und im Nebenzimmer erwartete der Graf das verabredete Zeichen, wenn sich Marguerite im Vorderzimmer befinden würde. Es erfolgte, indem Marguerite die Tür zwischen dem Schlaf-

und Wohnzimmer geräuschvoll aufschloß. Zum größten Schrecken und Erstaunen der Baronin öffnete sich nun plötzlich die Tür des Grafen, er schob den Schrank zurück, stürzte auf das Bett zu und bedeckte die Baronin mit seinen Küssen. Keines Wortes über diese Unbesonnenheit mächtig, zeigte sie nur zitternd auf die Tür nach dem Vorzimmer, in welchem Marguerite eben mit Geräusch die Sachen packte. Den Wink verstehend, eilte der Graf zur Tür und schob scheinbar den Riegel vor, kam dann zur Baronin zurück und beschwor sie, leise flüsternd, ihm vor ihrer Abreise noch einmal die höchste Gunst zu gestatten. Sie wäre in der letzten Nacht so hinreißend liebenswürdig gewesen, daß er sich gar nicht mehr halten könne und fürchte, krank zu werden, wenn sie ihm den Genuß ihrer Reize versage. Dabei war er so geschäftig, hatte jenes Sicherungsmittel zu ihrer Beruhigung schon überzogen mitgebracht, daß die Baronin – vielleicht nur, um den unbesonnenen Stürmer rasch wieder los zu werden – die Schenkel öffnete und den Unbändigen in die ersehnte Bahn führte. Anfangs so leise als möglich, wurde bald der verabredete Seufzer ausgestoßen, und in diesem Augenblicke trat Marguerite ins Zimmer, denn die Tür war nicht verriegelt worden. Anscheinend vor Schreck über diesen Anblick, keines Wortes mächtig, ließ sie die Toilettengegenstände, die sie in der Hand trug, fallen und starrte auf das Bett, wo die Baronin mit hochschwebenden Beinen lag, während der Graf unzweifelhaft in vollstem Besitze des entscheidenden Punktes war. Marguerite konnte sich unmöglich so erschrocken stellen, als die Baronin es wirklich war, denn ihre Ehre, ihr Vermögen, ihre ganze Stellung in der Gesellschaft stand auf dem Spiele. Mit einem unverständlichen russischen Fluche sprang der Graf zurück, blickte die Eingetretene wütend an und sagte zur Baronin: »Wir sind verloren, wenn ich diese Verräterin nicht ermorde und auf ewig stumm mache! Sie darf das Zimmer nicht verlassen, ohne daß wir sicher sind.« Marguerite tat, als wenn sie entsetzt vor dem Wütenden fliehen wollte. Der Graf stellte sich aber mit dem Rücken gegen die Tür und maß sie mit drohenden Blicken, als führe er etwas Schreckliches gegen sie im Schilde. Die Baronin war bei dem allem mehr tot als lebendig. Plötzlich rief der Graf, als habe er einen Gedanken bekommen: »Es gibt nur ein Mittel, dies Mädchen zum Schweigen zu bringen. Sie muß unsere Mitschuldige werden. Verzeihen Sie mir, geliebte Baronin, was ich tue, tue ich nur für Sie!«

Mit diesen Worten ergriff er die in anscheinender Todesangst zitternde Marguerite, trug sie auf das Bett, wo die totenbleiche Baronin noch unbedeckt lag, legte sie nieder, warf ihr die Kleider herauf und drängte sich mit der größten Gewalt zwischen ihre Schenkel. Durch alle möglichen Wendungen suchte sie ihm anscheinend das Ziel zu entrücken und brachte es ihm doch immer näher. Das Eindringen gestattete sie ihm aber nicht eher, bis sie sich mit den scheinbar abwehrenden Händen überzeugt hatte, daß der Domino noch an seiner rechten Stelle saß und keine Gefahr zu fürchten war. – Als sie Gewißheit hatte, öffnete sie ihm den Eingang, indem sie tat, als ob sie von der Kraft des starken Mannes überwältigt, keinen Widerstand mehr leisten könne, und wimmerte nur leise, die Baronin möge ihr beistehen und sie vor der Wut dieses Fürchterlichen schützen, während schon ganz andere Empfindungen ihren Schoß durchdrangen und sie ein unbeschreibliches Behagen empfand. Geistig, weil sie die Baronin getäuscht, weil sie nun ein Übergewicht über sie erhalten hatte, und neben ihr, ja auf ihrem eigenen Bette, vor ihren Augen von dem schönen Manne das erhielt, was ihr bestimmt war; körperlich, weil der Graf trotz seiner verstellten Heftigkeit und Härte so zart mit ihr umging, so langsam ihre edelsten Säfte zum Erguß reizte und sie so ganz und doch so gefahrlos ausfüllte. Aber nicht genug, daß die Baronin den ganzen Vorgang mit ansehen mußte, – nein, sie mußte die wimmernde Marguerite auch noch beschwichtigen, ihr zureden und bitten, sie möge doch nicht so schreien; ja, als der Graf fühlte, daß der Augenblick der Krisis herannahte, rief er: »Wenn Sie mir nicht helfen, Baronin, dieses Mädchen ganz zu unserer Mitschuldigen zu machen, so sind wir verloren. Nur, wenn ich sie ganz überwältige, können wir auf ihr Schweigen rechnen.« Als das die Baronin hörte, hielt sie ihr selbst die Schenkel auseinander, so daß der Graf bis an die Wurzel in sie eindringen konnte. Marguerite suchte die Schenkel zu schließen, als verteidige sie sich gegen die Hilfe der Baronin, und durch diesen Kampf entstand eine Bewegung, ein Entgegenheben, ein Öffnen, Schließen, Wenden und Wogen, daß bei beiden Handelnden der Moment der höchsten Verzückung zugleich erfolgte und Marguerite ein vollkommenes Recht hatte, wie ohnmächtig zurückzusinken, die Augen zu schließen und bewegungslos dazuliegen. Trotzdem hörte sie, sah sie verstohlen alles, was um sie her vorging. Nachdem der Graf sich zurückgezogen und rasch seine Kleider wieder in Ordnung gebracht hatte, sank er vor der verstörten Baronin auf die Knie und beschwor sie, sich zu beruhigen, ihm zu verzeihen, daß er in der Not dieses Mittel angewandt hatte, um sie beide vor Entdeckung zu sichern. Er stellte ihr vor, daß nun erst, da sie eine Vertraute gewonnen hätten, ihr Verhältnis vor jeder Entdekkung gesichert sei, daß beide dem Mädchen Geld geben und sie vollständig in ihr Vertrauen ziehen müßten, – tat, als wenn er der Baronin ein außerordentliches Opfer gebracht hätte, daß er sich zur Berührung einer Kammerjungfer herabgelassen und bat, daß die Baronin nun alles mögliche tun möge, um Marguerite, wenn sie aus ihrer Ohnmacht erwache, zu trösten und zu gewinnen. – Nun machte Marguerite eine Bewegung, als ob sie erwache, und die Baronin, welche zwischen den noch geöffneten, aber schlaff herabhängenden Schenkeln ihrer Nebenbuhlerin das rote Bändchen, jenen Domino, noch aus dem nach ihrer Meinung so sehr übel behandelten Fleckchen heraushängen sah, zog es rasch selbst heraus und verbarg es unter dem Bettzeug. Es war ein kleiner Triumphzug für Marguerite, daß die Baronin ihr diesen Dienst leisten mußte. Der Graf verließ nun unter Bitten, Beteuerungen und Verabredungen ihres künftigen Verhaltens das Schlafzimmer und zog sich hinter dem Schranke in seine Wohnung zurück. Jetzt waren beide Frauen allein. Die Baronin, vollständig getäuscht und im höchsten Grade ängstlich, suchte die anscheinend Untröstliche zu beruhigen, vertraute ihr das ganze Verhältnis an, in dem sie zu dem Grafen und zu ihrem abwesenden Gatten stehe, versprach, für sie zu sorgen, bat sie um ihren Beistand, um Verzeihung für das Ungestüm des Grafen und malte ihr die Zukunft in rosigen Farben, daß Marguerite nach und nach von ihrem Schmerze über die erlittene Mißhandlung abstand und erklärte, daß nun, da es einmal gegen ihren Willen so gekommen sei, sie das geheime Liebesverhältnis so viel als möglich begünstigen wolle.

Damit war die Bahn gebrochen, und es stellte sich, als erst Beruhigung und Nachdenken eingetreten war, ein höchst eigentümliches Verhältnis zwischen diesen drei Personen heraus. Der Graf hatte keine Ahnung, daß zwischen den beiden Frauen eine Vertraulichkeit bestand, hatte aber an dem frischen, jugendlichen Körper und dem noch so wenig betretenen Pfade Margueritens so viel Vergnügen gefunden, daß er ihren Genuß dem bei der Baronin vorzog und ihr, wenn sie allein waren, die vollgültigsten Beweise seiner Zuneigung und Befriedigung gab. Marguerite stellte sich bei der Baronin kalt gegen den Grafen und erklärte, wenn sie an den wohllüstigen Genüssen beider teilnahm, daß sie das nur tue, um ihrer geliebten Herrin ein größeres Vergnügen zu bereiten. Die Baronin ahnte ihrerseits nichts von dem Einverständnis, welches zwischen dem Geliebten und ihrer Kammerjungfer bestand, überhäufte Marguerite mit Geschenken und behandelte sie von diesem Augenblick an als vertraute Freundin. Schon bei dem nächsten Besuche in Genf war Marguerite gegenwärtig, als der Graf nun schon früh am Abend zur Baronin kam, nachdem sie selbst schon bei ihm gewesen war und sich die Erstlinge seiner Kraft geholt hatte; denn immer bekam die Baronin das Nachessen. Nicht genug konnte mir Marguerite von den Genüssen erzählen, die eine solche Vertraulichkeit zwischen mehr als zwei Personen bereitet, namentlich, wenn ein kleiner Roman, eine Intrige dabei im Spiele ist. – Marguerite erzählte mir nun, daß sie bei diesen Zusammenkünften stets die Leidende oder Helfende spielte, und daß ihr das über jeden Verdacht bei der Baronin hinweghalf. Der Graf und sie wußten ja recht gut, wie sie miteinander standen. So oft die Baronin nach Genf kam, so oft besuchte Marguerite den Grafen, welcher immer mehr Gefallen an ihr fand und ein ebenso zärtlicher als feuriger Liebhaber für sie wurde, weil er sich überzeugt hatte, daß er wirklich der erste gewesen war, der ihren jungfräulichen Thron bestiegen hatte. Er suchte zwar Marguerite zu überreden, daß sie ihm gestatte, unverhüllt und ganz sein Glück zu genießen, stellte ihr vor, wie es doch etwas ganz anderes sei, wenn er seine ganze Manneskraft im Augenblick der höchsten Wohllust in ihren Schoß ausströmen dürfe, wie eben das gleichzeitige Ergießen und Ineinanderfließen der feinsten Säfte des weiblichen und männlichen Körpers, jener unbeschreibliche Duft aus den edelsten Teilen, in seiner gleichzeitigen Entladung der Wille der Natur und zugleich ein Vorgeschmack der Seligkeit sei, versprach auch, für sie zu sorgen, wenn sie empfangen und einem Kinde das Leben geben sollte. Dem allen widerstand Marguerite aber auf das Bestimmteste und begnügte sich damit, daß sie jenen wunderbaren Strom zwar mit unglaublicher Gewalt hervorschießen, aber nicht seine Benetzung, seine balsamische Befruchtung fühlte. Hatten sie dann ungestört genossen, was man in dieser Beschränkung nur genießen kann, so begann am Abend und einem Teil der Nacht das Spiel bei der Baronin, die gleich nach den ersten, von dem erfinderischen Grafen gemachten Versuchen sehr zufrieden war, drei Personen zu gemeinschaftlichem Genusse vereinigt zu sehen. Man versuchte es auf die verschiedenste Weise. Marguerite mußte sich über die liegende Baronin so legen, daß der Mund des Grafen sie an dem nach hinten gedrängten Mittelpunkte des Genusses erreichen und küssen konnte, so daß er, während er mit seinem Szepter in die unten liegende Baronin eindrang, mit der Zunge so tief wie möglich in Margueriten eindringen und die Baronin ihr unterdessen an den Knospen des reizend geformten Busens saugen konnte. Am lebendigsten schilderte sie aber die Empfindungen, die sie gehabt hatte, wenn der Graf nach langen Vorspielen zur Entscheidung drängte und sich dann beiden Genießenden durch kitzliche Berührungen die Wohllust auf den höchsten Grad steigerte. Die Baronin legte sich dann so aufs Bett, daß der Graf vor ihr stand oder sich mit dem Oberkörper auf sie niederbeugte, während Marguerite auf einem niedrigen Schemel saß, so daß ihr Auge sich gerade in der Höhe der so angenehm beschäftigten Teile befand. Nun spielte sie mit einer oder mit beiden Händen bald an der so köstlich ausgefüllten Spalte der Baronin, bald an dem Szepter und den Weltkugeln des Angreifenden. Mit dem Finger die Lefzen öffnend, daß das sammetweiche Fleisch mit seinen tausend Fältchen den ungestümen Gast nur noch enger und saugender umschloß, dann sie über der glühenden Spitze zusammendrängend, daß er fast nicht hinein konnte; mit der andern Hand bald am Schafte spielend, ihn umfassend, daß er nicht ganz hinein drang und dann loslassend, daß er im Moment in der Tiefe verschwand, oder die Behälter jenes Wunderbalsams kitzelnd, daß jede Faser zum Erguß drängte. Das beschrieb sie mir als das größte Vergnügen! – Die blendend weißen Schenkel der Baronin, aus zwei schwellend runden Alabaster-Halbkugeln hervorgehend, das blonde Haar ihres Tempels, die brennende Röte des Priesters, der in ihm opfern wollte, die schönen Formen des Mannes in seiner höchsten Kraftentwicklung, das schwarze Haar, das sich hie und da mit jenem blonden vereinigte – und daran teilzunehmen, es mit den Augen in der nächsten Nähe zu verschlingen, im Geiste die steigende Empfindung beider mit zu genießen, alles das entzückte sie noch in der Erinnerung, als sie es mir erzählte, – und da ich dabei in der behaglichen Wärme des lauschigen Bettes meine Hand nicht zügelte, so bemerkte ich, daß diese Bilder sie auch jetzt noch in Feuer setzten.

Es muß in der Tat ein sonderbares Verhältnis zwischen diesen drei Personen gewesen sein. Trotz der höchsten Vertraulichkeit gegenseitiges Mißtrauen, – trotz gemeinschaftlichen Genusses Täuschung und Verstellung! Wie gesagt, die Phantasie läßt mich gern solchen Bildern folgen, der Verstand rät mir ab, ihnen nachzuahmen; denn solchem Raffinement muß Abspannung folgen, und Unannehmlichkeiten sind immer Folgen eines Geheimnisses, um welches mehr als zwei wissen. Da der junge Graf eben alles genießen konnte, was ihm einfiel, so wurde er endlich des Verhältnisses überdrüssig, ersichtlich kälter, wohl auch erschöpft bei zwei so verlangenden Frauen. Kurz, er verließ Genf nach ziemlich kaltem Abschied. Von diesem Augenblicke an suchte die Baronin Marguerite los zu werden, und bald genug war eine Entzweiung herbeigeführt. Marguerite hatte von der Baronin und dem Grafen in kurzer Zeit über 3000 Francs geschenkt bekommen, beging aber die Torheit, auch dieses Geld dem Vormunde zur Verwaltung für sie zu übergeben. Einige Zeit lebte sie unabhängig bei einer Freundin, die früher Erzieherin gewesen war, und erhielt von dieser Unterricht, weil sie die Idee hatte, nach Rußland zu gehen, wo Schweizer Gouvernanten schon oft ihr Glück gemacht haben sollten. Die Veränderung ihrer Verhältnisse war aber zu plötzlich gewesen, als daß sie sich in dem stillen Hause ihrer Verwandten unter ernsten Studien hätte vollkommen glücklich fühlen können. – Sie hatte dort bei der Baronin alles gehabt, was sie in ihrer Lebensstellung irgend wünschen konnte. Ja, sie hatte sehr vieles mehr gehabt, als Mädchen überhaupt gefahrlos haben können, und das hatte sie verwöhnt! Gewisse Dinge waren ihrem Körper zur Notwendigkeit geworden, und sie entbehrte nicht allein den Umgang mit dem jungen schönen Grafen, sondern auch die vertraulichen Spielereien mit der Baronin. Das machte ihr in den ersten Monaten viele unruhige Nächte und aufregende Träume. Das Hilfsmittel, welches ihr die eigene Hand bot, gewährte nur schwachen Ersatz, und vergebens sah sie sich nach einer Bekanntschaft um, von der sie nichts zu fürchten gehabt hätte; denn sie konnte doch die Bedingungen, welche sie dem Grafen gestellt hatte, und durch ganz besondere Verhältnisse begünstigt, hatte stellen dürfen, keinem anderen Manne stellen. Nie gesteht ein Mädchen seine Bekanntschaft mit Dingen ein, die es bei Männern herabsetzen könnten. Unter Büchern und Karten verlebte sie fast ein Jahr lang ein sehr einsames und freudloses Leben. Es war in ihrem Innern etwas lebendig und verlangend geworden, was sich nicht mehr abweisen ließ und manchmal so gebieterisch auftrat, daß es sich namentlich in der Nacht in unruhigen und wollüstigen Träumen sehr bemerkbar machte. Endlich machte sie in einer Badeanstalt die Bekanntschaft einiger junger Mädchen, mit denen sich bald ein ähnliches vertrauliches Verhältnis entwickelte, als sie es mit der Baronin gehabt. Da machte sie auch die Bekanntschaft des Bruders einer ihren neuen Freundinnen, eines ebenso schönen als gebildeten jungen und liebenswürdigen Mannes. Vom ersten Augenblicke an zeigte er das Bestreben, ihr zu gefallen. Mit der ganzen Scheu und Unbeholfenheit eines jungen Mannes, der sich zum ersten Male zu einem Mädchen hingezogen fühlt und dem dunklen, aber mächtigen Naturtrieb folgen muß, näherte er sich Margueriten, die genug zu tun hatte, um nur die Ungeschicklichkeiten dieser Annäherung weniger auffallend zu machen. Marguerite lernte nun auch die Liebe kennen und kämpfte vergebens gegen die Macht derselben an. Sie hatte geglaubt, schon alles zu wissen, schon alles kennen gelernt zu haben und daher gegen ihre Herrschaft gewappnet zu sein! Wie sanken alle Vorsätze, alle Klugheiten vor der Gewalt des ersten Kusses zusammen! Wie wehrlos fühlte sie sich den anfangs schüchternen Berührungen des Geliebten gegenüber! Sie waren so schüchtern, daß sie ihnen entgegenkommen mußte, ohne merken zu lassen, daß sie das tat. Aber wie schnell treibt die Natur auch den Unwissendsten, den Tugendhaftesten auf dem gefährlichen Pfade weiter, wenn er einmal betreten ist! – Es machte der erfahrenen Marguerite ein ganz unbeschreibliches Vergnügen, wenn sie sah, was der so liebenswürdige, unerfahrene junge Mann alles tat, um zu dem ihm noch unbekannten Ziele zu kommen. Sie fühlte sich diesen oft ungeschickten Anstrengungen gegenüber so überlegen, daß sie glaubte, sie würde im Momente der wirklichen Gefahr die Kraft haben, den schon bei der nur äußeren Berührung zwischen den beiden entscheidenden Punkten fast sinnlosen Geliebten an der Vollendung, dem Ausströmen des Samens in ihren Schoß, zu hindern, und gestattete endlich das Eindringen der Spitze. Aber sie hatte nicht bedacht, wie nun auch bei ihr jeder Nero, jedes Fältchen ihres Innern der Vereinigung entgegendrängte, und wie schwach das Weib gegen einen wirklich geliebten Mann ist, wenn er erst mit dem Inbegriff seiner Kraft ihr Inneres erwärmt. In übermäßiger Wollust vergaß sie jeden Widerstand, jeden Vorsatz, und plötzlich fühlte sie den elektrischen Schlag des Hineinströmens eines heißen Strahls, der ihr ganzes Innere ausfüllte. Es war geschehen! Das Ausbleiben ihrer Regel zeigte ihr nur zu bald, daß das Unglück geschehen, ihre Ehre verloren, ihre Zukunft vernichtet sei! Von dem Augenblicke an, wo sie Gewißheit über ihren Zustand hatte, gewährte sie dem Geliebten zwar wieder alle Rechte eines Gatten und genoß drei Monate lang ungestört das höchste Glück; dann aber brachen die Schläge des Schicksals in wahrhaft betäubender Folge über sie herein. Der Vormund machte Bankerott und floh mit ihrem ganzen Vermögen nach Amerika; ihr Geliebter erkrankte und starb. Sie wurde mit Schimpf und Schande aus dem Hause gejagt, kam in Armut und Elend in einem Dorfe nieder und verlor nach zwei Jahren der schwersten Leiden und Entbehrungen auch ihr Kind durch den Tod, bis sie in Deutschland ein Unterkommen als Gouvernante fand. –

Wie eindringlich warnte sie mich vor jenem einen unbewachten Augenblick!

4. Brief

Ausbildung zur Sängerin.

Wenige Mädchen werden in so kurzer Zeit, so rasch hintereinander, so vollständig und vor allen Dingen so gefahrlos über diese wichtigsten Momente des ganzen weiblichen Lebens aufgeklärt worden sein, wie ich es durch Zufall und durch die Mitteilungen Margueritens wurde.

Als Kind war ich in den Alkoven des Schlafzimmers meiner Eltern gelaufen. Als Jungfrau, freilich nicht mehr in der rein körperlichen Bedeutung eines unverletzten Hymens, kam ich von dem Gute meines Onkels zurück. Ich war eine andere, die Welt um mich her war anders geworden.

Meine Eltern waren Muster in der Beobachtung der äußeren Formen der notwendigen Sitte und gerade deswegen doppelt glücklich in ihren vertrauten Stunden. Wenn ich es nicht selbst gesehen hätte, würde ich nie geglaubt haben, welche Verwandlung jene Augenblicke ungestörten und unbelauscht geglaubten Genusses bei ihnen hervorbrachten. Mein Glaube ist also wenigstens entschuldigt, wenn ich so leicht keiner Außenseite, keinem Schein mehr traue.

Zwei gebildete, liebenswürdige und tugendhafte Menschen, die keine Ahnung haben konnten, daß jemand sie belauscht, bei denen die Freude an dem festlichen Tage und die Freude am gegenseitigen Besitze der Befriedigung eine höhere Weihe gegeben hatten. Bei Margueriten hingegen war immer noch ein Wunsch, eine Sehnsucht, ein Ideal übrig geblieben, und ich hatte mir denken können, daß etwas Vollkommeneres mich noch erwarte; das ganz Materielle, das Tierische des Genusses war mir noch fremd geblieben.

Daß ich nach so rasch aufeinanderfolgenden Erfahrungen viel aufmerksamer auf alles um mich her wurde, Leute und Dinge mit ganz anderen Augen betrachtete, werden Sie wohl glauben. Überall vermutete ich Heimlichkeit und Einverständnis, Intrige zwischen den Personen, unter denen ich lebte und mich bewegte. Ich lauschte und horchte, um zu erfahren, was man mir verbergen wollte und bis dahin verborgen hatte. Mit der größten Sehnsucht wünschte ich, meine Eltern noch einmal belauschen zu können, überlegte, machte unaufhörlich Pläne dafür, immer aber hielt mich eine tiefe Scheu von der Ausführung meiner Pläne zurück, und bot sich selbst eine Gelegenheit dafür, so wagte ich es doch nicht, sie zu ergreifen, und ich freue mich noch heute darüber, daß eine innere Stimme mich davon zurückgehalten hat. Absichtlich zu belauschen, wäre eine Entweihung der stillen Freuden zweier guter Menschen gewesen.

Ich habe Ihnen schon erzählt, daß ich bald nach der Rückkehr vom Gute meines Onkels zur vollkommenen Jungfrau geworden war. Erschreckt sah ich die ersten Zeichen weiblicher Reife hervortreten und wollte sie vor meiner Mutter verbergen, da ich das Blut anfangs für eine Folge meiner Unterhaltungen mit Marguerite hielt. Die Wäsche verriet aber, was ich verbergen wollte, und zum ersten Male sprach nun meine Mutter belehrend über solche Dinge mit mir, aber doch nur soviel, als durchaus nötig war, um mich ganz im allgemeinen aufzuklären. Sie ahnte freilich nicht, daß ihr eigenes Beispiel mich schon viel vollständiger belehrt hatte. Bald nachher wurde ich gefirmt, und von nun an – ich war noch nicht ganz 16 Jahre alt – nahmen mich die Eltern in Gesellschaften mit; man wurde aufmerksam auf mich, besonders, weil meine Stimme sich immer klangvoller entwickelte und mein Gesangstalent damals die ersten Blüten trieb. Fast jedesmal, wenn ich in Gesellschaften etwas gesungen hatte, ertönte es von allen Seiten: »Sie müssen zum Theater gehen, müssen eine Catalani, eine Sonntag werden!«

Was man immer und immer wieder hört, das prägt sich unwillkürlich ein, und obgleich mein Vater nichts davon wissen wollte, fand ich doch in der Mutter eine Verbündete für meine, ohne mein Zutun erwachten Wünsche, und es wurde endlich beschlossen, ich solle eine Künstlerin werden. Meine Studien und Beschäftigungen waren von nun an ausschließlich auf dieses Ziel gerichtet, und ich hatte von meinem 16. Jahre an eine größere Freiheit und Selbständigkeit, als sonst Mädchen meines Alters zu haben pflegen. Eine weitläufige Verwandte ziemlich reifen Alters, häßlich und ängstlich bei der größten Kleinigkeit, wurde bewogen, mich nach Wien zu begleiten, wo ich bei einem damals berühmten Gesangslehrer ausgebildet werden sollte.

Die erste Zeit meines Aufenthalts in Wien war ziemlich freudlos. Wir hatten fast gar keine Bekanntschaft, und ich besuchte mit großem Fleiße die Gesangsstunden meines vortrefflichen Lehrers. Nur der Besuch des Theaters, wenn Opern gegeben wurden, war eine angenehme Unterbrechung in unserem eintönigen Leben. Oft genug hatten sich Gelegenheiten zu Bekanntschaften geboten, und da ich eben in jener schönsten Blüte des Mädchens stand, die man so richtig *la beauté du diable* nennt, so fehlte es auch nicht an jungen Männern, die mir die Cour machen wollten. Mein frühreifer Verstand hatte sich aber alles zurecht gelegt. Erst wollte ich eine bewunderte Künstlerin werden, – dann wollte ich genießen! Nichts sollte mich stören und meine Studien hemmen. Ich wies daher alle Bewerbungen so spröde ab, daß man mich bald meinen eigenen Weg gehen ließ, so daß meine alte Verwandte entzückt über meine Sittsamkeit und Tugend war. Freilich hatte sie keine Ahnung von meinen heimlichen Freuden, die ich indessen, ebenfalls aus Berechnung, nur sehr mäßig genoß.

Nun komme ich zu einem Teile meiner Geständnisse, der mir schwerer wird, als alles bisher Gesagte. Ich habe mir aber einmal vorgenommen, ganz aufrichtig gegen Sie zu sein, und so möge denn auch dies gesagt sein. Ich habe vergessen, Ihnen zu erzählen, daß Marguerite mir das Buch geschenkt hatte, in dem sie an jenem Abend gelesen hatte, als ich sie zuerst belauschte. Es war das ebenso reizend als wohllüstig geschriebene Werk: *Félicia ou mes Frédaines* mit vielen kolorierten Kupfern, die mich vollständig belehrt haben würden, was der Mittelpunkt des ganzen menschlichen Lebens ist, wenn ich nicht schon darüber belehrt gewesen wäre. Seine Lektüre machte mir ein unaussprechliches Vergnügen. Aber ich erlaubte sie mir nur alle acht Tage einmal, und zwar am Sonnabend, wo ich jedesmal ein warmes Bad nahm. Dabei durfte mich die Tante nicht stören; das Badezimmer war abgelegen und hatte nur eine Türe, die ich zum Überflusse noch mit einer Decke verhängte. Nirgends eine Ritze, durch die ich hätte belauscht werden können! So war ich ganz sicher!

Während des Bades las ich in jenem Buche und fühlte an mir dieselben Wirkungen, die ich bei Marguerite beobachtet hatte. Wer könnte aber auch diese glühenden Schilderungen lesen, ohne selbst dabei in Feuer und Flammen zu geraten? Hatte ich mich dann abgetrocknet und einige Zeit in einem leichten Peignoir geruht, dann begann mein damaliges, freilich noch sehr beschränktes

Paradies. Der große Stehspiegel wurde so gestellt, daß ich mich ganz darin sehen konnte. Mit dem Beschauen meines Körpers in allen Lagen begann mein verschwiegenes Vergnügen. Ich drückte und preßte meine runden jungen Brüste, spielte an den Knospen derselben und führte dann den Finger an den Urquell aller weiblichen Seligkeit.

Seit meiner ersten Bekanntschaft mit Marguerite hatte meine Sinnlichkeit rasche Fortschritte gemacht, und namentlich hatte sich bei mir eine überaus reichliche Entladung jenes süßberauschenden Balsams eingestellt, der im Augenblicke der höchsten Entzückung aus den innersten Falten des weiblichen Körpers hervorbricht. Die Männer, mit denen ich mich später dem Genuß der Liebe überlassen habe, waren alle entzückt über diese besonders glückliche Eigenschaft und konnten nicht genug ihre Empfindungen schildern, wenn mein Erguß sie überströmte. Damals glaubte ich natürlich, es sei bei allen Frauen so, aber es ist in der Tat eine seltene Begabung, wie ich mich später überzeugte. Geriet doch während meines Aufenthaltes in Paris einer meiner liebenswürdigsten Verehrer so außer sich darüber, als er den heißen Strom über sich hinrieseln fühlte, daß er das erste Mal fast die Besinnung darüber verlor, dann aber jedesmal, wenn ich ihm die höchste Gunst gewährte, im Augenblicke meiner Entladung seinen Speer aus der Wunde zog, blitzschnell mit dem Munde meine Quelle bedeckte und den hervorschießenden Lebenssaft bis auf den letzten Tropfen aufsaugte, dann aber mit um so größerer Kraft wieder in mich eindrang und nun seinerseits entlud, aber freilich in jener Vorsichtsmaßregel, die Marguerite bei ihrem jungen Russen kennen gelernt hatte. Und diese Phantasie meines Pariser Freundes hat auch mich zu dem Versuche gebracht, ebenfalls jenen wunderbaren Strahl in meinem Munde aufzunehmen, der mit elektrischer Kraft im Momente höchster Wohllust aus dem Baume des Lebens hervorschießt. Das gehört aber zu meinen späteren Bekenntnissen, und ich kehre daher zu meinen Wiener Sonnabenden zurück. – Es machte mir ein außerordentliches Vergnügen, im Spiegel dem lüsternen Spiel der Hand zu folgen. Der Mittelpunkt des Sinnenreizes lag jedem Angriff offen da, denn ich hatte die Schenkel so weit als möglich auseinander gespreizt. Geschäftig spielte, rieb und kitzelte ich, drang dann tiefer mit dem Finger ein und fühlte, wie brünstig mein Inneres dem Wohltäter entgegenkam. Lassen sich denn diese himmlischen Gefühle beschreiben? Wie das Blut durch die Adern jagt, wie jeder Nero bebt, der Atem stockt, und endlich der befruchtende heiße und doch lindernde Lebenstau hervorbricht, um die glühenden Lippen des Liebesmundes zu befeuchten und zu kühlen. Im Niederschreiben entzückt mich die Erinnerung an jene glücklichen Stunden in Wien noch so sehr, daß meine linke Hand unwillkürlich den Weg dahin sucht, wo diese Erinnerung den lebendigsten Eindruck gemacht hat.

Aus meiner schlechter werdenden Schrift werden Sie sehen, daß mich das Gefühl übermannt. Mein ganzer Körper zittert vor Sehnsucht und Vergnügen. Weg mit der Feder und – – –

5. Brief

Abenteuer mit dem Korrepetitor Franzl. Die Tante & ihr Mops. Spröde Stuten & Glückliche Hengste. Freundin Rudolfine und ihre Mündlichen Überlieferungen. Ode an die Freuden, Warnung vor den Folgen. Mit Rudolfine in Baden. Der italienische Nabob und sein Wiener Bankier.

Über der etwas zu lebhaft gewordenen Schilderung am Ende meines vorigen Briefes bin ich nicht zu dem gekommen, was ich eigentlich für Sie aufzeichnen wollte. Die Erinnerung an die geheimen Freuden, welche ich mir damals in der Blüte meines Mädchenlebens zu verschaffen wußte, wand mir die Feder aus der Hand und wies dieser eine ganz andere Beschäftigung an, die auch später, in meinen reiferen Jahren, ihren Reiz für mich noch nicht verloren hat, und zu der ich bei meinem leider gerechtfertigten Mißtrauen gegen alle Männer hin und wieder meine Zuflucht nehmen muß. Ich sagte ihnen, daß mein nächstes Geständnis mir schwer fallen würde, und obgleich ich ihnen das so ziemlich Entscheidendste gestanden habe, so gehört doch wirklich ein Entschluß dazu, auch in dem Folgenden aufrichtig zu sein. Ich habe Ihnen gesagt, daß ich von allem, was ich zur Befriedigung meiner Sinnlichkeit getan habe, nichts bereue – ausgenommen meine zu vertrauende Hingebung an jenen gewissenlosen Menschen, der mich, ohne Ihren Beistand ganz unglücklich gemacht haben würde. – Und so bereue ich es denn auch nicht, was ich damals in Wien gegen das Ende meiner Gesangsstunden tat.

Als ich nämlich so weit vorgeschritten war, daß ich Rollen einstudierte, bedurfte ich dazu eines Korrepetitors, der am Klavier saß, während ich, im Zimmer umhergehend und den Gesang mit meinen Gesten begleitend, studierte. Mein Lehrer empfahl mir einen jungen Musiker, der, in einem geistlichen Institute erzogen, sich vorzugsweise nur mit Kirchenmusik beschäftigte und nebenbei seinen Lebensunterhalt mit Stundengeben erwarb. Es war ein außerordentlich schüchterner junger Mann von neunzehn Jahren, nicht besonders hübsch, aber wohlgebildet, sehr reinlich und sauber in seiner Toilette, was wahrscheinlich eine Folge seiner Erziehung im geistlichen Institute war. Da er der einzige junge Mann war, der unser Haus regelmäßig, allerdings nur während der Studierstunden, besuchen durfte, so war es sehr natürlich, daß sich bald eine gewisse Vertraulichkeit zwischen uns herausstellte, die aber im Anfange mehr von seiner Seite als von der meinigen vermieden wurde, denn er blieb schüchtern und ängstlich und getraute sich fast nie, mich anzusehen. Sie kennen meinen Mutwillen und Unternehmungsgeist, und schon damals besaß ich diese Eigenschaft in hohem Grade. Es machte mir Spaß, ihn in mich verliebt zu machen, und das wurde mir nicht schwer. Es gibt keine bessere Verführerin und Gelegenheitsmacherin als die Musik, und da mein Talent bei diesen Studien mit merkwürdiger Kraft hervorbrach, so bemerkte ich recht gut, wie er nach und nach Feuer und Flamme wurde. Da ich ihn nicht liebte – o nein! dieses mächtige Gefühl sollte ich erst später kennen lernen –, so hatte ich ein besonderes Vergnügen daran, zu beobachten, welche Wirkung es auf einen durchaus noch unverdorbenen, moralisch wie physisch unschuldigen Menschen hervorbrachte. Es war ein grausames Spiel von meiner Seite, und eben weil ich jetzt einsehe, daß es dies war, wird es mir schwer, zu erzählen, was daraus wurde.

Ich war nun nach und nach durch alles, was ich gesehen, erfahren und selbst versucht hatte, so neugierig geworden, auch mehr zu erfahren, daß ich mit meinem kleinen Frauenzimmerverstande zu Rate ging, wie ich den Franzl – so war der Name des jungen Musikers – zu mehr und Entscheidenderem bei meinen Koloraturen bringen könnte, als nur zu Seufzen und Schmachten. Wenn aber ein Frauenzimmer erst nach Mitteln sucht, so sind sie auch bald gefunden. An zwei Tagen in der Woche besuchte meine alte Verwandte Vormittags den Markt, um selbst Einkäufe für die Wirtschaft zu machen, und zwar zu der Zeit, wo ich meine Gesangsstudien machte. Die Aufwärterin öffnete dann, wenn mein Korrepetitor kam, meldete ihn aber nicht an, denn sie wußte ja, daß sein Kommen verabredet war. Darauf wurde nun mein Plan gebaut. Wie zufällig erzählte ich dem schüchternen Franzl, wie ich oft so wenig Schlaf des Nachts hätte, daß ich morgens nach dem Frühstück manchmal vom Schlafe überwältigt würde und dann so fest einschliefe, daß nur heftiges Rütteln mich aufzuwecken imstande sei. Als er das wußte, lag ich das nächste Mal in gut gewählter Stellung auf dem Sofa und schlief, als Franzl, pünktlich wie immer, mit dem Glockenschlage 10 Uhr eintrat. Den einen Fuß hatte ich hoch angezogen, das Fichu war mir, wie sich das von selbst versteht, von Nacken und Busen gefallen, und den Arm hatte ich so über die Augen gelegt, daß ich unter ihm hinweg alles sehen konnte, was Franzl machen würde. Mit klopfendem Herzen, aber auch einem inneren Vergnügen über meine so gut angelegte List, hörte ich ihn kommen; die Küchentür schloß sich, und gleich darauf trat er in mein Zimmer. Erstarrt und wie versteinert, blieb er an der Tür stehen, sein Gesicht rötete sich, seine Augen bekamen einen wunderbaren Glanz, und er verschlang mich fast mit seinen Blicken. An der eigentlich kritischen Stelle zeigte sich die Wirkung dieses unvermuteten Anblickes in so unzweideutiger Weise, selbst unter den Beinkleidern, daß mir fast Angst wurde, nun doch ganz allein mit ihm und also gewissermaßen seiner Willkür preisgegeben zu sein. Erst räusperte er sich leise, dann etwas lauter, um mich zu erwecken; als das nichts half und ich erschrecklich fest weiter schlief, näherte er sich dem Sofa und versuchte, indem er sich so tief als möglich niederbückte, mir unter den Rock zu sehen. Ich hatte mir zwar vorher alles sorgfältig zurechtgelegt, damit er auch wirklich etwas sehen könne, aber es mußte sich doch wohl etwas an den Kleidern verschoben haben, denn später hat mir Franzl oft genug gesagt, daß er wohl die Schenkel, aber auch nichts weiter habe sehen können. Ich sah jede seiner Bewegungen und war fest entschlossen, weiter zu schlafen. Wieder räusperte er sich, hustete und schnurrte mit dem Stuhle, – ich schlief! Dann sah er mir so tief als möglich in den Busen, versuchte wieder unter den Rock zu sehen – ich schlief! Plötzlich ging er aus dem Zimmer, entweder um fortzugehen oder mich durch die Aufwärterin wecken zu lassen. Der dumme, unentschlossene Mensch! dachte ich bei mir und ärgerte mich, daß alle meine List vergebens gewesen sein sollte. Nachher erfuhr ich, daß er wirklich die Aufseherin hatte herbeiholen wollen, sie aber nicht gefunden hatte. Nach einigen Minuten kam er wieder herein und stand nun noch unentschlossener vor meinem Sofa als vorher. Noch einmal versuchte er durch alle möglichen Geräusche, mich zu erwecken, natürlich vergebens; denn nun wollte ich einmal nicht geweckt sein und meinen Willen haben. Er war offenbar in einer fieberhaften Aufregung und kämpfte mit sich, was er tun sollte. Ich hätte aber nicht Margueritens Unterricht genossen und nicht die *Félicia* gelesen haben müssen, um nicht zu wissen, daß solchem Anblick und solcher Gelegenheit kein Mann auf die Dauer widerstehen kann. So unschuldig und so wenig welterfahren Franzl auch war, so hatte er doch Sinne und hätte von Stein sein müssen, um solcher Versuchung zu widerstehen. Wirklich faßte er auch endlich den Mut, erst meine Wade, dann meine Knie und schließlich meine nackten Schenkel zu berühren. Überlief es mich schon in diesem Augenblicke heiß, wie muß dem armen Jungen erst zumute gewesen sein! Immer seine Augen ängstlich auf mein Gesicht geheftet, ob ich auch nicht aufwachte, wagte er es endlich, den Fleck zu berühren, der ihn mit zauberhafter Gewalt anzog. Ein wohllüstiger Schauder überlief mich, als ich zum ersten Male die Hand eines Mannes an diesem Brennpunkt alles irdischen Vergnügens empfand. Das war doch etwas Anderes, als ich bis dahin gekannt hatte! Es war nun keine Verstellung mehr, daß ich tief seufzte und dabei meine Lage veränderte, aber nicht zum Nachteil meines zaghaften Liebhabers, der an allen Gliedern zitterte, als er bemerkte, daß ich wohl aufwachen könne. Sehr bald überzeugte er sich aber, daß ich einen wahren Totenschlaf haben müsse, und so begann er sein Spiel aufs Neue. Durch meine veränderte Lage hatte ich seiner Hand noch freiere Bahn gemacht, und nun begnügte er sich nicht mehr mit der Berührung, sondern hob so leise als möglich meine Kleider auf, um auch zu sehen. Sie selbst haben mir gesagt, als Sie mich wegen jener abscheulichen Krankheit untersuchten, daß ich sehr reizend gebaut sei und trotz der Verwüstung, die damals jene Krankheit angerichtet hatte, gerade in diesem Punkte selten schöne Formen besitze. Also werden Sie mir glauben, daß nun mein Franzl ganz außer sich geriet und selbst seine unglaubliche Schüchternheit der Versuchung nicht mehr widerstand. Er berührte so vorsichtig und sanft den Gegenstand seiner – und ich gestehe, auch meiner Wünsche, daß ich nur zu deutlich den Unterschied zwischen der Hand eines Mannes, Margueritens und meiner eigenen erkannte. Immer noch schlafend, dehnte und streckte ich mich, hütete mich aber wohl, die Schenkel zu schließen, was bei einer wirklich Schlafenden wohl das Natürlichste gewesen wäre. Nun schien es Franzl aber auch nicht mehr aushalten zu können. Wie besinnungslos öffnete er die Beinkleider und entblößte den Opferstahl, der mich zuverlässig besiegt hätte, wenn Margueritens Warnungen nicht so lebendig vor meiner Seele gestanden wären. Ich wollte eine große Künstlerin werden, das war mein fester Entschluß; ebenso entschlossen war ich, zu genießen, was mein Geschlecht ohne Gefahr genießen kann, aber mich einem jungen, unerfahrenen Menschen hingeben, das wollte ich nicht! So erwachte ich in dem Augenblicke, wo er auf dem Sofa, zwischen meinen Schenkeln niedergekniet war, starrte den Erschrockenen an und warf mich mit einem Schwunge auf die Seite, sodaß er augenblicklich jeden Vorteil seiner schon erlangten Stellung verlor und nicht weiter kommen konnte.

Sie haben ja immer mein entschiedenes Talent zur Schauspielkunst gerühmt. Nun, hier wurde eine Szene aufgeführt, bei der Sie die Wahrheit meines Spieles gewiß bewundert hätten. Vorwürfe, Entrüstung, Tränen von der einen, Angst, Verwirrung und Scham auf der andern Seite – solche Verwirrung, daß er vergaß, den eigentlichen Verräter der Situation wieder wegzuknöpfen, was mir gar nicht unlieb war, denn ich konnte mitten unter Tränen und Schluchzen meine Neugier vollständig befriedigen, und ich hatte Ursache, mir Glück zu wünschen, daß meine List mich an einen so jugendkräftigen Mann geführt. Meine Rede nun war sehr einfach. Ich bewies ihm, daß er von allen Menschen geflohen werden würde, wenn ich mich über sein unwürdiges Benehmen beklagen würde usw. Damit hätte ich ihn aber zur Türe hinausgetrieben und ihn schwerlich je wiedergesehen, wenn ich ihm nicht gestanden hätte, daß ich ihm eigentlich recht gut sei, daß ich schon längst seine Liebe zu mir bemerkt hätte, und es daher dem Übermaße dieser Liebe verzeihen wolle, was er an mir gesündigt habe. Ich muß das alles sehr natürlich und überzeugend gesagt haben, denn er glaubte es unbedingt, wurde endlich Herr seiner Verwirrung, räumte beschämt beiseite, was zu deutlich sein Verbrechen verriet, und das nächste war ein Kuß, der kein Ende nehmen wollte. –

Meine Hingebung, ja selbst meine Erwiderung führte aber zu nichts weiterem. Er blieb schüchtern wie bisher und wagte nicht das geringste. Nach wiederholten Vorwürfen, Beteuerungen, Verzeihungen blieb es eben, wie es war und als wäre nichts vorgefallen. Aus den Gesangsstudien wurde nicht viel, und als mein Ehrenhüter vom Markteinkaufe nach Hause kam, verließ mich Franzl verlegen und scheu, so daß ich mir mit aller meiner List und meinem fein angelegten Plane recht dumm vorkam. Gewiß kam er vor lauter Angst gar nicht wieder; das wurde mir jetzt erst klar. Aber so verrechnet wollte ich mich doch nicht haben! Ich war unruhig und zerstreut und zerbrach mir den Kopf, wie ich, ohne meiner weiblichen Würde etwas zu vergeben, meinen Willen haben könnte. Vor allen Dingen mußte ich wieder allein mit ihm zusammenkommen, denn, wie er mir später gestand, hatte ich ganz richtig vermutet. Er war entschlossen gewesen, nie wieder unsere Schwelle zu betreten. Es war nicht leicht, hier das Richtige zu treffen, denn ich war ja nicht verliebt, sondern nur neugierig, wollte ihm ja keine Rechte einräumen, sondern nur meinen Willen mit ihm haben. Mein Gesangslehrer mußte endlich den Vermittler abgeben. Ich bat ihn, er möchte einmal prüfen, ob ich in meinen Selbststudien mit dem von ihm empfohlenen Korrepetitor auch den richtigen Weg gehe. Dazu brauchte derselbe nur zu ihm bestellt zu werden. Das geschah denn auch ohne weiteres, und Franzl war nicht wenig in Verlegenheit, als er plötzlich und unerwartet mit mir zusammentraf. Meine künstliche und seine natürliche Bestürzung müßten für denjenigen, welcher das zwischen uns Vorgefallene gekannt hätte, sehr komisch gewesen sein. Alles ging nach Wunsch. Ich flüsterte ihm zu, daß ich ihn notwendig sprechen müßte, denn die Aufwärterin oder die Tante schienen etwas gemerkt zu haben. In der Todesangst war er zu allem bereit, und beim Fortgehen verabredeten wir ein Zusammentreffen am Abend im Theater. Nun war das Eis gebrochen, denn wenn zwischen zwei jungen Leuten erst Heimlichkeiten und Verabredungen stattfinden, so findet sich ganz von selbst mehr. Am Abend verließ ich früher als gewöhnlich die Loge und fand meinen schüchternen Franzl schon auf dem verabredeten Posten. Ich sagte ihm, daß mir aus den sonderbaren Mienen und Worten der Tante schien, als habe sie oder die Aufwärterin uns belauscht. Ich wäre in Verzweiflung, da ich nicht wisse, was er während meines unglückseligen Schlafes mit mir angefangen und wie weit er seine schamlose Frechheit getrieben habe. Ich befände mich seit jener Zeit unwohl und in der fieberhaftesten Aufregung und müßte ja fürchten, daß das Schreckhafteste mit mir geschehen sei. Das nahm Franzl alles für bare Münze und wußte gar nicht, wie er mich beruhigen und trösten sollte. Bei alledem kamen wir meiner Wohnung immer näher, und wenn es so fortging mit Vorwürfen und Entschuldigungen, so trennten wir uns wahrscheinlich auch heute, ohne daß unser Verhältnis ein anderes geworden. In höchster Aufregung wurde ich daher plötzlich unwohl und konnte nicht mehr gehen, so daß Franzl einen Viaker holen mußte, und wahrlich, hätte ich ihn nicht halb und halb hineingezogen, ich glaube, er hätte mich allein nach Hause fahren lassen. In der traulichen Enge und dem Dunkel des Wagens konnte er mir nicht entgehen, nur war meine Sorge, daß wir in einigen Minuten vor meinem Hause sein mußten. Ich sagte ihm daher, so verweint und aufgelöst könnte ich mich vor meiner Tante nicht sehen lassen, er solle dem Kutscher nur sagen, daß er uns wenigstens einige Zeit auf dem Glacis umherfahren solle, damit ich nur wieder zu mir käme. Es geschah, und nun ging alles nach Wunsch. Aus Tränen wurden Küsse, aus den Vorwürfen Liebkosungen. Ich empfand zum ersten Male den ganzen Reiz der Umarmung eines Mannes, sträubte mich zwar, aber doch nicht so entschieden, daß seine Schüchternheit ihn hätte aufhören lassen; ich wollte immer wissen, was er eigentlich während meines Schlafes mit mir gemacht habe.

Als alle Erklärungen und Beteuerungen nicht ausreichten, versuchte er praktisch zu beweisen, daß er sich wirklich mit wenigem begnügte. Seine Hand suchte den Ort, der sie längst erwartete und wagte die erste Berührung, die eine ganz andere Wirkung auf mich machte, als jene in meinem Scheinschlafe, denn er verschloß dabei meinen Mund mit Küssen. Anfangs schloß ich die Schenkel so eng wie möglich, öffnete sie nur nach und nach, wie von seinen Liebkosungen überwältigt, seufzte, ließ die Vorwürfe in dem kürzer werdenden Atem erstikken und genoß nun mit unbeschreiblichem Vergnügen die Zärtlichkeiten seiner Hand. Er benahm sich freilich ungeschickt und unerfahren dabei. Ich verstand es besser, den rechten Punkt und den rechten Augenblick zu treffen, aber eben diese Unerfahrenheit übte einen außerordentlichen Reiz auf mich aus, und ich dachte dabei mehr an die Genüsse, die bei vertrauterer Bekanntschaft mit ihm meiner harrten, als an die Gegenwart. Daß bei dem Weibe der größere Reiz im Vorhofe liegt, davon hatte Franzl keine Ahnung. Sein Streben war nur, so tief als möglich mit dem Finger hineinzukommen, und je mehr ihm das gelang, je feuriger wurde er, je mehr geriet er außer sich. Ich fühlte deutlich, wie mächtig die Natur ihn zu mehr, zu einer vollkommenen Vereinigung mit mir drängte; aber davon war keine Rede und sollte nie zwischen uns die Rede sein, dazu war ich fest entschlossen. Soweit er sich daher zu sehr auf mich drängte und zwischen meine Schenkel zu kommen suchte, warf ich ihn heftig zurück, drohte, um Hilfe zu schreien, war aber gleich wieder nachgebend und versöhnt, wenn er erschrocken zurückwich und sich dann mit der Hand begnügte. So sehr ich meine Freude an dem Gelingen des Planes hatte, so unvollkommen war doch der eigentliche Genuß, und obgleich ich mich in den Wagen gesetzt hatte, um mich angeblich zu erholen, so war unsere Unterhaltung doch nicht besonders dazu geeignet. Die Zeit verflog aber so rasch, daß ich endlich eilen mußte, nach Hause zu kommen.

Diesmal trennte ich mich mit der Gewißheit von Franzl, daß er wiederkommen würde, und ich täuschte mich auch nicht. Er kam, und es begann eine Reihe von glücklichen und genußreichen Stunden, die mir jetzt noch eine angenehme Erinnerung sind, obgleich ich das Leben seitdem viel voller und reicher kennen gelernt.

Nach jenen Erklärungen und Vertraulichkeiten im Fiaker wurde das Verhältnis zwischen Franzl und mir ein sehr eigentümliches. Da ich ihn nicht liebte – dieses wunderbar mächtige Gefühl sollte ich erst später und zu meinem Unglück kennen lernen –, so hatte ich fest beschlossen, daß ich ihm nie das ganze Recht eines Mannes gestatten wollte. Er sollte mir zum Amüsement dienen, und ich wollte mit ihm erfahren und kennen lernen, was sich ohne Gefahr erfahren ließ. Natürlich wurde er nach und nach dreister, aber eben, weil ich ihm nie die letzte Gunst gestattete, behielt ich stets Gewalt über ihn und konnte ihn mit einem Worte leiten. – So oft ich mit ihm allein war – und ich war auch darauf bedacht, daß dies nicht zu oft geschah –, hatte ich die reizendsten Augenblicke mit ihm. Seiner Hand gestattete ich die vollste Freiheit und er war bald genug weniger ungeschickt und weniger ungestüm als in jenem Fiaker. Er durfte jeden Teil meines Körpers küssen und liebkosen! Aber freilich hatte ich immer genug zu tun, um ihn von mir abzuhalten. So wie er sich zwischen meine Schenkel drängte, sich unbemerkt zu entblößen versuchte und dem Hauptziele zustrebte, warf ich ihn mit einer geschickten Wendung zurück und wurde erst wieder nachgiebig, wenn er versprach, bescheiden zu sein. Das wurde dem armen Jungen freilich herzlich sauer, und ich bemerkte einige Male, daß er in der höchsten Aufregung nicht mehr Herr über sich blieb und ihm seine Kraft entströmte. Entsetzlich neugierig war ich schon längst gewesen, jenes wunderbare, von der Natur so sinnreich ausgestattete Werkzeug näher kennen zu lernen, mit dem der Mann uns so unbeschreiblich glücklich, aber auch so namenlos unglücklich machen kann. Ich müßte wenig weiblichen Mutterwitz besessen haben, wenn ich nicht auch darin bald meinen Willen gehabt hätte. –

Natürlich durfte er nicht merken, was ich eigentlich wünschte, im Gegenteil sollte er glauben müssen, daß er mich zu jedem Schritt weiter auf dieser abschüssigen Bahn verführt habe. Das beste Mittel war, ihn selbst dasjenige tun zu lassen, was ich eigentlich bei ihm tun wollte. Es war auch nicht schwer, meinen Franzl dahin zu bringen, daß er nicht allein den Mund und den Busen küßte, sondern sich ein entscheidenderes Ziel für seine Küsse aufsuchte. Kann aber die Zunge beim Kusse des Mundes nicht lange untätig bleiben, so kann sie es noch weniger beim Berühren des Mittelpunktes aller unserer

Reize, und als erst meine Seufzer, mein Dehnen und Beben ihm verrieten, daß ich dieser Liebkosung gegenüber schwach wurde, da wurde er sogar sinnreich und bereitete mir ein unbeschreibliches Vergnügen. Manchmal schien er die Gelegenheit benutzen zu wollen, wenn mich nach einem Ergusse meines Innern vollkommene Kraftlosigkeit und Hingebung zu überkommen schien. Er schob sich dann herauf und wollte meine unbewachten Augenblicke benutzen, fand sich aber jedesmal getäuscht, denn auch in den Augenblicken des höchsten Vergnügens verließ mich das Bewußtsein nicht, was alles auf dem Spiele stand, wenn ich mich in dem Hauptpunkte nachgiebig zeigte. Ganz bescheiden mußte er von seinem vermeintlich schon eroberten Throne wieder herabsteigen und sich dorthin wenden, wo ich ohne Gefahr Vergnügen genießen konnte. Was Marguerite mir von ihren heimlichen Spielen mit ihrer Herrin erzählte, das erfuhr ich jetzt an mir selbst. Wenn Franzl mit seinem Lockenkopfe zwischen meinen Schenkeln lag, den Mund fest auf dem Gegenstande seiner Sehnsucht, und wenn er dann seiner Zunge das freieste, lüsternste Spiel ließ, kitzelte, saugte, so tief als möglich einzudringen suchte, und ich ganz sorglos und ruhig genießend daliegen konnte, dann verglich ich im stillen, wie viel glücklicher ich war als die Baronin. Bei mir war es ein junger, hübscher, kräftiger Mann, bei ihr war es nur Marguerite gewesen. Ich konnte sehen, welche mächtige Wirkung meine Hingebung auf ihn machte. Er war unbeschreiblich reizend, besonders, wenn es im Moment des höchsten Entzückens warm aus meinem Innern schoß und er deswegen die Lippen nicht wegnahm, sondern sich nur um so fester ansaugte und schlürfte, als ob er mein ganzes Leben in sich hineintrinken wollte. – Ich leugne keinen Augenblick, daß diese Art des Genusses stets einen außerordentlichen Reiz für mich gehabt hat.

Es liegt teilweise in der eigenen, vollkommenen Untätigkeit, mit der das Weib die Liebkosungen des Mannes genießt, teils aber auch in der Ungewöhnlichkeit der Huldigung, die dadurch ihren Reizen dargebracht wird; denn wie gesagt, sie ist selten, und namentlich dann, wenn der Mann ein Recht hat, mehr zu verlangen. – Schon in der ganz äußerlichen Berührung mit dem Munde, in dem ganz einfachen Kusse zeigt sich eine berauschende Wirkung; versteht aber die Zunge ihre Aufgabe, oder lernt sie ihre Aufgabe durch die Bewegungen des geschmeichelten Teiles verstehen, so weiß ich in der Tat nicht, ob ich diesem Genusse nicht den Vorzug vor jedem anderen geben soll, schon weil er soviel länger dauert und immer noch ein Sehnen nach mehr übrig läßt.

Es ist mir in der Tat leichter geworden, Ihnen alles Bisherige einzugestehen, als dasjenige, was nun folgt. Ich entsage dadurch dem schönen Vorrechte des Weibes, immer nur die Gewährende, halb Gezwungene zu sein. Aber es soll nun einmal Wahrheit zwischen uns sein, und was ich kaum den Mut haben würde, Ihnen mündlich zu sagen, soll deswegen nicht ungesagt bleiben. – Es war wohl natürlich, daß sich für soviel Liebenswürdigkeit und Hingebung meines Franzl mit der Zeit auch die Gegenseitigkeit einfand. Längst hatte ich gewünscht, dasselbe zu tun, was ich an jenem Tage von meiner Mutter gesehen hatte, als sie meinen Vater zu wiederholtem Genusse aufforderte, und siehe da, die Sache machte sich wie von selbst. Erst die Hand mit schamhaft weggewendetem Auge, dann der Mund, erst nur oberflächlich küssend, dann nach und nach mehr, endlich das volle, von Scheu und Schamhaftigkeit nicht mehr beschränkte Vergnügen. Ich weiß freilich nicht, was Männer fühlen, wenn sie jenen Gegenstand ihrer Begier liebkosen können. Darf ich aber nach dem schließen, was ich empfand, als ich jenes wunderbar gestaltete Werkzeug männlicher Kraft betrachten, liebkosen, drücken, es küssen, an ihm saugen und endlich zu überreichlichem Herausschießen des Lebenssaftes reizen konnte, so ist allerdings die Wohllust des Mannes mächtig. Ich hatte ja schon bei meinem Vater gesehen, was ich jetzt berühren und betrachten konnte. Nun aber sollte ich seine ganze Kraft und Schönheit im vollsten Maße kennen lernen. Franzl war jünger als mein Vater, so also des Betrachtens und Versuchens kein Ende. Gewiß gibt es viele Frauen, die entweder aus Schamgefühl oder aus Ziererei nie das Vergnügen ganz kennen lernen. Viele Gründe wirken darauf ein. Vor allem der Charakter des Weibes, dann aber auch das Ungestüm des Mannes, der sich nicht gern mit den doch so süßen Vorspielen aufhält, sondern sofort zum höchsten Genusse drängt. Es gehören eben günstige Umstände dazu; ein gegenseitiges Übereinstimmen, vollkommenes Ungestörtsein und tausend andere Dinge, die sich nicht lehren sondern nur erfahren lassen. Mit meinem Franzl war es gewiß nur eine billige Entschädigung dafür, daß ich ihm standhaft den Eintritt versagte, daß ich ihm aus Berechnung das verschloß, was er sein Paradies nannte. Er geriet gewöhnlich so außer sich, wenn er mich da geküßt, gesaugt und geschlürft hatte, wo er sich nie eines vollständigen Sieges erfreuen sollte, daß ich schon aus Mitleid hätte tun müssen, was ich aus Vergnügen tat. Es war aber weniger Genuß für mich, wenn ich in höchster Aufregung ihn durch wenige Bewegungen mit meiner Hand von der Fülle seiner Kraft durch Übersprudeln befreite, sondern vor allem, wenn ich ihn nach kurzer Erholung und sorgfältiger Abwaschung zum zweiten Male nach und nach zu neuem Leben erwachen ließ, wenn ich dies Meisterstück der Natur aus vollständiger Kraftlosigkeit wieder erstarken sah. Wie es schwoll! Wie es sich färbte! Wie es drohte und doch mir nicht gefährlich war! Wie weich und willenlos nach der Befriedigung! Wie starr und unbeugsam bei wiedererwachender Begierde! Wie entzückend endlich in einem Augenblicke des Überströmens! Sollte ich hier, wo ich alles sage, leugnen, daß ich endlich in einem wahren Taumel des Vergnügens, wie von selbst den wunderbaren Nerv mit meinem Munde bedeckte, mich mit den Lippen an seine samtene Spitze saugte und den ganzen Erguß im Innern meines Mundes aufnahm, ja nicht eher mit Saugen und Schlürfen aufhörte, bis ich fühlte, daß zuckend und bebend der letzte Tropfen dieses himmlischen Balsams herausgespritzt war. Noch jetzt jagt mir das Blut durch die Adern, wenn ich daran denke, und wahrlich, ich bereue auch noch jetzt nichts von alledem, was ich damals getan habe. Nur was ich später tat, hat mir Reue, bittere Reue eingetragen, obgleich ich es Ihrer uneigennützigen Freundschaft verdanke, daß diese Reue nicht mein ganzes übriges Leben vergiftet hat. An mir selbst habe ich es erlebt, daß man nicht immer ungestraft mit dem Feuer spielen darf, und daß auch der festeste Vorsatz endlich von einem verräterischen Zucken der Nerven, einem geheimnisvollen Drange in unserem Innern überwältigt wird. Es wäre traurig, wenn irgend ein junges Mädchen bei dem Lesen dieser Briefe – denn ich kann ja nicht wissen, welchen Gebrauch Sie davon machen werden, obgleich ich die feste Überzeugung habe, daß es kein für mich unedler sein wird – sich verführen ließe, in allen Stücken ebenso handeln zu wollen, alle Versuche ebenso zu wagen, wie ich es, von den Umständen begünstigt, getan habe. Wenn sie z.B. den Selbstgenuß öfter als einmal in der Woche treiben wollte, so wohllüstig er auch ist, so würden körperliche Schwäche und Krankheiten unvermeidliche Folgen sein. Wenn sie sich dem vertrauten Umgange mit einer Freundin überließe, ohne vorher ihrer Verschwiegenheit und der Verhältnisse sicher zu sein, würde Plauderhaftigkeit die unangenehmsten Folgen herbeiführen können. Wenn sie einem jungen Manne, der sie nicht heiraten kann, Vertraulichkeiten gestattete und nicht genau wüßte, daß sie Herrin ihrer Sinne bleiben kann, so würde sie durch nur einen unbewachten Augenblick ihr ganzes übriges Leben vergiften! Deshalb ist auch die Lektüre wohllüstiger und schlüpfriger Bücher und das Beschauen obszöner Bilder so außerordentlich gefährlich für jedes junge Mädchen! Ich habe später durch Zufall eine ganze Sammlung solcher Bücher und Bilder kennen gelernt und kenne den Eindruck, den sie machen, aus eigener Erfahrung. *Die Denkwürdigkeiten des Herrn von H....*, *Die Pfaffengalanterien* und *Die Verschwörung in Berlin*, Althings *Kleine Erzählungen* und die *Priapischen Romane* in deutscher Sprache, – den *Portier de la Chartreuse*, *Faublas*, *Félicia ou mes Frédaines*, *Les Confessions Erotiques de l'Abbé Pineraide* usw. in französischer Sprache – sind in der Tat ein wahres Gift für unverheiratete Frauen. Sie alle schildern die Sache selbst in den reizendsten, aufregendsten Formen, aber keine spricht von den Folgen, keine zeigt, was ein Mädchen alles auf das Spiel setzt, wenn sie sich rücksichtslos einem Manne hingibt; keine malt die Reue, die Schande, den Verlust des guten Rufs, selbst die körperlichen Leiden, welche sie treffen können. Deshalb ist die Ehe ein so vortreffliches, gar nicht genug zu verehrendes Institut; darum muß jeder vernünftige Mensch alles tun, um sie aufrecht zu erhalten, sie mit jeder Art von Achtung und Sicherheit zu umgeben. Das ist meine feste Überzeugung, obgleich ich mich selbst noch nicht vermählt habe. Eine Künstlerin darf sich eben nicht binden. Sie kann nicht zugleich Hausfrau, Familienmutter und der Liebling des Publikums sein, aber ich fühle, daß ich eine gewissenhafte Gattin und zärtliche Mutter sein würde, – vorausgesetzt, daß mein Gatte mich so glücklich machte, wie ich es dann um ihn verdienen würde. Eben weil ich weiß, von welcher außerordentlicher Wichtigkeit der geschlechtliche Lebensgenuß für alle menschlichen Verhältnisse ist, würde ich meinem Gatten in jeder Beziehung eine liebenswürdige und musterhafte Lebensgefährtin sein. Ich würde handeln, wie meine Mutter gehandelt hat, würde mich bestreben, meinem Gatten immer neu zu sein, würde auf alle seine Phantasien eingehen und doch ihm immer noch etwas zu wünschen übrig lassen, würde alles sein und nichts scheinen, worin ja doch eigentlich das ganze menschliche Leben besteht!

6. Brief

Eine fürstliche Troika.

Am Schlusse meines letzten Briefes bin ich wider meinen Willen, ernsthaft geworden! Das ist nun einmal eine Eigenheit meines Charakters. Immer sehe ich die Folgen der Dinge voraus, immer muß ich mir Rechenschaft von allen Eindrücken, Gefühlen und Erfahrungen geben. Selbst der heftigste Sinnenrausch hat diese Richtung meines Geistes nicht überwältigen können. Gerade heute komme ich zu einem Abschnitte in meinen Geständnissen, der Ihnen das beweisen wird.

Das Verhältnis mit meinem Franzl hatte stets seinen ungestörten Fortgang. Ich war stets vorsichtig, so daß meine Tante nicht das Geringste merkte, ebenso blieben unsere Zusammenkünfte allen ein Geheimnis, die uns kannten und mit denen wir umgingen. Dabei hielt ich mit äußerster Strenge darauf, daß wir uns nie öfter als nur einmal in der Woche allein befanden, weil ich wohl fühlte, daß es sonst der Gesundheit und dem Wohlbefinden schädlich sein könnte. Je mehr sich aber der Zeitpunkt näherte, wo ich zum ersten Male auftreten sollte, je zuversichtlicher wurde mein anfangs so ängstlicher Franzl. Er glaubte schon Rechte über mich gewonnen zu haben und wurde herrisch wie alle Männer, die sich ungestörten Besitzes bewußt sind. So hatten wir aber nicht gewettet! Kaum bemerkte ich das wiederholt, so stand auch mein Plan fest. Im Begriff, eine glänzende Karriere zu beginnen, sollte ich mich an einen unbedeutenden

Menschen fesseln, den ich in jeder Beziehung übersah! Nimmermehr! Mit ihm brechen und in Unfrieden scheiden, das war gefährlich, denn wer hätte mir für seine Diskretion gestanden? Das mußte geschickt gemacht werden, und es gelang mir, das Verhältnis so zu lösen, daß er noch jetzt glaubt, ich hätte ihn geheiratet, wenn der Zufall uns nicht getrennt hätte. Dieser Zufall war aber eine wohlangelegte, feine Intrige. Ich ließ meinen Gesanglehrer merken, daß sein Korrepetitor mich mit seinen Liebesanträgen verfolge und daß ich nicht abgeneigt sei, der glänzenden Laufbahn einer Künstlerin zu entsagen, um mich mit »einer Hütte und einem Herzen« zu begnügen. Das genügte, um meinen Professor – der stolz darauf war, mich ausgebildet zu haben und großen Vorteil für sich von meinem Auftreten erwartete – in Harnisch zu bringen. Natürlich beschwor ich ihn, meinen guten Franzl wegen seiner Liebe zu mir nicht unglücklich zu machen, weil ich sonst so viel weinen müsse. Auch das verfehlte seine Wirkung nicht; – kurz, Franzl bekam eine gute Anstellung in Pest beim dortigen Theater-Orchester; wir nahmen zärtlichen Abschied voneinander, und ich war das Verhältnis mit ihm los, ohne daß ich etwas für meinen Ruf zu fürchten gehabt hätte.

Kurze Zeit nach unserer Trennung hatte ich meine ersten Debuts im Kärntnertor-Theater. Mit welchem Glück und Erfolg wissen Sie ja. – Ich schwamm in einem Meer von Wonne. Alle Welt kam mir entgegen, man drängte sich um mich; Applaus, Geld, Berühmtheit jagten einander. Natürlich fehlte es auch nicht an Courmachern, Enthusiasten und Liebhabern. Der eine glaubte mit Gedichten, der andere mit kostbaren Geschenken zu seinem Ziele zu kommen, aber ich hatte bisher schon scharf beobachtet und überzeugte mich durch Erfahrung, daß eine Künstlerin weder ihre Eitelkeit noch ihre

Gefühle, am wenigsten aber ihre Sinne sprechen lassen darf, wenn sie nicht alles aufs Spiel setzen will. So blieb ich denn scheinbar kalt und abweisend gegen alles, was sich mir näherte, und kam denn auch bald in den Ruf einer unnahbaren Tugend. Niemand ahnte gewiß, daß ich nach dem Verlust Franzls wieder zu meinen verschwiegenen Freuden am Sonnabend zurückkehrte und den Genuß des warmen Bades mit noch ganz andern Genüssen würzte. Nie habe ich mich aber verführen lassen, öfter als einmal in der Woche zu tun, wozu die Sinne mich nur zu lebhaft aufforderten, namentlich, wenn ich eine gute Rolle gesungen und die Huldigungen von allen Seiten mich aufgeregt hatten. Da ich jetzt von tausend Augen beobachtet wurde, so war ich außerordentlich vorsichtig in meinem Umgange, die Tante mußte mich auf Schritt und Tritt begleiten, und niemand konnte mir das Geringste nachsagen.

Das dauerte während des ganzen Winters. Ich erhielt nun festes Einkommen und hatte mich zwar nicht glänzend, aber doch sehr behaglich eingerichtet, wurde in die beste Gesellschaft eingeführt und fühlte mich durchaus glücklich. Nur hin und wieder dachte ich mit Bedauern, daß ich meinen Franzl verloren hatte; denn alles, was ich allein genoß, ließ doch immer nur den Wunsch nach einer vollständigen Befriedigung zurück. Dafür sollte denn ein glückliches Zusammentreffen von Umständen während des Sommers Entschädigung bringen.

Ich war in das Haus eines reichen Wiener Bankiers eingeführt worden und erhielt von der Frau desselben Beweise der aufrichtigsten Freundschaft. Ihr Mann hatte sich mir zu nähern gesucht, in der Hoffnung, durch seinen Reichtum leichtes Spiel bei einer Theaterprinzessin zu haben. Als er, wie alle andern, kühl abgewiesen wurde, glaubte er vielleicht leichteren, unverdächtigeren Zugang zu gewinnen, wenn er mich in sein Haus einführte.

So wurde ich der fast tägliche Gast in jenem Hause, wies die fortgesetzten Nachstellungen des Mannes ab und gewann nach und nach, vielleicht gerade dadurch, die Freundschaft der Frau, die ich auf geschickte Art erkennen ließ, daß er vergebens bei mir schmachte. Rudolfine, so war der Vorname meiner Freundin, war 27 Jahre alt, eine reizende Brünette von den weichsten weiblichen Formen, ungemein lebhaft und feurig in allem, was sie tat, aber kinderlos in ihrer Ehe geblieben und ihrem Manne, von dessen Nebenwegen sie wußte, ziemlich fremd geworden. Beide behandelten sich achtungsvoll und versagten sich auch die ehelichen Freuden nicht, aber die Ehe war dessen ungeachtet keine vertrauliche, gegenseitig hingebende. Wahrscheinlich wußte ihr Mann so wenig als ich, daß sie eine außerordentlich begehrliche Natur hatte, denn mit großer Geschicklichkeit wußte sie das zu verbergen. Ich sollte aber bald genug die überzeugendsten Beweise von ihren Neigungen erhalten. Mit dem Eintritt des warmen Wetters zog sie auf eine reizende Villa in Baden, wo der Mann sie regelmäßig an Sonntagen und sonst, wenn es seine Geschäfte erlaubten, besuchte, dann auch wohl einige seiner Freunde mitbrachte. Dahin lud Rudolfine mich ein, als die Opernvorstellungen aufhörten, und die Erholung auf dem Lande war mir sehr willkommen. Bis dahin war zwischen uns von Musik, Toilette und Kunst die Rede gewesen, nun aber gewannen unsere Unterhaltungen sehr bald einen andern Charakter. – Das Thema der Liebeleien ihres Mannes führte zu solchen Gegenständen überhaupt, und ich merkte rasch genug, daß sie die Flatterhaftigkeiten ihres Mannes nach den Entbehrungen maß, die er ihr dadurch auferlegte. Ihre Klagen wurden so deutlich und machten so wenig Hehl aus dem Gegenstande derselben, daß ich mir sofort vornahm, die Rolle einer ganz Unschuldigen, ja bis zum Äußersten Unerfahrenen bei ihr zu spielen. Ganz richtig hatte ich damit ihre und aller jungen Frauen schwache Seite getroffen, denn sie fing gleich an, mich zu belehren, und je unwissender ich mich stellte, je unglaublicher mir alles vorkam, was sie mir begreiflich zu machen suchte, je eifriger wurde sie, je mehr gingen die Lippen über, wovon das Herz voll war. Es machte ihr das größte Vergnügen, mich über alle möglichen Dinge aufzuklären, von denen ich schon mehr als zuviel wußte. Ich kam anscheinend aus dem Erstaunen gar nicht heraus, und sie erstaunte wirklich, bei einer jungen Künstlerin, die mit so viel Feuer spielte, eine solche Unwissenheit zu finden. Schon am vierten Tage meines Aufenthaltes nahmen wir ein Bad zusammen, und da konnte es nicht fehlen, daß der Unterricht auch seine praktische Seite aufnahm. Je unbehilflicher und schamhafter ich mich stellte, je mehr Vergnügen schien es ihr zu machen, eine Novize einzuweihen. Je mehr ich mich zierte, je mehr kam sie ins Feuer, und da sie bei hellem Tageslicht und im Bade doch zu weiter nichts kam, als zum Kitzeln, Lachen und Scherzen, so sah ich voraus, daß sie ihren ganzen Scharfsinn anwenden würde, um mich eine Nacht mit ihr zubringen zu lassen. Die Erinnerung an jene erste Unterrichtsnacht im Bette Margueritens kam mit solcher Gewalt über mich – denn Rudolfine hatte einen reizenden Körper und schien außerordentlich reizbar –, daß ich ihrem Wunsche mit größter Unbefangenheit auf halbem Wege entgegenkam, was sie abermals für vollendete Unschuld nahm. Sie glaubte mich zu unterrichten, und ich führte sie am Gängelband. Ihr Schlafzimmer war das reizendste, was man nur denken konnte, denn es war mit allem Luxus, den einer der ersten Bankiers von Wien nur erdenken kann, und mit allem Raffinement eines Bräutigams für die Brautnacht ausgestattet. –

Rudolfine war hier zur Frau gemacht worden und erzählte mir, der wißbegierigen Unschuld, haarklein und ausführlich ihre Erfahrungen und Empfindungen, als die Blume ihrer Jungfräulichkeit gebrochen wurde. Da sie gar kein Hehl daraus machte, daß sie jetzt von sehr wohllüstigem Temperament sei, so konnte ich ihr glauben, als sie versicherte, bis einige Monate nach ihrer zweiten Entbindung durchaus kein Vergnügen bei den damals sehr häufigen Umarmungen ihres Mannes empfunden zu haben, und daß dies erst nach und nach erwacht sei, dann aber auch sehr rasch stark geworden sei. So unwahrscheinlich mir dies anfangs schien, da ich ja selbst so früh ein außerordentlich reizbares Temperament gehabt hatte, so unbedingt bin ich doch von der Wahrheit überzeugt. Die Schuld soll häufig der Mann tragen, wenn er zu rasch nach dem Eindringen endet und es nicht versteht, die Sinnlichkeit aufzuregen, oder sie auf halbem Wege zurückläßt. Jedenfalls war Rudolfine für die anfänglichen Entbehrungen entschädigt worden, denn sie war in der Tat ein ebenso reizendes als begehrliches Weib, welches jetzt mit Unwillen die Vernachlässigung ihres Mannes ertrug. Ich erzähle Ihnen nicht von den Scherzen und Vertraulichkeiten, welche wir beide bei unserem Zusammenschlafen in ihrem breiten englischen Bette genossen. Sie war äußerst schwelgerisch, und besonders im Kusse und im Aneinanderschmiegen der nackten Körper war Rudolfine unersättlich. Sie konnte beides stundenlang genießen und ahnte nicht, daß mir selbst das noch zu kurz war, weil ich immer nur zu dulden, nachzugeben und schamhaft zu erwidern schien.

Das Verhältnis sollte sich bald noch sehr viel interessanter gestalten, denn Rudolfine wußte sich in der Stille für die Flatterhaftigkeiten ihres Mannes schadlos zu halten. Dicht neben ihrer Villa wohnte ein italienischer Fürst, der in Wien lebte und seine Geldgeschäfte durch den Mann Rudolfinens betreiben ließ. Sein großer

Reichtum machte den Bankier zum gehorsamen Diener des Italieners, der, schon hoch in den Dreißigern, äußerlich ein sehr ernster, stolzer und wissenschaftlich gebildeter Mann schien, innerlich aber von der heftigsten Sinnlichkeit beherrscht wurde und dafür von der Natur mit einer außerordentlichen Körperkraft ausgerüstet war. Dabei war er der vollendetste Egoist, der mir je vorgekommen ist. – Er kannte nur ein Ziel: den Genuß in jeder Gestalt, nur ein Gesetz: bei allen seinen Genüssen sich mit unglaublicher Schlauheit vor den Folgen zu bewahren. Ich sollte diesen merkwürdigen Menschen sehr genau kennen lernen, freue mich aber noch heute darüber, daß er an mir seine Meisterin gefunden hat. Obgleich der Fürst öfter zum Diner oder zum Tee erschien, wenn Rudolfinens Mann auf der Villa uns besuchte, so hatte ich doch nicht die geringste Ahnung, daß er mit ihr in dem vertrautesten Verhältnis lebte, so vollkommen wußte er sich zu beherrschen. Nur der Zufall machte mich zur Mitwisserin, denn auch Rudolfine hütete sich wohl, mich ins Vertrauen zu ziehen. Die Gärten der beiden Villen stießen ebenso dicht aneinander als die Häuser, und ich bemerkte einst, als ich im Garten hinter einer Hecke Blumen pflückte, daß Rudolfine an einer Ecke des Scheidezaunes ein kleines Papier hervorzog, schnell an ihrem Busen verbarg und dann in ihr Zimmer ging. Da ich eine kleine Intrige ahnte, so schlich ich ihr nach, sah durchs Fenster, daß sie eifrig ein kleines Billet las, es dann sogleich mit einem Zündholz verbrannte und sich an den Schreibtisch setzte, um wahrscheinlich eine Antwort zu schreiben. Um sie sicher zu machen, eilte ich in mein Zimmer, sang laut, als ob ich studierte, setzte mich aber so, daß ich durch das Fenster die Stelle beobachten konnte, wo sie das Papier hervorgezogen hatte. Meine Vermutung hatte mich denn auch nicht getäuscht. Bald darauf erschien Rudolfine im Garten, ging möglichst unbefangen am Zaune entlang, spielte mit den Blättern und machte das Verbergen der Antwort so geschickt, daß selbst ich es nicht bemerken konnte, die Stelle aber desto sorgfältiger im Auge behielt, wo sie sich am längsten aufgehalten hatte. Kaum war sie wieder in ihrem Zimmer, und kaum hatte ich die Überzeugung gewonnen, daß ein Besuch aus Wien sie fesselte, als ich auch schon im Garten war und mit leichter Mühe das hinter Blättern in einer Zaunspalte eingeklemmte Papier entdeckte. In meinem Zimmer eingeschlossen, las ich:

»Heute nicht, Pauline schläft bei mir. Morgen schaffe ich sie mir vom Halse, weil ich ihr sagen werde, daß ich unwohl bin. Für Dich bin ich es aber nicht. Also morgen bitte wie gewöhnlich um 11 Uhr.«

Das Billet war in italienischer Sprache und mit sehr verstellten Schriftzügen geschrieben. Daß ich sofort alles durchschaute, werden Sie mir gewiß glauben. Mein Plan stand bald fest: ich steckte das Papier nicht wieder an seinen Ort; dann kam der Fürst diese Nacht und überraschte uns beide im Bette. Ich, die Unschuldige, kam so in den Besitz ihres Geheimnisses und sah voraus, daß ich auch nicht leer dabei ausgehen würde.

Wie der Fürst in das Schlafzimmer Rudolfinens gelangen sollte, davon hatte ich allerdings keinen Begriff. Wir hatten schon beim Frühstück verabredet, daß wir heute Nacht wieder zusammen schlafen wollten, daher die Ablehnung seines Besuches, und beim Tee gab sie mir richtig zu verstehen, daß wir in den nächsten acht Tagen doch nicht zusammen schlafen würden, da sie die Zeit ihres Unwohlseins herannahen fühle. Die Schlaue glaubte mich zu täuschen, doch ich hatte sie längst in meinen Banden. Vorderhand kam es nur darauf an, sie bis um elf Uhr zum Einschlafen zu bringen, damit sie nicht im Augenblicke seines Erscheinens noch ein Mittel fände, die Überraschung zu verhindern. Ich trieb daher schon früh zum Zu-Bett-Gehen und war heute so ausgelassen, liebkoste sie so zärtlich und unaufhörlich, daß sie endlich vor Mattigkeit einschlief. Brust an Brust gedrückt, ihre Schenkel zwischen den meinigen, die Hände gegenseitig an der Quelle des Vergnügens, so lag sie schlafend und ich um so wacher und gespannter da. Das Nachtlicht hatte ich ausgelöscht und lauschte nun gespannt, ob meine List auch gelingen würde. Plötzlich hörte ich in dem Alkoven, der zur Garderobe diente, ein leises Knarren der Dielen, ein Schlurren, wie von vorsichtigen Tritten, dann öffnete sich die Türe, ich hörte atmen, ein Ablegen der Kleider, es näherte sich dem Bette auf der Seite, wo Rudolfine lag, und nun war ich meiner Sache gewiß. Natürlich schlief ich nun anscheinend um so fester. Der Fürst, denn in der Tat war es der Fürst, hob die Decke und legte sich neben Rudolfinen, die augenblicklich erschreckt erwachte, und die ich am ganzen Leibe zittern fühlte.

Jetzt erfolgte die Katastrophe. Er wollte sofort den oft bestiegenen Thron einnehmen, sie wehrte ihn ab und flüsterte ihm zu, ob er denn ihre Antwort nicht erhalten habe? Da, wo er hin wollte, faßte er meine Hand und meinen Schenkel. Nun schrie ich auf, wußte mich nicht zu fassen, zitterte und bebte, schmiegte mich an Rudolfine und hatte meine Freude an dem entsetzlichen Schreck, den sie und der Fürst durch meinen Schrei bekommen haben mußten. Der Fürst hatte sich bei der Entdeckung zu einem italienischen Fluche hinreißen lassen, und Rudolfine kam übel an, als sie beim Erkennen ihrer Lage weismachen wollte, es wäre ihr Mann, der sie unerwartet besuche. Ganz aufgelöst, machte ich ihr Vorwürfe, da ich ja die Stimme erkannt hätte, meine Jugend und Schamhaftigkeit einer so fürchterlichen und sich äußerst selbst bloßstellenden Szene preiszugeben. Rudolfine verlor ihre ganze Geistesgegenwart und wußte nicht, was sie sagen, wie sie sich benehmen sollte. Der Fürst aber, als vollendeter Galantuomo, übersah sehr bald, daß nun nichts mehr zu verlieren, aber jedenfalls ein erhöhter Reiz für ihn zu gewinnen sei. Das hatte ich auch von ihm erwartet, ja gerade darauf meine Berechnung gegründet. Mit liebenswürdigen Scherzworten, die dem sonderbaren Abenteuer gleich die Spitzen abbrachen, eilte er erst zu den Türen des Schlafzimmers, zog die Schlüssel heraus und legte sich dann so ins Bett, daß Rudolfine zwischen uns lag. Nun erfolgten Entschuldigungen, Explikationen, Vorwürfe, die indessen zu nichts weiter als zu der Überzeugung führten, daß sich nun einmal an der Sache nichts ändern lasse, und daß wir alle Drei verschwiegen sein müßten, wenn nicht jeder von uns die unangenehmsten Folgen von diesem Zusammentreffen unerklärlicher Zufälle haben wolle. Mit jedem Worte des Fürsten wurde Rudolfine zutraulicher und mutiger, und ich führte sie durch schluchzende Vorwürfe darauf hin, daß sie eigentlich gar nichts besseres tun könne, als mich zur Teilnehmerin, also zur Mitschuldigen zu machen. Sie sehen, Marguerite hatte mir nicht umsonst von ihrem Abenteuer in Genf erzählt. In der Hauptsache war es mit mir in Baden dasselbe, und doch wie verschieden, da der Fürst ebensogut wie Rudolfine nicht ahnten, daß sie nur die Marionetten in meiner Hand waren!

Rudolfine machte nunmehr keinen Hehl gegen mich aus ihrem schon längst vertrauten Verhältnis zum Fürsten, sondern weihte ihn auch in alles ein, was sie mit mir getrieben hatte und was ich, die kleine Unschuldige, mit mir hatte treiben lassen, ja, wie ich vor Neugierde brenne, über gewisse Dinge recht genau unterrichtet zu werden. Ich merkte, wie diese Schilderungen den Fürsten in Feuer und Flammen setzten und je fester ich

Rudolfinen den Mund zuhielt, umso lebendiger wurde sie in der Schilderung meiner Neugierde, meiner nur von Scham zurückgehaltenen Sinnlichkeit und meiner verborgenen Schönheiten. Ich merkte auch, daß der Fürst nicht müßig blieb, denn ich fühlte, wie er sein Knie zwischen den Schenkel Rudolfinens drängte und so, ohne sich auf sie zu legen, von der Seite zu seinem Ziele zu gelangen suchte, denn seine Beine berührten hin und wieder die meinigen. Während ich schluchzte und dabei vor Neugierde hätte vergehen mögen, sprach Rudolfine immer weiter, aber bei jeder Bewegung, die der Fürst machte, abgebrochener; dann fing auch sie an, sich zu bewegen und suchte in der beginnenden Ekstase mit ihrer Hand auch mich an ihrem Vergnügen teilnehmen zu lassen, was ich auch gar nicht hinderte, sondern scheinbar unbewußt mir gefallen ließ. Plötzlich bemerkte ich aber, daß sich noch eine zweite Hand dahin verirrte, wo Rudolfine schon beschäftigt war. Das durfte ich nicht leiden, wenn ich meiner Rolle treu bleiben wollte. Ich wendete mich daher wie entrüstet nach der Wand um, und, da auch Rudolfine ihre Hand zurückzog, nachdem sie der Hand ihres Liebhabers auf diesem verbotenen Pfade begegnet war, so war ich mir selbst überlassen und mußte möglichst unbemerkt das selbst erledigen und endigen, was meine beiden Bettgenossen bei mir begonnen hatten. Kaum hatte ich aber den Rükken gewendet, als die Beiden durch den steigenden Genuß jede Scheu und Rücksicht zu verlieren schienen. Der Fürst stürzte, ja stürzte sich unter den zärtlichsten Liebesworten über Rudolfine hin, die ihre Schenkel weit auseinanderspreizte und vor Wohllust tief aufseufzend, nun den Gast in einer natürlichen Lage empfing. Ich fühlte jeden Stoß an der Erschütterung des Bettes und war auf jeden neidisch. Obgleich ich nichts sehen konnte, so stand doch das Bild deutlich vor meinen Augen und entflammte mich so heftig, daß in dem Augenblicke, wo beide seufzend, tief aufatmend und zuckend ineinander überflossen, auch bei mir ein brennend heißer Strom in ganz ungewöhnlicher Fülle hervorschoß und mich fast sinnlos machte.

Die Praxis war vorüber, nun sollte nach kurzer Erholung die Theorie folgen. Ich weiß nicht, ob absichtlich oder zufällig, aber der Fürst war so von Rudolfinen herabgesunken, daß er nun in der Mitte zwischen uns beiden lag; doch machte er nicht die geringste Bewegung, welche mich hätte scheu machen oder erschrecken können. Ich wußte recht gut, daß meine Stärke und meine Überlegenheit gegen das überraschte Paar im Schweigen bestand und wollte abwarten, welche Mittel beide anwenden würden, um die Mitwisserin unschädlich zu machen. Sie versuchten es denn auch abwechselnd auf die verschiedenste Art. Zuerst bewies mir Rudolfine, daß sie bei der offenbaren Vernachlässigung ihres Mannes und bei seinen Versuchen bei den Frauen – von denen ich ja auch belästigt worden sei –, vollkommen recht habe, sich in den Armen eines so liebenswürdigen, gebildeten und vor allen Dingen diskreten Kavaliers schadlos zu halten. In der Blüte ihrer Jahre könne und wolle sie die süßesten Entzückungen auf Erden nicht entbehren, und umso weniger, als auch die Ärzte ihr geraten hätten, ihrem Temperamente keine Gewalt anzutun. Ich wisse ja von ihr, daß sie ein lebhaftes Temperament habe, so gut, wie sie von mir wisse, daß ich auch keineswegs gleichgültig gegen die Liebe sei, obgleich ich mich vor den Folgen fürchte. Sie wollte mich nur daran erinnern, was wir beide heute abend schon zusammen getrieben hätten, ehe der Fürst sie auf so unbegreifliche Weise überraschte. Wieder wollte ich ihr den Mund zuhalten, aber das ging nicht über meinen Nachbarn hinweg, der nun meine Hand ergriff und sie zärtlich, aber nicht ungestüm, küßte. Nun war die Reihe an ihm. Seine Aufgabe war keine leichte, denn er mußte jedes Wort wägen, um Rudolfine nicht zu verletzen, aber ich hörte es dem Ton seiner Stimme an, daß ihm doch viel mehr daran lag, mich so bald als möglich zu gewinnen, als Rudolfinen bei guter Laune zu erhalten, da diese doch in alles willigen mußte, wollte sie nicht Gefahr laufen, das bis dahin so geschickt verhüllte Geheimnis entdeckt zu sehen. Ich weiß nicht mehr, was er alles sprach, um mich zu beruhigen, sich zu entschuldigen und mir zu schildern, daß ich von ihm nichts zu fürchten habe; aber ich weiß genau, daß die Wärme seines nackten Körpers mich berauschte, daß seine Hand erst meine Brust, dann den ganzen Leib und endlich den Mittelpunkt seiner und meiner Wünsche liebkoste, wodurch ich in einen unbeschreiblichen Zustand geriet. Vergebens wehrte ich anstandshalber ab. Der Fürst ging langsam aber sicher vor. Nur seinen Kuß wollte ich nicht dulden, weil er sehr bald gemerkt haben würde, daß ich vor Begierde brannte, ihn zu erwidern. Ich kämpfte mit mir, ob ich nicht lieber der ganzen Komödie ein Ende machen und mich ohne weitere Ziererei den nun einmal mächtigen Umständen ergeben sollte. Aber dann gab ich ja meinen Vorteil über die beiden Sünder auf, ließ den Faden für meine Marionetten aus der Hand und wäre ja überdies der Möglichkeit ausgesetzt gewesen, von dem starken, außerordentlich wohllüstigen Manne zu empfangen; denn daß der Fürst sich nicht mäßigen würde, wenn er einmal als Sieger eingezogen war, das hatte ich aus der Heftigkeit gemerkt, mit welcher er bei Rudolfine endigte. Da hätte wahrlich weder Bitte noch Zureden, noch eine zurückhaltende Bewegung von meiner Seite geholfen; und wußte ich denn, ob ich überhaupt fähig sein würde, im Augenblick der Entscheidung von selbst zurückzuhalten?

Meine ganze Karriere stand auf dem Spiele, ich blieb also fest, erwiderte aber nichts und setzte augenblicklich den ernstesten Widerstand entgegen, wenn der Fürst Miene machte, mehr als nur Spiel zu verlangen. Rudolfine wußte nicht mehr, was sie mir sagen und was sie mit mir anfangen sollte, aber sie fühlte, daß noch in dieser Nacht mein Widerstreben besiegt werden müßte, um am nächsten Tage noch die Augen vor mir aufschlagen zu können. Um mich aufzuregen – was sie wahrlich nicht mehr nötig hatte –, kam sie mit dem Kopf zu mir herüber, küßte mich, saugte an meinem Busen und warf sich endlich zwischen meine Schenkel, den Mund fest auf den Eingang zu dem noch unentweiht geglaubten Tempel und begann ein so reizendes Spiel, daß ich ihr volle Freiheit ließ. Der Fürst war bei ihrer Annäherung beiseite gerückt und ließ Rudolfine, welche neben mir kniete, gewähren, während er selbst mich mit äußerster Erregung küßte, so daß oben seine und unten Rudolfinens Küsse mich bedeckten. Da ich keinen Widerstand mehr leistete, weil ja der Mittelpunkt geschützt war, so führte er meine Hand an sein Szepter, und ich folgte anscheinend willenlos seiner Leitung; dabei mußte ich aber zwischen den Schenkeln der knienden Rudolfine hindurchfassen und merkte recht gut, daß er mit der andern Hand da beschäftigt war, wo sich vor kurzem das Szepter befunden, welches ich jetzt in der Hand hatte, und unter seiner Anleitung streicheln, umschließen und drücken mußte. Das war verwickelt, aber unbeschreiblich reizend, und ich bedauerte nur, daß es dunkel war, denn so etwas muß man mit den Augen genießen! Aus den zitternden und zuckenden Bewegungen Rudolfinens erkannte ich bald, daß sowohl ihr Küssen und Saugen bei mir, als die Hand des Fürsten bei ihr neue Begierden erweckt hatten, denn sie dehnte und spreizte sich so heftig, daß der Fürst sich plötzlich erhob und eine mir bis dahin noch unbekannt gebliebene Stellung einnahm. Er beugte sich nämlich von hinten her über sie und drang so in sie ein. Natürlich hatte ich die Hand in dem Augenblicke zurückgezogen, wo sich der Fürst aus seiner liegenden Stellung erhob; er aber ergriff sie wieder und führte sie ungeachtet an den Ort, wo er sich auf das innigste mit Rudolfine vereinigte. Dort lehrte er meine Hand eine Beschäftigung, wie ich sie noch nicht geahnt hatte, denn sie kam beiden Genießenden zugute. Bald mußte ich den untern Teil seines Dolches umfassen, bald die Scheide, die ihn aufnehmen sollte, kitzeln. Anscheinend widerstrebend, war ich doch gelehrig, und da Rudolfine immer leidenschaftlicher saugte und küßte, je höher ihre Wohllust stieg, so mußten wir wohl alle drei gleichzeitig die höchste Wonne erreichen. Es war berauschend schwelgerisch, aber auch so anstrengend, daß wir alle drei wohl eine Viertelstunde wie leblos nebeneinander lagen. Dabei war uns in der warmen Sommernacht so heiß geworden, daß wir es kaum noch unter der leichten Decke aushalten konnten und so weit das Bett nur irgend erlaubte, auseinanderrückten. Endlich hatten wir uns erholt, und nun folgte der heißen Tat wieder das kühle Raisonnement. Der Fürst sprach so ruhig über das vom Zufall herbeigeführte Verhältnis, als verabrede er eine Landpartie mit uns. Auf Rudolfinens Plauderhaftigkeit fußend, gab er sich gar keine Mühe, mich überhaupt zu gewinnen, sondern begnügte sich nur, meine Scheu vor den Folgen zu bekämpfen. Aus der Gelehrigkeit meiner Hand und aus dem Vergnügen, das meine hochklopfende Brust, meine zitternden Schenkel über das Zungenspiel Rudolfinens am Mittelpunkt meiner Weiblichkeit verrieten, hatte er sehr wohl erkannt, daß er bei der Sache selbst auf keine großen Schwierigkeiten stoßen würde; aber er mußte mir die Möglichkeit einer Gefahrlosigkeit beweisen, und das versuchte er denn auch mit der ganzen Geschicklichkeit eines vollendeten Welt- und Lebemannes. So überließ er den sicheren Sieg der Zeit und bat nicht einmal um eine Wiederholung dieser schönen Nacht. Gegen 1 Uhr nach Mitternacht mußte er uns veranlassen, da es schon sehr früh hell wurde und er der Sicherheit und dem Geheimnisse des Genusses bereitwillig die Dauer und Bequemlichkeit desselben aufopferte. Der Abschied war ein wunderbares Gemisch von Zärtlichkeit und Befangenheit, Scherzen, Abwehr und Vertraulichkeit.

Als er glücklich fortgegangen war, hatte weder Rudolfine Lust zu weiteren Explikationen, noch ich Lust mich schon jetzt an sie zu ergeben. Wir waren beide so müde und angegriffen, daß wir bald fest einschliefen und erst spät erwachten. Nun folgten die Erklärungen desto eiliger.

Ich stellte mich jetzt ganz trostlos, auf diese Art in die Hände eines Mannes gefallen zu sein, und tief gekränkt, daß sie ihn von unserem geheimen Vergnügen unterrichtet hatte. Sie merkte es gar nicht, wie viel Vergnügen es mir stets machte, mich von ihr trösten und beruhigen zu lassen.

Natürlich schlug ich es ab, auch in der nächsten Nacht bei ihr zu schlafen, denn so etwas sollte mir nicht wieder passieren, meine Sinne sollten mir gegen meine bessere Überzeugung keinen Streich mehr spielen, ich würde daher allein schlafen, und sie sollte nur nicht denken, daß ich je dem Fürsten gestatten würde, was sie ihm gestattet hatte, sie sei verheiratet und dürfe in diesem Falle vor aller Welt schwanger sein, ich aber als Künstlerin und von tausend Augen beobachtet, würde mich unglücklich machen.

Wie ich erwartet hatte, kam sie jetzt mit den Sicherungsmitteln heraus, – kurz, sie redete mir auf alle mögliche Weise zu, mich ganz dem Fürsten zu überlassen, dann stellte sie mir die heitersten und glücklichsten Stunden in Aussicht. Ich ließ sie merken, daß ihre Schilderungen auf einen fruchtbaren Boden bei mir fielen, aber ich blieb auch bei meiner Scheu und Ängstlichkeit.

Gegen Mittag machte der Fürst Rudolfinen einen kurzen Besuch, eine Anstandsvisite, die auch mir gelten sollte, aber ich ließ Unwohlsein vorschützen und erschien nicht. Um so gewisser konnte ich erwarten, daß beide Maßregeln verabreden würden, um meinen Widerstand zu überwinden und mich zur vertrauten Genossin ihres geheimen Umganges zu machen. Da ich nicht mehr bei Rudolfinen schlafen wollte, so mußten sie auf Mittel sinnen, mich in meinem Schlafzimmer zu überraschen.

Am Nachmittag und Abend sprach Rudolfine gar nicht mehr von der vergangenen Nacht, aber sie begleitete mich in mein Schlafzimmer, schickte die Kammerjungfer fort, nachdem ich zu Bett gegangen war, schloß selbst die Tür des Vorzimmers hinter ihr ab, so daß niemand von der Dienerschaft in die vorderen Zimmer kommen konnte, setzte sich dann auf mein Bett und begann nun um so eindringlicher auf mich einzureden, – mir alles so schön, so einladend, so gefahrlos zu schildern. Natürlich tat ich so, als wenn ich gar nicht ahnte, daß der Fürst schon in ihrem Zimmer, vielleicht schon vor der Tür des meinigen sei und unser Gespräch mit anhörte, um im richtigen Augenblicke erscheinen zu können. Und doch sagte mir mein Scharfsinn, daß es gar nicht anders sein könne. Ich mußte also geschickt nachgeben und stufenweise auf ihr Zureden eingehen.

»Aber wer steht mir dafür ein, daß der Fürst sich eines Dominos bedient, wie Du ihn mir schilderst?«

»Dafür stehe ich Dir ein. Glaubst Du, ich würde ihm bei Dir mehr gestatten, als ich ihm anfangs bei mir gestattet habe? Ich selbst sorge dafür, daß er nicht ohne Domino auf diesem Balle erscheint!«

»Aber es muß ja schrecklich weh tun, Du weißt, er hat mir die Hand geführt und mich gezwungen, zu fühlen, wie hart und stark er ist!«

»Im ersten Augenblick wird er Dir vielleicht etwas weh tun, aber auch dafür gibt es Mittel. Du hast ja Mandelöl und Goldcream in Deiner Toilette; damit salben wir den drohenden Feind, so daß er leicht eindringt.«

»Und Du bist wirklich überzeugt, daß kein Tropfen jenes gefährlichen Saftes durchdringen und mich unglücklich machen kann?«

»Hätte sonst ich mich ihm hingegeben? Damals hätte ich alles mögliche von einer Unvorsichtigkeit riskiert, weil ich meinem Manne allen Umgang versagte. Erst als ich mich mit ihm versöhnt hatte, gestattete ich dem Fürsten einen unbeschränkten Genuß. Aber auch jetzt sorge ich dafür, daß mein Mann zu mir kommt, wenn der Fürst bei mir gewesen ist, und zwar nie über acht Tage hinaus, so daß nie eine Entdeckung möglich ist, wenn ich selber schwanger würde.«

»Das ist ein schrecklicher Gedanke für mich! Und dann die Scham, mich einem Manne hinzugeben! Ich weiß nicht, was ich tun soll. Du schilderst mir alles so reizend, und meine Sinne raten mir so gebieterisch, Deinem Rate zu folgen, daß ich um alles in der Welt nicht noch eine Nacht wie die gestrige erleben möchte, denn ich fürchte und fühle nur zu deutlich, daß ich trotz aller Scham und trotz aller Besorgnis nicht die Kraft haben würde, zu widerstehen. Du hast ganz recht, der Fürst ist ein ebenso schöner als liebenswürdiger Mann, und Du kannst Dir gar nicht vorstellen, welche Gefühle in mir wach wurden, als ich hörte, wie glücklich ihr beide dicht neben mir wart.«

»Auch ich hatte ein doppeltes Vergnügen, als ich Dir

in demselben Augenblicke einen – wenn auch noch unvollkommenen Genuß bereitete, wo er bei mir auf das höchste gestiegen war. Nie hätte ich geglaubt, daß ein Genuß zu dreien so reizend sein könnte, als ich gestern an mir selbst erfahren habe! Ich habe zwar schon oft davon gelesen, aber die Schilderungen schienen mir übertrieben. So widerwärtig mir der Gedanke ist, daß sich eine Frau zwei Männern überlassen könnte, so reizend und unwiderstehlich scheint mir das Verhältnis von zwei Frauen mit einem diskreten und verständigen Manne – wohlverstanden, wenn die beiden Frauen wirkliche Frauen sind, wie wir beide –, die eine darf aber nicht scheuer und schamhafter sein als die andere. Und das ist vorderhand noch Dein Fehler, mein süßes Paulinchen!«

»Gut, daß Dein Fürst nicht hier ist und unser Gespräch nicht belauschen kann! Ich wüßte gar nicht, wie ich mich gegen ihn verteidigen sollte, wenn er wüßte, daß ich durch Deine Gespräche wie von innerem Feuer verzehrt werde. Fühle nur einmal, wie heiß ich hier bin, und wie alles an mir zuckt!«

Dabei entblößte ich mich, öffnete die Schenkel und drehte mich so, daß, wenn jemand durch das Schlüsselloch sah, ihm auch nicht das geringste entgehen konnte. War aber der Fürst da, so mußte er jetzt kommen – und er kam!

Wie ein vollkommen erfahrener Weltmann fühlte er sehr wohl, daß jetzt Worte ganz überflüssig wären, daß erst der Sieg errungen werden mußte, daß dann noch immer Zeit zu Erklärungen wäre. Aus dem Benehmen Rudolfinens sah ich deutlich, daß sie alles so verabredet und vorbereitet hatte. Ich wollte unter die Decke flüchten, Rudolfine hatte sie fortgezogen; ich wollte weinen; Rudolfine erstickte mich lachend mit ihren Küssen. Aber wenn ich erwartete, nun auch meinen längst gehegten Wunsch erfüllt zu sehen, so hatte ich doch eines nicht berechnet: die Eifersucht Rudolfinens, die mir trotz der Notwendigkeit, mich bald zu ihrer Mitschuldigen zu machen, trotz ihrer Besorgnis, noch im Augenblick des Gelingens ihren Plan scheitern zu sehen, doch nicht die Erstlinge ihres heutigen Genusses gönnte. Mit einer Schlauheit, um die ich sie beneidete, die ich aber nicht durchkreuzen durfte, wenn ich nicht aus der Rolle fallen wollte, sagte sie dem Fürsten, daß ich zwar endlich eingewilligt habe und zu allem bereit sei, daß ich mich aber erst von der vollkommenen Unschädlichkeit des anzuwendenden Mittels überzeugen wolle, und daß sie sich daher, aus Freundschaft für mich, zu einer Probe vor meinen Augen hergeben wolle. Ich sah dem Fürsten an, daß er ebenfalls auf ein solches Anerbieten nicht vorbereitet war, und daß ihm der Besuch bei mir wünschenswerter gewesen wäre, als bei Rudolfinen. Indessen –: was war gegen den Vorschlag zu machen? Rudolfine zog aus der Tasche seines Schlafrockes einige jener Überzüge, blies in einen derselben, um mich zu überzeugen, daß er ganz luftdicht sei, feuchtete ihn an und zog ihn unter Scherzen und Liebkosungen über. Dann warf sie blitzschnell die leichte Kleidung ab, stürzte sich neben mich auf das Bett, zog den Fürsten über sich hin und forderte mich auf, mir nun alles recht genau anzusehen, damit ich meine törichte Ängstlichkeit verlöre.

So sah ich denn auch wirklich alles –; sah das Entzükken dieser beiden schönen Menschen, sah seine Kraft und ihr wohllüstiges Vergehen, sah ihn eindringen und sie ihm entgegenkommen, sah beide alles um sich her vergessen und mit jedem Stoße die Ekstase steigern – und endlich erfolgte unter zitterndem Seufzen der Erguß.

Rudolfine öffnete ihre Schenkel nicht eher, um ihn aus ihrer Umschließung zu entlassen, bis sie wieder ganz zu sich gekommen war, mit freudestrahlendem Gesichte den Domino herauszog und mir triumphierend zeigte, daß auch nicht ein Tropfen übergeflossen sein konnte. Sie gab sich alle mögliche Mühe, mich über dasjenige zu belehren, was ich schon längst durch Marguerite wußte, aber mir nicht zu verschaffen verstanden hatte, sonst hätte es Franzl mir gewiß anwenden müssen. Rudolfine war ganz ausgelassen vor Vergnügen, daß es ihr gelungen war, selbst an diesem Abende, wo der Fürst sich offenbar nach ganz anderer Speise sehnte, mir ihr älteres Recht zu beweisen und von ihm die Erstlinge seiner Kraft zu erhalten. Aber ich nahm mir vor, späterhin Revanche zu üben. Der Fürst war von außerordentlicher Liebenswürdigkeit. Weit entfernt, jetzt seine errungenen Vorteile zu benützen, behandelte er uns beide mit der größten Zartheit, nahm nichts, was ihm nicht gewährt wurde, sprach mit hinreißendem Feuer von dem Glücke, welches ein günstiger Zufall ihm durch die Bekanntschaft mit zwei so reizenden Frauen verschafft, und malte das nun zwischen uns beginnende Verhältnis mit den gefälligsten Farben aus. So füllte er die Zeit, die er zu seiner Erholung und zum Wiedererwachen (denn er war kein Jüngling mehr und blieb selbst im verführendsten Genuß mäßig) seiner Kraft bedurfte, aus.

Endlich war der Augenblick gekommen! Er beschwor mich, ihm ganz zu vertrauen und einen vielleicht eintretenden Schmerz zu ertragen. Rudolfine machte mit der schalkhaftesten Sorgfalt die Toilette des Siegers, jener erste Gebrauch von Margueritens Godemiché hatte mich ja dieses, bei Männern in so hohem Maße stehenden Vorzuges beraubt, und ich machte in der Tat meiner Überlegung Ehre. Da ich mich einmal hingegeben und mich einverstanden erklärt hatte, die Dritte im Bunde zu sein, so tat ich so, als ob ich alle Ziererei verbannte, und ließ mit mir machen, was beide wollten. Rudolfine legte mich nun so auf das Bett, daß mein Kopf an der Wand, die Schenkel auf dem Rande des Bettes und so weit als möglich gespreizt lagen. Um das zu können, stellte sie den einen Fuß auf den vor dem Bette stehenden Nachttisch und den andern auf die Lehne eines herangerückten Stuhles. Mit flammenden Blicken betrachtete der Fürst die ausgebreitet vor ihm daliegenden Schätze, die ich vergeblich mit der Hand zu verdecken suchte. Mit seinen fast brennenden Küssen brachte er die Hand dort fort und senkte seine Lanze, um den Eingang zu suchen. Ohne alle Heftigkeit, zart und schmeichelnd, strich er erst mit der besalbten Spitze die ganze Öffnung auf und nieder, wobei Rudolfine mit gierigen Augen allen seinen Bewegungen folgte. Nun stellte er aber die Spitze herunter an den eigentlichen Eingang und drückte sie so sanft als möglich hinein. Bis dahin hatte ich wohl ein angenehmes Prickeln gespürt, aber zu einem wohllüstigen Gefühl war es nicht gekommen. Nun tat es mir wirklich wehe, und ich fing an zu wimmern. Rudolfine redete mir zu, saugte an meiner Brust, fühlte selbst dahin, wo der Fürst den Einlaß forderte und riet mir, mich mit den Schenkeln möglichst hoch zu heben. Mechanisch folgte ich ihrem Rate, und nun stieß der Fürst plötzlich mit solcher Kraft zu, daß er zwar über die Hälfte eindrang, ich aber einen lauten Schmerzensschrei ausstieß und in allem Ernste zu weinen anfing. Doch lag ich wie ein Opferlamm, weil ich fest entschlossen war, heute endlich einmal zum Ziel zu kommen. Der Fürst bewegte sich langsam hin und her und versuchte noch tiefer einzudringen, aber ich fühlte deutlich, daß er keinen Raum in mir hatte, daß eine Muskel, ein Häutchen, kurz irgend etwas im Wege sei. Rudolfine hatte mir ein Tuch auf den Mund gelegt, um ein abermaliges Aufschreien zu verhindern. Ich biß hinein und duldete, daß mir eine warme Flüssigkeit die Schenkel hinabrieselte. Rudolfine sah dorthin und jauchzte plötzlich: »Blut! Blut! Lieber Fürst, ich gratuliere zu einer so reizenden Jungfernschaft!« Kaum hörte das der Fürst, der bis dahin so sanft als möglich vorgegangen war, so schien er ganz außer sich zu geraten, vergaß jede Schonung und stieß nun auch so hinein, daß ich seine Haare auf den meinigen fühlte. Diesmal hatte er mir nicht so wehe getan, als bei dem ersten halben Eindringen, und überhaupt war nun das Schmerzliche der Operation vorüber; aber ich kann nicht sagen, daß meine Erwartungen befriedigt worden wären. Ich sah meinen Besieger leidenschaftlicher werden und fühlte auch plötzlich etwas Warmes in meinem Innern, dann die Härte erschlaffen und den Teil herausschlüpfen, aber ich würde eine vollkommene Unwahrheit sagen, wenn ich von einem Vergnügen erzählen wollte. Nach den Erzählungen Marguerítens, den eigenen Versuchen und besonders nach dem, was ich von meinen eigenen Eltern gesehen, hatte ich mir den endlichen Genuß ganz anders vorgestellt. Vergnügen fand ich nur darüber, daß meine List und meine Berechnungen so vollständig gelungen waren. Während ich es für das beste hielt, in Ohnmacht zu liegen, hörte ich, wie entzückt der Fürst über die unzweifelhaften Zeichen meiner Jungfernschaft war, und in der Tat hatte mein Blut das Bett und seinen Schlafrock befleckt. Das war mehr, als ich nach den selbstgemachten Versuchen, namentlich mit dem Godemiché, hatte erwarten können. Freilich war doch noch ein Unterschied zwischen jenem und der vollen Mannesstärke des Fürsten! Jedenfalls war es nicht mein Verdienst, sondern ein glücklicher Zufall, wie denn überhaupt das sogenannte Entjungfern ein Hirngespinnst ist. Ich habe viel darüber mit Frauen gesprochen, aber das Widersprechendste hören müssen. Viele Mädchen sind von ihrer ersten Entwicklung an soweit gebildet, daß von einem Widerstande beim Eindringen gar nicht die Rede ist. Andere bleiben trotz wiederholten Genusses so eng geschlossen, daß jeder Genuß den Reiz eines ersten für den Mann hat. Überdies ist eine Täuschung des Mannes leicht, wenn er nur sonst an die Sittlichkeit glaubt. Kommt es überhaupt darauf an, zu täuschen, so braucht das Mädchen nur einen gewissen regelmäßig wiederkehrenden Zeitpunkt zu benützen. Einiges Zurückziehen, Herumwerfen und Wimmern, und der glückliche Sieger schwört auf die Erstlinge; und Blutspuren aus einer anderen Ursache machen ihn bei sehenden Augen gänzlich blind.

Aber es ist Zeit, daß ich aus meiner Ohnmacht erwache. Meinen Willen hatte ich nun gehabt; jetzt kam es darauf an, auch zu genießen und doch dabei nicht aus der Rolle einer Verführten zu fallen. Jedenfalls war die Hauptsache geschehen, das Eis gebrochen! Für den Fürsten wie für Rudolfine blieb es ein ganz besonderer Reiz, mich zu trösten und zu belehren, denn sie glaubten ja, eine vollkommene Novize eingeweiht zu haben! Beide entkleideten sich und legten sich zu mir ins Bett; der Fürst in der Mitte. Die schweren Gardinen wurden zugezogen und nun begann ein unglaublich reizendes Spiel. Der Fürst war ehrlich genug, nicht von Liebe, Sehnsucht und Schmachten zu reden. Er war nur sinnlich, aber mit Delikatesse, freilich, weil er wußte, daß der Genuß größer ist, wenn delikate Behandlung ihn würzt. Ich spielte zwar immer noch die Betroffene, aber ich begriff doch sehr rasch, was man mich lehrte. Seine beiden Hände waren bei uns, die unserigen bei ihm beschäftigt. Je verwickelter die Küsse, je freier die Hände wurden, desto rascher wallte das Blut, desto wohllüstiger bebten die Nerven. Einen solchen Mann zu küssen, ist doch ein außerordentliches Vergnügen! Er hätte von Stein sein müssen, wenn er nicht noch einmal erwärmt worden wäre. Aber der zweimalige Erguß hatte ihn ruhiger gemacht. Abwechselnd genoß er bei Rudolfine und bei mir, aber bei mir nicht eher, bis er vollständige Toilette gemacht hatte. Er war zwar seiner Sache so sicher, daß er mir sein Ehrenwort gab, ich könne es auch ohne Domino wagen, da er jetzt ruhiger und vollkommen Herr seiner Kraft sei; aber so rasch konnte ich doch meine bis dahin mit Glück gespielte Rolle nicht aufgeben! So mußte er bei Rudolfine beginnen, und in der Tat schwanden ihr zwei- bis dreimal die Sinne, ohne daß ihm die Kraft versagte; dann wurde Toilette gemacht und er drang bei mir ein. Es schmerzte zwar im ersten Augenblick noch ein wenig, aber dann wuchs mein Wohllustgefühl unbeschreiblich und ich empfand nun zum ersten Male eine fast vollständige Befriedigung. Um mir zu beweisen, daß er ganz Herr über sich sei, endete er nicht bei mir, sondern verließ mich ohne Erguß, während ich halb ohnmächtig vor Entzücken dalag. Wieder riß er den Überzug ab und stürzte sich auf die wohllustlechzende Rudolfine, die nun verlangte, ich solle mich so über ihren Kopf setzen, daß sie mit der Zunge da saugen und schlürfen konnte, wo der Fürst eben erst einen solchen Aufruhr angerichtet hatte. Natürlich zierte ich mich erst; ein befeuchtetes Tuch erfrischte indessen bald den Gegenstand ihrer Wünsche und nun entstand eine überaus reizvolle Gruppe. Während der Fürst bei Rudolfinen einzog, saß ich oder kniete vielmehr mit ausgebreiteten Schenkeln über ihrem Gesicht, sodaß ihre Zunge den freiesten Spielraum hatte, denn ihr Kopf lag weit hintenüber, ohne Kopfkissen, in gleicher Höhe mit dem übrigen Körper. Ganz nackt – denn der Fürst hatte in seiner verliebten Ungeduld auch mein Hemd abgerissen – saß ich so dem schönen Manne gegenüber, der meinen Busen an sich drückte und mich fortwährend küßte. So brachten zwei Zungen die kaum erloschene Glut wieder in helle Flammen. In steigender Wohllust wurden auch meine Küsse nun noch leidenschaftlicher, und ich gab mich ganz dem Reiz hin, daß der Fürst ganz außer sich geriet und beteuerte, noch nie so glücklich gewesen zu sein! Ich war geradezu neidisch, als ich die Krise bei ihm eintreten sah, daß dieser himmlische Strom sich ungehindert in Rudolfinens Schoß ergießen sollte, und tat, als ob ich vor Wohllust ohnmächtig würde, ließ mich mit ganzer Schwere auf die Seite fallen und hatte so richtig gerechnet, daß ich Rudolfinens Ritter wirklich noch vor den letzten Augenblicken aus dem Sattel warf. Im Hinsinken sah ich noch die beiden Teile sich trennen, die eben noch so innig miteinander verbunden gewesen waren. Wie flammend rot und wütend bei ihm, wie groß und klaffend bei ihr! Das sah anders aus, als ich es bis jetzt gesehen hatte, aber in der Tat nicht hübscher. Mein Hinsinken hatte beide erschreckt. Wenigstens dachten Beide nicht an die Fortsetzung ihres Vergnügens, sondern wollten mir erst beistehen. Ich hatte meinen Zweck erreicht und ließ mich nicht zu lange bitten, wieder zu mir zu kommen. Ich machte nun kein Hehl daraus, daß ich mich glücklich fühlte, auf solche Art in die Mysterien der Liebe eingeweiht zu werden; verweigerte aber jeden weiteren Genuß, weil ich es nicht aushalten könne. Der Fürst wollte beweisen, daß er selbst auch dem höchsten Genuß entsagen könne, wenn wir Beide nicht teilen wollten, und machte den Vorschlag, uns Beiden seine Befriedigung zu überlassen.

Ich verstand nicht, was er meinte, aber die ausgelassene Rudolfine ging gleich darauf ein.

Der Fürst legte sich nackt ausgestreckt auf das Bett, und ich mußte Rudolfine nachahmen, mit den Händen die Wunderfontäne hervorzulocken. Während ich ihn küßte und mit der Hand an dem Behälter des Wunderbalsams spielte, nahm Rudolfine die Spitze des Schaftes in ihren Mund.

Endlich schoß der schäumende Strahl hervor und benetzte uns alle drei.

Gerne hätte ich im Augenblicke des Sprühens Rudolfinens Rolle übernommen und den blendend weißen, heißen Saft geschlürft, aber ich mußte ja doch noch unerfahren sein und das alles erst lernen!

Daß man aber auch diese unvergleichliche Nacht nicht vergißt, werden Sie gewiß begreifen.

Lange vor Tagesanbruch nahm der Fürst seinen Abschied, und wir schliefen in fester Umarmung bis zum nächsten Mittag.

7. Brief

Die Geschichte des Fürsten. Abschied von Wien.

NACHDEM wir auf diese Weise durch einen langen und erquickenden Schlummer uns von den Anstrengungen der verflossenen Nacht glücklich erholt hatten, frühstückten wir, Rudolfine und ich, gemeinschaftlich, und dann mußte Rudolfine mir beichten, das heißt, mir die Geschichte ihrer Ehe und ihres Verhältnisses mit dem Fürsten in allen ihren Einzelheiten erzählen.

Die Geschichte war zuletzt nichts weiter als die Geschichte eines jeden für sinnliche Genüsse nichts weniger als unempfänglichen und dabei von ihrem eigenen Manne vernachlässigten Weibes. Der Fürst hatte mit seinem, durch Weltkenntnisse geschärften Blicke das Geheimnis von Rudolfinens Ehe durchschaut und ihre für sinnliche Genüsse so empfängliche Natur konnte ihm gleichfalls nicht verborgen bleiben.

Unter diesen Umständen hatte er sich ihr in zwar vorsichtiger, doch immerhin nicht zu mißdeutender Weise – der Fürst, eine glühende, leidenschaftliche Sinnlichkeit unter kalter Außenseite verbergend, vermied es sorgfältig, sich zu kompromittieren – genähert und dabei in geschickter Weise die Flatterhaftigkeit ihres eigenen Gatten als vollgültigen Entschuldigungsgrund für eine etwaige Untreue bei Rudolfine geltend gemacht. –

Rudolfine hatte, hingerissen durch ein feuriges Temperament, gewährt, und begierig für die Kälte ihres eigenen Gatten in dieser Weise Rache und Entschädigung gesucht. Überhaupt ist der Wunsch nach Rache eines der vorzüglichsten, wenn auch selten eingestandenen Motive, welche eine verheiratete Frau zum Ehebruche treiben.

Rudolfine gestand mir übrigens einmal, daß sie den Fürsten nicht liebe – gleichwohl war sie, wie ich später zu entdecken Gelegenheit fand, eifersüchtig, wenn auch nicht auf seine Zuneigung, doch wenigstens auf seine Gunstbezeugungen –, und zweitens, daß der Fürst der einzige Mann sei, dem sie, ihren Gatten ausgenommen, je sich hingegeben habe.

Ich glaube ihr; Rudolfine hatte die Eifersucht ihres Gatten und ihren eigenen, in jeder Beziehung noch unbefleckten gesellschaftlichen Ruf zu schonen, und beide Rücksichten legten ihr in der Wahl ihres Umganges eine große Vorsicht auf. Ihr Gatte würde, wenn auch nicht aus Zuneigung für seine Frau – seine Liebe war wohl so ziemlich auf dem Gefrierpunkt angelangt –, aus Stolz gewiß ein Benehmen, welches ihn selbst der Lächerlichkeit hätte preisgeben können, seitens seiner Frau nicht ungeahndet gelassen haben.

Unter diesen Umständen zweifle ich auch nicht, daß der Fürst wirklich der einzige Mann war, zwischen dem und ihrem Gatten Rudolfine je ihre Gunstbezeugungen geteilt hatte, glaube mich hinwiederum aber auch nicht zu täuschen, wenn ich annehme, daß sie auch vor ihrer Bekanntschaft mit dem Fürsten die leichte Beute jeder versuchten Eroberung gewesen sein würde, falls ihr nur die größte Kupplerin der Welt, die Gelegenheit, zur Hilfe gekommen wäre.

Obgleich also Rudolfinens Erzählung nicht gerade bemerkenswerte Dinge darbot, so lauschte ich doch ihren Bekenntnissen mit größtem Vergnügen. Überhaupt haben mich derartige vertrauliche Herzensergüsse meines eigenen Geschlechtes stets sehr interessiert, und ich habe nie eine Gelegenheit vorübergehen lassen, diese durch List oder Überraschung hervorzulocken, falls meine Freundinnen nicht freiwillig geneigt waren, mir ihr Herz zu eröffnen und mich in die Geheimnisse ihrer Denk- und Empfindungsweise einzuweihen.

Solche vertraulichen Mitteilungen interessierten mich psychologisch, sie erweiterten meine Welt- und Menschenkenntnis, indem sie mir oft das Leben unter einem ganz neuen Gesichtspunkte zeigten und in der Regel meinen bereits wiederholt ausgesprochenen Satz bestätigten: »Unsere Gesellschaft basiert auf dem Schein, und es gibt eine doppelte Sittlichkeit, eine Sittlichkeit vor der Welt und eine andere unter vier Augen.«

In der Tat, welche Erfahrung hatte ich, trotz meiner Jugend, in dieser Hinsicht schon gemacht! Erstens mein ernster, würdiger Vater, meine keusche Mutter, in welchem Moment glühenden Sinnesrausches, in welchem Augenblicke höchster Wohllust habe ich sie belauscht! Darauf Marguerite, die zwar lebhafte heitere aber auch ewig von Anstand und Sittlichkeit schwatzende, ewig moralisierende Gouvernante meiner kleinen Cousine; welche Bekenntnisse hatte sie meinem jugendlichen Ohr anvertraut, und hatte ich außerdem nicht mit eigenen Augen gesehen, in welcher Weise sie sich wenigstens ein Surrogat jener Genüsse verschaffte, nach denen sie lechzte! Und nun Rudolfine, diese elegante, junge Frau, die sich aus keinem anderen Grunde einem Manne hingab, der nicht der ihrige war, als um Freude zu genießen, welche ihr zu spärlich für ihren Geschmack zukam! Und der Fürst, diese äußerlich so kalte diplomatische, so durch und durch geschulte Natur, welche Kraft der Sinnlichkeit lebte in ihm! Und hatten diese Persönlichkeiten alle in ihren Kreisen nicht den Ruf größter Sittenstrenge zu behaupten gewußt? Ja, ich hatte recht: Die Welt ist auf dem Schein basiert!

Nun, da ich meinen Zweck erreicht und mich zu Rudolfinens und des Fürsten Vertrauter gemacht hatte, hielt ich es für unnötig, meine bisher beobachtete Prüderie beizubehalten, und gestand Rudolfine offen, wenn auch nicht ohne ein klüglich erkünsteltes Erröten, daß mir das Spiel der vergangenen Nacht und die Umarmung des Fürsten viel Vergnügen gemacht hatten, ein Geständnis, für das Rudolfine mich zärtlich umarmte und an sich drückte. In diesem Augenblicke war sie noch ganz entzückt darüber, mir in den Mysterien der Liebe als Lehrmeisterin gedient und mir einen Genuß verschafft zu haben wie den, den ich zwar in Wirklichkeit weniger ihr selbst, als vielmehr meiner eigenen Schlauheit verdankte.

Am Abend ließ der Fürst nicht auf sich warten und teilte seine Liebkosungen ziemlich gleichmäßig zwischen Rudolfine und mir. Meine Eitelkeit flüsterte mir zu, daß es dem Fürsten, trotz dieser anscheinenden Unparteilichkeit, mehr um mich als um Rudolfine zu tun sei, wäre es auch nur gewesen, weil Rudolfine ihm eine gewohnte Erscheinung war, während ich für ihn den Reiz der Neuheit besitzen mußte, und Abwechslung, dies brauche ich Ihnen nicht zu sagen, die Würze des Vergnügens ist, und zwar dies ebenso bei den Männern, wie bei den Frauen. Meine Revanche nahm ich übrigens auch diesmal noch nicht. Wieder zwang Rudolfine den Fürsten, ihr die Erstlinge seiner Kraft zu opfern, obgleich ich ihm die Gerechtigkeit widerfahren lassen muß, zu gestehen, daß er mich für diesen Verlust nach besten Kräften zu entschädigen bemüht war. Aber warum soll ich Ihnen diese Nacht in allen ihren Einzelheiten beschreiben, ich müßte einfach zu Wiederholungen meine Zuflucht nehmen, und dies wäre für Sie und mich ermüdend, ganz abgesehen davon, daß Ihre eigene Phantasie, in Verbindung mit meinen bisherigen Bekenntnissen,

Sie schon hinreichend in den Stand setzen wird, sich die Szenen selbst auszumalen.

Unleugbar hat die erste Liebe eines unerfahrenen Jünglings, dessen Lehrerin sie abgegeben, den sie allmählich, Schritt für Schritt, in die süßen Geheimnisse des Vergnügens bis zu dessen vollständigster Erschöpfung einweihen kann, für jedes Weib einen unendlichen Reiz. Dieser Charakter der Autorität, den das Weib in einem solchen Falle dem Manne gegenüber behauptet, schmeichelt meiner Eitelkeit, und außerdem liegt in den naiven, wenn auch oft ungeschickten Liebkosungen eines unerfahrenen Mannes für jedes Weib ein unbeschreiblicher Zauber. Die höchste sinnliche Befriedigung aber empfindet das Weib nur in dem Arme eines erfahrenen, mit allen Geheimnissen der Wohllust und allen Mitteln, diese aufs höchste zu steigern, vertrauten Mannes. Der Fürst war ein solcher, und wenn Sie dabei bedenken, daß er, trotz der Kraft seiner physischen Natur, eine gewisse Delikatesse nie verleugnete, das Weib, welches sich ihm hingab, nie brutalisierte, stets mehr auf ihr Vergnügen als auf das seinige bedacht zu sein schien und eben darum doppelt genoß, so werden Sie wenigstens eine Ahnung jenes wohllüstigen Vergnügens gewinnen, welches er Rudolfinen und mir in jenen verschwiegenen Nächten bereitete.

Am nächsten Sonntag kam Rudolfinens Mann, wie gewöhnlich, aus Wien zum Besuch. Auf ihres Gatten ausdrücklichen Wunsch lud Rudolfine den Fürsten an diesem Tage zum Mittagessen ein. So oft ich den Fürsten auch früher in Wien im Hause von Rudolfinens Mann gesehen hatte, so pflegte er in Baden Rudolfinens Haus, um ja keinen Verdacht zu erregen, nur äußerst selten am Tage zu betreten. Auch ich hatte ihn seit jener Zeit, die mich in sein und Rudolfinens Geheimnis eingeweiht hatte, nur in der Nacht gesehen, wo er, da die Dinge zwischen uns nun einmal so weit gediehen waren, in diesem Fall sich natürlich keinerlei Zwang aufzuerlegen hatte, sondern sich vollkommen gehen lassen konnte.

Trotz meiner eigenen Selbstbeherrschung, auf die ich wohl einigermaßen bauen kann, sah ich, ich gestehe es, den Fürsten nicht ohne Herzklopfen Rudolfinens Einladung Folge gebend, in den Speisesaal treten, und ich glaube selbst, daß bei seinem Anblicke eine verräterische Röte wider Willen meine Stirne überflog. Aber das Benehmen des Fürsten beruhigte mich schnell genug und half mir bald vollkommen über meine eigene Verlegenheit hinweg.

Der Fürst begrüßte Rudolfine mit jener feinen Galanterie, zu welcher seine Beziehungen zu ihrem Gatten ihn zu berechtigen schienen, mich selbst zeremoniell und förmlich. Bei Tische wurde er, nachdem er die ersten Gläser Wein glücklich geleert, etwas wärmer, ohne jedoch darum seine ihm zur zweiten Natur gewordene Zurückhaltung aufzugeben. Kein Mensch, der uns bei Tische gesehen, hätte auch nur im entferntesten die innigen Beziehungen ahnen können, welche zwischen uns bestanden. Das Benehmen des Fürsten war ausgesucht höflich, aber nichts weiter und von einer aristokratischen Kälte. Überhaupt war der Fürst eine in seiner Weise wirklich hervorragende Erscheinung. Im Besitze einer bedeutenden Welt- und Lebenskenntnis verlor er nie die Herrschaft über sich selbst. Unempfindlich gegen die Liebe und infolgedessen ohne Anspruch auf eine Zärtlichkeit, deren er selbst nicht fähig war, suchte der Fürst nichts als Genuß, und gerade die Verbindung mit einem solchen Manne mußte mir, die ich gleichfalls nach gewissen Genüssen lechzte, ohne jedoch dabei Lust zu haben, mein Herz zu verschenken, von meinem Gesichtspunkte aus doppelt willkommen sein.

Den Kaffee nahmen wir im Garten ein; der Fürst bot

Rudolfine den Arm, ihr Gemahl mir den seinigen. Während Rudolfinens Gemahl sich mit dem Fürsten zur Rücksprache über eine Geschäftsoperation einen Augenblick entfernte, drückte mir Rudolfine ihr Bedauern darüber aus, daß die Ankunft ihres Mannes sie und mich unseres nächtlichen Vergnügens beraube.

Allein, wenn Rudolfinens Absicht war, mich heute Nacht zur Enthaltsamkeit zu verurteilen, so stimmte dies doch nicht mit meinen eigenen Plänen. Schon bei der Ankunft von Rudolfinens Gatten war ich entschlossen, den Fürsten diese Nacht für mich allein zu behalten und war nur in Verlegenheit über die Art und Weise, wie ich ihn benachrichtigen sollte, daß, wenn Rudolfine diese Nacht auf seinen Genuß verzichten müsse, ich dann um so fester auf denselben rechne. Aber der Fürst flüsterte mir zu, daß ich ihn trotz der Anwesenheit von Rudolfinens Mann erwarten dürfe, falls ich ihm nur den Schlüssel zu meinem Schlafzimmer zustellen wolle. Eine halbe Stunde später war der Schlüssel in seinen Händen.

Der Fürst ließ nicht lange auf sich warten; kurz nach Mitternacht trat er in mein Zimmer – und ich verlebte in seinen Armen entzückende Stunden. Er versicherte mir, daß er mir in allen Beziehungen vor Rudolfine den Vorzug gebe, und die Glut seiner Küsse und die energische Kraft seiner Liebkosungen zeigte mir zur Genüge, daß er bei dieser Versicherung nicht bloß die Absicht gehabt hatte, meiner weiblichen Eitelkeit zu schmeicheln. Er zeigte sich in dieser Nacht so aufgeregt, er war so unersättlich in seinen Liebkosungen, daß ich trotz allen Vergnügens, welches er mir verschaffte, doch dermaßen ermüdete, daß ich gleich, nachdem er mich verlassen hatte, in einen tiefen Schlummer versank und nicht früher erwachte, bis Rudolfine selbst mich weckte.

Mein erster Blick auf meinen Toilettentisch zeigte mir die Uhr des Fürsten, die dieser dort vergessen hatte.

Auch Rudolfine hatte sie bemerkt, und dieser Anblick verriet ihr zur Genüge, in welcher Gesellschaft ich die Nacht verbracht hatte, erklärte ihr auch zugleich das Geheimnis meines tiefen Schlummers. Sie machte mir heftige Vorwürfe über meine Unvorsichtigkeit, die sie in den Augen ihres Mannes so leicht zu kompromittieren vermöge. Ich erklärte ihr jedoch ruhig, daß ich nicht begreife, wie ich zu kompromittieren vermöge, da ihr Mann, der mir ja selbst seine Huldigungen dargebracht, doch kein Recht habe, mich zu tadeln, wenn ich für meine Person dem Fürsten Zutritt zu mir gewähre. Aber meine Vernunftsgründe taten bei Rudolfine nicht die gewünschte Wirkung und beseitigten keineswegs ihren Unwillen, der weniger aus der Furcht, durch mich kompromittiert zu werden, entsprang, als vielmehr in ihrer Eifersucht begründet lag; sie beneidete mich um die feurigen Liebkosungen, für welche ihre begehrliche Natur in der kalten Umarmung ihres Gatten keinen genügenden Ersatz fand.

Wie sehr ich mich im Recht befand, zeigte sich am folgenden Abend, wo wir wieder zu Dreien genossen. Rudolfine bot alles auf, um mich auszustechen, den Vorrang über mich zu behaupten und den Fürsten womöglich für sich allein in Beschlag zu nehmen. Ich nahm und fand meine Revanche, als bei Rudolfinen jener periodisch wiederkehrende Zustand eintrat, der schon nach jüdischem Gesetz jeden Umgang mit einem Manne untersagt haben würde. Der Fürst widmete sich nur ausschließlich mir, und zwar in Rudolfinens Gegenwart, und dieser Umstand fachte ihre Eifersucht rasch genug zur Flamme an.

Wenn sie den Fürsten auch nicht liebte, so verwundete doch der augenscheinliche Vorzug, den er mir vor ihr angedeihen ließ, ihre Eitelkeit. Unter diesen Umständen konnte es mich allerdings nicht überraschen, daß

Rudolfine in ihrem Benehmen allmählich kälter gegen mich wurde, und endlich eröffnete sie mir, daß häusliche Verhältnisse sie nötigten, Baden früher zu verlassen, als sie beabsichtigt habe. Durch diese Erklärung machte sie mir zwar meiner Liaison mit dem Fürsten ein Ende, beraubte jedoch auch sich seines Umganges, da sie den Fürsten in ihrem Hause in Wien zu empfangen nicht wagen konnte. So wahr ist es, daß die Eifersucht, eine Rivalin auszustechen, sich gern und freudig selbst einer Entbehrung unterwirft.

Zwischen Frauen der sogenannten guten Gesellschaft findet bei solchen delikaten Dingen, wie denen, wie sie zwischen mir und Rudolfine vorlagen, keine Erklärung statt, und auch zwischen mir und Rudolfine kam es nicht zu einer solchen. Nichtsdestoweniger ließ ich Rudolfine merken, daß ich den Grund ihres geänderten Benehmens in ihrer Eifersucht finde, und diese Hindeutung trug nicht gerade dazu bei, ihre freundschaftlichen Gefühle für mich neu zu beleben, und wir, die wir so lange fast unzertrennbar gewesen waren, trennten uns zuletzt mit einer nur schlecht verhehlten gegenseitigen Kälte. Aber ist dies bei zwischen Frauen und Mädchen geschlossenen Freundschaftsbündnissen zuletzt nicht immer der Fall? Weibliche Freundschaft, so innig, so aufopfernd sie auch sein mag, widersteht selten dem ersten Frosthauche der Eifersucht!

Ich kehrte also mit Rudolfine nach Wien zurück, und da ich dort ihr Haus nur sehr selten besuchte, so hatte ich auch nur selten Gelegenheit, den Fürsten zu sehen.

So löste ich meine Verbindung mit dem Fürsten auf. Noch heute denke ich mit Vergnügen an den schönen und geistreichen Mann zurück, der mich zwar nicht zuerst die Liebe, aber die Wohllust lehrte, welche ein Weib in der Umarmung eines Mannes empfindet.

Brauche ich Ihnen, wo Sie mich kennen, erst zu sagen,

daß mir der durch Rudolfine herbeigeführte Bruch meiner Liaison mit dem Fürsten ein aufrichtiges Bedauern einflößte? Fortan war ich ja, da für den Fürsten ein Ersatz so leicht sich nicht finden ließ, hinsichtlich gewisser Freuden wieder auf das unvollkommene Werk meiner eigenen Hand hingewiesen.

Sie kennen das Bühnenleben gut genug, um zu wissen, daß es mir weder an Huldigungen, noch an Herrenbekanntschaften fehlen konnte. Kein Weib befindet sich, wenn es sich um die Gelegenheit, Eroberungen zu machen, handelt, in günstigerer Position als gerade die Bühnenkünstlerin, die ihre Schönheit, ihr Talent von der Bühne herab vor den Augen von Tausenden entfaltet, während ein anderes Weib meist nur Gelegenheit findet, sich innerhalb eines zuweilen sehr eng begrenzten Familienkreises geltend zu machen. Außerdem ist eine Bühnenkünstlerin ein öffentlicher Charakter, eine Celebrität, und die Eitelkeit der Männer findet eine Befriedigung darin, mit einer Celebrität auf vertrautem Fuße zu stehen, damit vom Glanze ihres Ruhmes wenigstens ein Reflex auf sie selbst zurückfalle. Kein Wunder daher, wenn jede bekannte Künstlerin sich von Männern mit altadeligem Wappen und Matadoren der Börse bis zu dem jüngsten Lyriker herab, der ihr schüchtern die Erstlinge seiner Muse zu Füßen legt, von Anbetern aller Stände, aller Klassen umringt sieht, die alle nach einem Blick, einer Gunstbezeugung dürsten. Aber wo sollte ich unter allen diesen Männern denjenigen finden, dessen ich bedurfte, der bereit war, meine Wünsche zu befriedigen, der, ohne sich eine Herrschaft über mich anzumaßen, vielmehr insoweit mein Sklave blieb, daß ich jeden Augenblick meine Beziehungen zu ihm lösen konnte, ohne seinerseits eine Indiskretion fürchten zu müssen?

Zu einer solchen Entdeckung aber konnte nur ein ganz besonderer Zufall mein Führer sein, und eben dieser Zufall war mir nun vorerst ungünstig. Auf Grund meines Debuts war ich am Kärntnertor-Theater auf ein Jahr engagiert. Mein Kontrakt lief zu Ende, und als es sich um seine Erneuerung handelte, machte man mir gleichzeitig von Pest und Frankfurt aus Offerten. Ich liebe als geborene Österreicherin Wien, die schöne, glänzende Kaiserstadt, und würde es wahrscheinlich vorgezogen haben, dort, wenn auch mit geringer Gage, zu verbleiben, wenn ich nicht um diese Zeit einen Brief von meinem Vater empfangen hätte, der mich von einem bedeutenden Vermögensverluste unterrichtete, den er leider erlitten hatte.

Ich war meinem Vater nun schuldig, durch die Tat zu danken für die bedeutenden Opfer, welche er meiner Ausbildung gebracht hatte, und dieser Umstand ließ mich die von Frankfurt aus gemachte Offerte als die in pekuniärer Beziehung vorteilhafteste annehmen – und somit sagte ich Wien auf Jahre hinaus Lebewohl.

Zweiter Teil

8. Brief

In Frankfurt in der Ödnis. Heimat ist die Musik. Freundschaft mit Denise & Duvalin. Zwei Jahre keusch wie die heilige Magdalena.

WENN Sie, teurer Freund, darüber staunen sollten, daß meine Briefe, die Sie fortan lesen werden, von jenen, die ich bis jetzt geschrieben habe, im Stil, in der Fassung, in der Philosophie und in den Ansichten, sowie auch in der Mannigfaltigkeit des Stoffes ganz verschieden sind, so glauben Sie doch nicht, daß ich, müde des Schreibens, jemand zu meinem Vertrauten gemacht und ihn betraut habe, meine Memoiren fortzusetzen, ich müßte dann außer Ihnen noch einen Menschen kennen, dem ich mich ebenso rückhaltlos vertrauen dürfte wie Ihnen. Dies ist aber nicht der Fall. Man muß nur die Menschen so genau kennen, um ihnen alles, was man denkt, was man gedacht und gefühlt hat, vertrauen zu dürfen, und bis jetzt habe ich noch keinen gefunden, von denen, welchen ich mich körperlich ganz hingegeben, am allerwenigsten.

Die Verschiedenheit und der ganze Wechsel rührt lediglich daher, weil meine Anschauungsweise in der Aufzeichnung meiner Erlebnisse diesen selbst angepaßt ist, weil ich mich hineindenke in die Lage, in welcher ich mich jedesmal befand, und vielleicht ist es eben kein Fehler, wenn ich auch meine Schreibart diesen verschiedenartigen Situationen anpasse.

In meinem letzten Brief habe ich erwähnt, daß ich ein Engagement in Frankfurt angenommen hatte, das mir unter den beiden Anträgen, die mir gemacht wurden, das vorteilhaftere schien. Zum Glück ließ ich mich auf keine längere Zeit als zwei Jahre binden, denn ich halte diese in meinem Leben für verloren, und zwar in jeder Beziehung.

Obschon zu jener Zeit, als ich nach Frankfurt kam, von jener Wagnermanie, welche jetzt in Deutschland grassiert, keine Rede sein konnte, denn damals war Richard Wagner eine unbekannte Größe in der Musikwelt, so hatten wir doch im Repertoire der unschmackhaften Sachen genug. Der Kampf zwischen der italienischen und deutschen Musik hatte bereits begonnen, und die letztere fing an, hier am ehesten das Übergewicht zu erhalten.

Die italienische Musik hat mich immer mehr angesprochen als jede andere, weil ich sie den Empfindungen unserer Seele mehr angepaßt, die Gefühle unseres Herzens deutlicher ausdrückend und leidenschaftlicher, schmelzender, süßer fand, als unsere gelehrte deutsche Musik, und dem leichten Ton der französischen, welche mir immer vorkam, als müßte man dabei eine Quadrille tanzen, konnte ich gleichfalls nur wenig Geschmack abgewinnen. Die italienischen Opernkomponisten bieten auch den Sängern mehr Gelegenheit, sich auszuzeichnen, denn sie schreiben für uns, während die Deutschen jedes Gewicht auf Instrumentalmusik legen, wir müssen uns dabei nur dem Orchester zum Opfer bringen und abplagen.

Doch auch abgesehen von den Nachteilen, die ich als Sängerin erfahren hatte, war für mich Frankfurt der widerwärtigste Ort, den ich mit einer Diogeneslaterne nur finden konnte, eine Stadt, wo Geldaristokraten den Ton angeben, wo man von der Kunst wenig versteht, wo die Leute Logen nehmen, um damit zu paradieren, wo jeder dritte Satz »wie heißt« ist, wo die Menschen nach dem Gewichte ihres Geldes gewogen werden. Wie soll da die Kunst blühen? Selbst die sengendste Leidenschaft erkaltet hier, der Liebesgenuß ist hier nichts als natürliches Bedürfnis, eine »Kühlung für die Hitze der Leber«, wie Shakespeare sagt.

Es mangelte mir nicht an Courmachern. Sie nahten mir mit Achtung, während ich nach Genuß lechzte. Es gab unter der großen Schar von Anbetern keinen einzigen, den ich für würdig hielt, daß ich ihm meine Liebe schenkte und den Schatz, den ich beständig an mir trug, preisgeben wollte. Unter meinen Kollegen gab es zwar ein paar hübsche und galante Männer, doch habe ich es mir zur Maxime gemacht, jeden andern eher zu wählen, als einen Mitschauspieler, Sänger oder Musiker. Diese Leute sind allzu indiskret, man riskiert seinen Ruf, mithin seine Stellung zu sehr, und ich habe stets darauf ein großes Gewicht gelegt, den Nimbus der Tugendhaftigkeit zu bewahren.

Hätte ich wenigstens ein Mädchen oder eine Frau gefunden, der ich mich geistig und körperlich mitteilen durfte, wie es Marguerite gewesen war, ich würde keine Mühe gescheut haben, sie in die süßen Mysterien des Genusses einzuweihen. Diese Personen waren aber teils unnahbare spröde Geschöpfe oder zu wenig hübsch, einige aber hatten eine so ausgedehnte Praxis, daß sie ganz verbuhlt aussahen und mir Ekel einflößten, sodaß ich lediglich auf mich selber beschränkt blieb.

»Wie, wenn ich die zwei Jahre meines Hierseins dazu benutzen wollte, um mich für einen reichhaltigeren Genuß für die Zukunft zu stärken«, dachte ich mir. Wäre ich imstande dies auszuführen? Würde die Wohllust der späteren Jahre ein Ersatz für meine Kasteiung sein? Wir wollen es versuchen. Man sagt: der menschliche Wille sei das stärkste, was es gibt. Ich unterwarf mich dieser Selbstprüfung.

In den ersten vierzehn Tagen kostete es mich eine,

beinahe möchte ich sagen, übermenschliche Selbstbeherrschung, meine Finger nicht an eine gewisse Stelle meines Körpers zu legen; später wurde mir dies leichter, und wenn mich wohllüstige Träume oder die Hitze meines Blutes in wachem Zustand zu stacheln begannen, sprang ich schnell aus dem Bette und nahm schnell ein Sitzbad vom kältesten Wasser, daß ich die Zähne aneinanderschlug, oder ich nahm ein Zeitungsblatt zur Hand und las einige Artikel über Politik. Nichts kühlt so sehr ab als die politische Lektüre, gegen diese ist eine Douche noch etwas sehr Aufregendes.

Im zweiten Monat meiner mir selber auferlegten Kasteiung waren die Anfechtungen weniger häufig, und wenn sie mich auch manchmal überraschten, so waren sie nicht so hartnäckig und anhaltend. Ich glaube, ich hätte dem Liebesgenuß ganz entsagen können, wenn ich es durchaus tun sollte. Man kann enthaltsam sein, um dann eine größere Wohllust zu fühlen, weil dann die Enthaltsamkeit ein Mittel zur Steigerung des Genusses wird. Gerade so, wenn man auf einen Ball gehen will und sich nicht durch Spaziergänge oder eine andere körperliche Anstrengung ermüdet. Wenn man zu einem köstlichen Diner eingeladen wird, so wird man nicht auf den Gedanken geraten, vor dem Mittagessen sich den Magen zu überladen. Ebenso ist es mit den Genüssen der Liebe. – Dennoch weiß ich nicht, ob ich es zwei Jahre hätte aushalten können, und ich danke es nur dem Zufalle, daß ich diese schwere Probezeit durchzumachen imstande war.

Eine meiner Kolleginen, Madame Denise A..., eine geborene Französin, doch der deutschen Sprache vollkommen mächtig, war unter den übrigen Sängerinnen die einzige, mit welcher man rückhaltlos über alles sprechen durfte, ohne eine Indiskretion ihrerseits zu riskieren oder von ihrer Prüderie zurückgestoßen zu werden.

Sie hatte schon alles durchgemacht, kannte den Genuß bis zur höchsten Potenzierung und war bereits in jenes Stadium getreten, in welchem die Blasiertheit für den geschlechtlichen Kitzel eintritt. Sie war noch nicht so alt und auch nicht häßlich, daß sie nicht Männer gefunden hätte, um ihr einen Liebesdienst zu erweisen; sie kokettierte zuweilen mit diesem oder jenem, es geschah aber nur, um sie zu plündern, wie es die Marmordamen in Paris zu tun pflegen.

Es gab unter denen, die ihr bizarrer Geschmack zu Denise hinzog, einige, die meine Vermittlung bei ihr erflehten, und ich war gutherzig genug, das Plaidoyer für sie bei Denise auf mich zu nehmen. Dies führte zu Erörterungen und Erklärungen.

»Ja mir ist jede Lust nach Genuß ausgestorben, nicht zufolge einer frühzeitigen Übersättigung, sondern aus Ekel und Abscheu«, sagte sie.

»Wenn man hört oder liest, wie weit einen diese Gattung von Genuß führen kann, dann vergeht einem jede Lust dazu. Man kommt aus frischem in lauwarmes, dann in abbrühendes Wasser, dann in Pfützen, zuletzt in stinkende Kloaken, mit ekelhaftem Gewürm gefüllt. Sie würden dies erfahren, wenn Sie sich auf diese Bahn wagten. Ich war verheiratet, mein Gatte war der größte Wüstling, den es nur geben konnte, seine Ausschweifungen haben ihn frühzeitig getötet. Es war eine gräßliche Krankheit, an welcher er gestorben ist, was sage ich, eine Krankheit! Es waren mehrere Übel, die ihn bei lebendigem Leibe zerfetzten, er starb an der Rückenmarkschwindsucht, war nebenbei syphilitisch, sein ganzer Leib glich einer riesigen Krätze, und er verlor auch sein Augenlicht. Alles dies, ehe er sein 33. Lebensjahr erreicht hatte. Ich betete ihn an und war verzweifelt über seinen Verlust. Alle diese genannten Krankheiten rafften ihn galoppierend hinweg. In sechs Monaten war er anscheinend so gesund, daß er täglich nach dem Boulogne-Wäldchen ritt, und dann so hinfällig, daß er sich nicht bewegen konnte. Ich und meine Freundin mußten ihn füttern wie einen Säugling. Wissen Sie, wem er dieses schreckliche Ende zu verdanken hatte? Einem verruchten Menschen, der sich seinen Freund nannte, und der ihm das infamste Buch, welches jemals geschrieben worden, zum Lesen gab: des Marquis de Sade *Justine und Juliette* oder die *Gefahren der Tugend und die Wonnen des Lasters.* Der Verfasser, heißt es, soll infolge seiner Ausschweifungen wahnsinnig geworden und im Irrenhaus gestorben sein. Monsieur Duvalin, der Freund meines Mannes, derselbe, der ihm jenes fluchwürdige Buch zum Lesen gegeben hatte, behauptete zwar, Sade sei nicht wahnsinnig geworden, sondern, um noch mehr genießen zu können, unter die Jesuiten gegangen, in ein Kloster in der Nähe von Paris, in Noisy le Sec. Als ich Duvalin mit Vorwürfen überhäufte, ihn den Mörder meines Gatten nannte, zuckte er die Schultern und sagte, es sei nicht seine Absicht gewesen, meinen Mann zugrunde zu richten, sondern ihn von seinem Hange zu Ausschweifungen zu heilen; daß sein Mittel fehlgeschlagen sei, dafür könne er nichts. »Was wollen Sie, Madame«, schloß er, »auch ich wurde vom Teufel des Fleisches geplagt, mich hat das Lesen dieses Buches, welches ihren Gatten nur noch tiefer hineinriß, geheilt von allen unnatürlichen Gelüsten. Ich sage nicht, daß ich ein Asket geworden bin, doch gehöre ich nicht zu den unmäßigen Menschen, welche aus den köstlichen Genüssen eine Kloake machen. Mich hat der Ekel ernüchtert, ihn hat er angezogen. Wer kann dafür?«

»In meiner Verzweiflung über den Tod meines Mannes wollte ich mich töten, und zwar auf raffinierte Weise. Ich war eine Phantastin. Mein Mann hatte während unseres ehelichen Beisammenseins jede Gattung tierischer

Genüsse, die man mit einer einzelnen Frau durchmachen kann, erschöpft. Als ich das Buch des Marquis de Sade, welches mit über hundert Kupfern illustriert ist, zum ersten Male in meine Hände nahm, erkannte ich, daß er vieles davon mit mir durchgemacht hatte. Ich ward zu einer Bacchantin in meinen Gedanken und wollte alles dies ebenfalls versuchen, mich Exzessen hingeben, die in dem Buche enthalten waren, um mich ebenso durch Ausschweifung zu töten, wie es mein Mann getan hatte. Die Hinduweiber besteigen nach dem Tode ihres Gatten den Scheiterhaufen, um sich lebendig zu verbrennen.

»Meine Liebe für meinen Mann war unbegrenzt und die Todesart, die ich wählte, sollte die seinige sein, folglich eine viel qualvollere als Selbstverbrennung. Ich wollte die tierische Wohllust in der Theorie studieren, um sie dann in der Praxis auszuüben. Mein Mann hatte mir einige Bücher ähnlichen Inhalts, namentlich die, *Memoiren der Engländerin Fanny Hill*, die *Petites Fredaines*, die Geschichte *Dom Bougres*, das *Cabinet d'Amour de Venus*, *Les Bijous indiscrets*, die *Pucelle* von Voltaire, *Sœur Palomala la Gougnotte* von dem Abt Pineraide, die *Abenteuer einer Cauchoise*, teils vorgelesen, teils zum Lesen gegeben.«

»Er wollte sich und mich dadurch zum Genuß stimmen. Er fehlte seinen Zweck nicht und fand mich zu allen Cochonnerien, die wir miteinander begingen, geneigt. Nur das einzige Buch de Sades hielt er zurück, weil er es für mich zu gefährlich hielt; ich fand es erst nach seinem Tode, sorgfältig versteckt in einem Schranke, der einen doppelten Boden hatte. Ich machte mich daran, das Buch zu lesen. Meine Ungeduld trieb mich, die Bedeutung der Illustrationen zu kennen, und ich schlug es am allerersten dort auf, wo sich die allerscheußlichsten Szenen befanden, z. B. die Folterungen der Frauen, das Abenteuer auf dem Berge Ätna, die Geißelungen, die Orgien, die Knabenschändungen, die Szenen in Rom, den Auftritt, wo der Marquis de Sade im Pantherfell erscheint zwischen drei nackten Weibern und zwei Kindern, von welch letzteren er bereits eines zu Tode gebissen, und auch die Beschreibung der Orgie mit den beiden geköpften Weibern, die Bestialitäten usw.

»Jetzt fing ich erst an, Duvalin zu begreifen. Dieses Buch hatte zweierlei Wirkungen, je nach dem Naturell des Lesers oder der Leserin, je nach der Empfänglichkeit und Auffassungsgabe derselben. So wie es Duvalin halb blasiert gemacht hatte, so fühlte ich einen solchen Ekel vor diesen Abscheulichkeiten, die zu lesen mich viel Überwindung kostete, daß ich, ehe ich dahin kommen konnte, auch nur etwas davon, was ich in diesem Buche fand, in der Praxis auszuüben, schon abgestumpft war. Ich konnte mich berühren, soviel ich wollte, ich zog meine Finger zurück, ich fand dieses Gefühl schal und leer. Der Stachel war durch den Überreiz abgebrochen in mir, und niemals wiederum fiel ich zurück. Ich war geheilt von allen wohllüstigen Trieben, die im menschlichen Körper stecken. Ich fing an zu begreifen, wie es männlichen Kastraten zumute sein muß.«

Denise sprach noch viel über dieses Thema und ich verstellte mich vor ihr so gut, daß sie mich in der Praxis für sehr unerfahren hielt. Sie mochte wohl ahnen, daß ich den gewissen eigenhändigen Genuß, jenen mittels des Godemichés und selbst mit Personen meines eigenen Geschlechtes kannte, doch nicht den gefährlichsten in seinen Folgen, jenen mit Männern. Das Verstellen ist, glaube ich, uns Frauen ebenso angeboren, wie den Männern das Prahlen mit ihrem Mute. Sie fragte mich, ob ich noch keines jener Bücher gelesen hätte, die sie erwähnt habe. Auf meine verneinende Antwort schlug sie mir vor, ich sollte es gleich mit *Justine und Juliette* versuchen.

Einige Ärzte behaupten, der Kampfer besitze die Eigenschaft, den geschlechtlichen Kitzel bei vielen Frauen zu ertöten. Ich weiß nicht, ob dieses wahr ist, doch daß das Buch Sades bei mir auf mehrere Monate jeden Gedanken, jede Sehnsucht nach geschlechtlichen Ausschweifungen erstickte, ist gewiß. Welch eine Phantasie! Und ist es auch möglich, daß solche Dinge geschehen können? Die Männer darin sind Tiger und Hyänen, die Frauen Boas und Alligatoren. Das wenigste darin sind natürliche und geschlechtliche Genüsse, sondern Weiber mit Weibern, Männer mit Knaben und Tieren. Es ist grauenhaft! Ich dachte darüber nach, ob der Mensch sich wirklich mit der gewöhnlichen Wohllust der Begattung so sättigen könne, daß er anstatt weiße Leiber, geschundene, verbrannte, zerfleischte Körper zu sehen wünscht. Ich erschrak über den Mann, der dies geschrieben hatte. Ob er wohl auch alles mitgemacht, ob ihn seine ausschweifende Phantasie verführt hat, solche Dinge aufs Papier zu bringen? An einer Stelle erzählt er, daß dies unter den damaligen Kavalieren gang und gäbe gewesen sei, und daß im Hirschparke ähnliche Szenen ausgeführt wurden.

Er spricht von der Wohllust, Menschen sterben zu sehen, daß auch die berüchtigte Marquise de Brinvilliers einige ihrer Opfer nackt entkleidete und sich an den Todeszuckungen weidete.

Während der ganzen Zeit, während welcher ich dieses Buch las, was mehrere Monate währte, dachte ich kein einziges Mal daran, das zu tun, was ich allein mit Marguerite und Rudolfine getan hatte. Zehn Bände, jeden zu mehr als 300 Seiten, durchzulesen, dazu braucht man Zeit, und zwar um so mehr, da ich nicht ausschließlich dieser Lektüre nachhängen konnte, denn ich mußte neue Partien einstudieren, die Theaterdirektion schonte mich auch nicht; alle Tage gab es entweder Theaterproben oder Vorstellungen, ferner empfing ich viele Besuche, teils von meinen Kollegen und Kolleginnen, teils von Freunden, ich erhielt Einladungen zu Soireen, Bällen, Landpartien usw. Endlich war ich damals nicht so fest in der französischen Sprache, um alles genau zu verstehen, was Sade schrieb, manche Stellen erriet ich nur, da es viele Wörter gab, die man in keinem Wörterbuch findet.

So kam es denn, daß ich zwei Jahre so keusch lebte, wie die heilige Magdalena, die in ihrer Jugend ein ziemlich stürmisches und bewegtes Leben geführt haben soll. –

Im zweiten Jahre meines Theaterengagements zu Frankfurt erhielt ich oft Zuschriften aus verschiedenen Städten Deutschlands, Österreichs und Ungarns. Mir fiel die Wahl schwer, bis endlich Herr N..., zu jener Zeit Theater-Intendant der ungarischen Oper, selber nach Frankfurt kam und mir die bisher schriftlich gemachten Anträge mündlich wiederholte.

Zwei Herren begleiteten ihn hierher, der eine ein reicher, ungarischer Kavalier, Baron Felix von O..., selber ein Musikerdilettant, ein sehr liebenswürdiger Mensch, sehr schön und nebenbei auch sehr reich. Er machte mir bei seinem letzten Besuche schon den Hof und solche Anträge, die mir ein viel reicheres Einkommen in Aussicht stellten, als jenes, welches ich von der Theater-Intendantur erhalten sollte. Mir widerstrebte aber der Gedanke, meine Gunstbezeugungen für schnöden Mammon zu verkaufen, ich würde mich dadurch in meinen eigenen Augen sehr tiefgestellt haben und wies daher alle seine Anträge von mir.

Der andere Herr, welcher den Intendanten begleitete, war sein Neffe, ein Jüngling von kaum mehr als 19 Jahren, ein so schönes Bürschchen, wie mir bisher noch keines vorgekommen war, dabei schüchtern und verschämt wie eine ländliche Unschuld. Er wagte es kaum, seine Augen zu mir aufzuschlagen, und wenn ich ihn anredete, wurde er feuerrot. Eines solchen Jünglings Erstlinge der Liebe zu erhalten, war wohl der Mühe wert. Wenn es jemals einen jungen Mann gab, der weder in der Theorie noch in der Praxis die süßen Geheimnisse Cytheras kannte, so war es der junge Arpad von H..., der Sohn einer Schwester des ungarischen Theater-Intendanten.

Die Herren Ungarn hielten sich nur zwei Tage in Frankfurt auf, sie reisten nach London und Paris, um hier einige Partituren zu erwerben, von solchen Opern, die dort am beliebtesten waren.

Herr von N... drängte mich sehr zur Entscheidung, der Baron von O... verband seine Bitten mit jenen des Theater-Intendanten, und selbst in den Augen Arpads las ich den Wunsch, ich möchte nachgeben. Dieser Wunsch entschied, und ich gab meine Zustimmung. Der Intendant holte sofort einen geschriebenen Kontrakt in zwei Exemplaren aus seiner Brusttasche hervor, las mir das Ganze vor, wir hielten die beiden Schriften zusammen und ich unterzeichnete sie.

In dieser Schrift war bestimmt, daß ich mein Engagement sofort, wenn mein Kontrakt mit der Frankfurter Theaterdirektion zu Ende wäre und ich noch sechs Gastspiele in Wien gehabt hätte, antreten sollte. Dies war gerade in einer ungünstigen Zeit, in der sogenannten toten Saison.

Damals aber herrschte in Ungarn noch das sogenannte Provisorium, es wurden noch keine Reichstage gehalten, wiewohl man schon davon sprach, daß einer im nachfolgenden Jahr einberufen werden sollte.

Die österreichische Regierung fing an einzusehen,

daß das System der Knechtung in einem Lande wie Ungarn doch zu nichts führte und hielt es für zweckmäßiger, nachzugeben.

Im Juli verließ ich Frankfurt. Ehe ich hierher gekommen war, hatte ich mich noch in Wien bei Angerer photographieren lassen. Ich sah dem Porträt durchaus nicht mehr gleich. Meine Gesichtszüge waren ausgebildeter, nicht eine Spur eines solchen Backfischleinausdrucks, wie ich ihn noch besaß, als ich nach Frankfurt gekommen, war an mir wahrzunehmen. Man hätte mich überhaupt nicht für so alt gehalten als ich war, und mehrere Ärzte und auch andere männliche Bekannte meinten, ich sei körperlich zu wenig entfaltet für mein Alter. Ich erinnere mich noch meiner Mutter, wie sie ausgesehen hatte, als ich sie am Geburtstage Papas des Nachts im Bette liegen sah. Welch ein Unterschied zwischen ihr und mir, selbst als ich schon in Wien war! Meine Schenkel waren nicht so stark und fleischig wie ihre Arme, dort konnte man nirgends unter dem Fleische die Anwesenheit eines Knochens auch nur ahnen, während bei mir die Schultern, die Schlüsselbeine, die Rippen und die Hüften ganz deutlich und scharf hervortraten. Während der letzten zwei Jahre aber, seitdem ich das Leben einer Vestalin lebte, hatte ich sehr zugenommen, es war beinahe auffallend. Meine Schenkel und die beiden Hemisphären, auf die wir Frauen so viel halten, daß wir stets nur bedacht sind, die Welt zu täuschen, indem wir zu unsern Kleidern einen Zusatz geben, waren bereits so rund, so fest und doch dabei so elastisch, daß ich nicht müde wurde, mich in einer Doppelpsyche zu betrachten, und hätte ich ein so elastisches Rückgrat gehabt, wie die gewissen Akrobaten, die man Kautschukmänner nennt, ich würde mich wie eine Schlange zusammengeringelt haben, um diese schönen Kugeln zu küssen.

Die Beschreibung der Geißelung in Sades Buch brachte

mich zuweilen auf den Gedanken, es zu versuchen, welche Wohllust dabei sein könne, wenn man sich mit Ruten den Hintern zerhaut. Ich hatte einmal eine dünne Rute aus Weidenzweigen gebunden, entkleidete mich und stand so vor dem Spiegel, um es zu versuchen, doch schon der erste Streich verursachte mir einen so schneidenden Schmerz, daß ich es aufgab. Ich kannte damals diese Art Wohllust nicht, wußte nicht, daß man mit schwachen Hieben beginnen müsse, wie die Badewärterinnen in den Dampfbädern, – erst im höchsten Momente des Genusses wendet man alle Kraft des Armes an. Es vergingen Jahre, ehe ich diese Wohllust kennen lernen und finden sollte, daß sie den Genuß wirklich erhöht. Es war übrigens ganz gut, daß mich damals der Schmerz abhielt, die Exekution an mir selbst fortzusetzen, ich würde trotz des löblichen Vorsatzes der Enthaltsamkeit wiederum darauf gekommen sein, die geschlechtliche Befriedigung durch das schale Fingerspiel an meiner Wohllustgrotte zu ersetzen.

Auch wenn ich, was jede Woche einmal, im Sommer sogar drei- bis viermal geschah, ein Bad nahm, war ich noch den Versuchungen des Fleisches ausgesetzt, und Sie werden es vielleicht nicht glauben, dennoch ist es so, daß es die Lektüre, die mir Denise anempfohlen hatte, war, die mich abkühlte.

9. Brief

Wieder in Wien. Weiter nach Ungarn.

Als ich wiederum nach Wien kam, waren meine Bekannten sehr erstaunt über die Veränderung in meinem Äußeren. Ich hatte hier mit meiner Mutter ein Stelldichein verabredet, und sie war Zeugin der Triumphe, die ich hier auf der Bühne feierte. Gleich bei unserem ersten Zusammentreffen, als mich meine Mutter erblickte und mich in ihre Arme schloß, war ihr erster Ausruf: »Ach, mein süßes Kind, wie schön Du geworden bist, wie frisch und gesund Du aussiehst.«

Einmal traf ich mit Rudolfine bei Dommayer in Hietzing zusammen. Sie fixierte mich ein paar Sekunden, ehe sie auf mich zukam und sagte, sie habe mich nicht erkannt. Auch sie hatte sich verändert, doch nicht zu ihrem Vorteil, sie war gezwungen, die natürlichen Rosen ihrer Wangen durch Schminke zu ersetzen, es gelang ihr aber nicht, die bläulichen Ringe, die ihre Augen einfaßten, zu vertilgen, diese waren nur zu auffallend.

»Solltest Du, seit Du Wien verlassen hast, den Genüssen der Liebe entsagt haben?« fragte sie mich. »Das ist unmöglich; wer einmal diese Ambrosia genossen hat, der kann sie niemals wieder entbehren. Es gibt aber Menschen von unverwüstlicher Gesundheit, die der Liebesgenuß kräftigt, anstatt zu schwächen, und Du gehörst wahrscheinlich zu diesen!«

Ich versicherte ihr vergebens, daß ich während der zwei Jahre meiner Abwesenheit von Wien ein ganz keusches Leben geführt und mich dabei um so wohler befunden hatte.

Sie wollte mir nicht glauben, sie sagte, dies sei absurd.

»Wen hätte ich in Frankfurt finden können?« sprach ich, »die Geldprotzen? Ach, das sind wahre Gegengifte gegen die Liebe, sie verstehen von Galanterie nichts, und mich einem Manne hinzugeben, der nicht auch mein Herz ein wenig fühlt, das halte ich für meines Geschlechtes unwürdig. Ich kenne nichts Abscheulicheres, als eine Messaline, die nur tierische Wohllust sucht!«

Rudolfine errötete unter der Schminke; sie mochte sich vielleicht getroffen fühlen. Wenn dies aber der Fall war, so geschah es meinerseits nicht absichtlich.

Wir unterhielten uns nicht lange miteinander.

Ich erblickte zwei Kavaliere, die uns sehr lorgnettierten, und der eine grüßte meine ehemalige Freundin, worauf ich mich verlor und einer anderen Dame zueilte, die die Allee herauf kam.

Während meines vierzehntägigen Aufenthaltes in Wien erfuhr ich, daß Rudolfine bereits im Rufe stand, eine der ausschweifendsten Frauen zu sein. Sie zählte ihre Geliebten zu Dutzenden. Auch die beiden Herren, die ich in Hietzing gesehen hatte, gehörten zu ihren Geliebten; es waren zwei Kavaliere, bei der brasilianischen Gesandtschaft attachiert, die größten Roués in Wien. Einen derselben stellte mir Rudolfine sogar vor, den Grafen von A.... Sie war jetzt nicht mehr eifersüchtig, im Gegenteil, sie trat ihre Geliebten an jede ihrer Bekannten ab. Wie sie mir selber erzählte, machte es ihr beinahe ebenso großes Vergnügen, den Sinnengenuß anderer zu sehen, als selber zu genießen. Sie erinnerte mich an die in Sades *Justine* beschriebenen Szenen, in denen Ähnliches geschah.

Höflichkeitshalber mußte ich Rudolfine eine Gegenvisite machen. Ich fand sie ganz allein; es war bei Tage, nachmittags um halb vier Uhr. Sie zeigte mir eine Menge Photographien, die sie erst kürzlich aus Paris erhalten hatte.

Es waren nur erotische Szenen, nackte Weiber und Männer. Die interessantesten darunter waren diejenigen, die Alfred de Musset über Madame Dudeffant unter seinen Freunden zirkulieren ließ.

Es waren sechs Stück Obszönitäten, meistens mit anderen Frauen und unmündigen Mädchen, die die berühmte Schriftstellerin in die Geheimnisse des pripischen Dienstes einweiht; auf einem dieser Bilder begeht sie auch Unzucht mit einem riesigen Gorilla, auf einem anderen mit einem Neufundländer, auf einem dritten mit einem Hengste, den zwei nackte Mädchen an der Leine halten, sie selbst ist kniend abgebildet, man erblickt also die Hinterbacken in ihrer ganzen Pracht und darunter die Wohllustgrotte, die aber sehr ausgedehnt sein muß, da der Hengst seinen furchtbaren Speer ohne Mühe hineinstößt. Ich kann es kaum glauben, daß eine Frau dies auszuhalten imstande ist, die Schmerzen müßten die Wohllust bei weitem überwiegen.

Rudolfine hatte mir die Veranlassung und Geschichte dieser Bilder erzählt.

Sie werden sie vielleicht nicht kennen, und ich halte sie für interessant genug, um sie Ihnen mitzuteilen.

George Sand lebte viele Jahre hindurch in einem intimen Verhältnis mit Alfred de Musset, sie bereisten miteinander Italien und kamen so nach Rom. Hier gab es zwischen ihnen einen fürchterlichen Zank, dem ein totaler Bruch folgte. Musset war anfangs sehr diskret und schonte seine Geliebte. Nicht so die Dame. Als man sie nach der Ursache des Bruches fragte, sprengte sie aus, sie habe den Dichter seiner Schwäche in den Liebesturnieren halber verabschiedet, da er gänzlich impotent geworden sei.

Das Gerücht kam Musset zu Ohren, er mußte sich in seiner Eitelkeit gekränkt fühlen, da so etwas ihn bei allen Frauen, denen er den Hof machte, in einen schlimmen Ruf bringen mußte, und er nahm sich vor, sich an Madame Dudeffant zu rächen. Diese Photographien, zu denen er einen passenden, ebenso skandalösen Text in Versen schrieb, und die durch Photographien vervielfältigt wurden, da es schwer gewesen wäre, einen Drukker zu finden, der sie herausgegeben hätte, waren die Rache, die er an ihr übte.

Es freute mich, daß zwischen mir und Rudolfine eine Aussöhnung stattfand, andererseis genierten mich ihre Besuche, da sie wirklich schon sehr verrufen war.

Ich konnte es kaum erwarten, daß meine Gastspiele zu Ende waren, dann aber blieb ich keinen Tag länger in Wien, sondern reiste nach Pest.

Hier kam ich eben zurecht zum großen Jahrmarkt, der einzigen Zeit während der toten Saison, in der es hier etwas lebhaft aussieht; der Jahrmarkt währt etwas über 14 Tage, man nennt ihn den Johannes-Enthauptungs- oder Melonenmarkt, weil zu dieser Zeit sehr viel von diesem schmackhaften erfrischenden Obste hierher gebracht wird.

Ich hatte mir schon in Frankfurt ein deutsch-ungarisches Wörterbuch und eine magyarische Sprachlehre gekauft.

Als ich in Pest anlangte, sandte ich Herrn von N... sogleich meine Karte zu, und er war höflich genug, mich sofort zu besuchen, er brachte auch seinen Neffen Arpad mit. Des Jünglings Augen strahlten vor Freude, als er mich wiederum erblickte.

Ich erstaunte nicht wenig darüber, als ich beide Herren in ungarischer Galauniform bei mir eintreten sah; später erfuhr ich, es sei plötzlich Mode in Ungarn geworden, daß man jetzt allgemein ungarische Kleider trage. –

Herr von N... sagte, daß ich mir ebenfalls einige Kleider von ungarischem Schnitt anschaffen müßte, weil der Fanatismus, dies von Männern und Frauen zu fordern, hier so weit ging, daß mehrere Personen, die sich dieser Bewegung widersetzten und dieser Mode nicht huldigten, von der sehr mutwilligen Pester Jugend insultiert worden seien. Von mir, als einem Mitgliede des Nationaltheaters, fordere man dies noch mehr, als von irgend einer anderen Dame. Ich fand dies aber sehr tyrannisch, es stand auch in meinem Kontrakte mit der Theater-Intendantur kein Wort davon, doch da dieses Kostüm ziemlich hübsch war, bequemte ich mich dazu, es zu tragen, ich fand auch, daß es mir sehr gut stand und daß ich darin viel besser aussah, als in den Kleidern, die ich bisher getragen hatte, obschon es sehr auffallend war. Ich ließ mir mehrere Anzüge anfertigen und trug sie mit viel Vorliebe.

Herr von N ... fragte mich, ob ich meine Partien mit italienischem oder deutschem Texte singen würde. Ich sah es ihm am Gesichte an, daß er noch gern eine Frage getan hätte, und ich wußte auch, welche es sein könnte, daher antwortete ich, daß ich trachten würde, wenigstens so viel ungarisch zu lernen, um meine Partien in dieser Sprache singen zu können. Da es wenig Opern gibt, in denen auch gesprochen wird und die wenigsten Zuhörer auch nur ein Wort vom Text verstehen, so glaubte ich, daß dies nicht gar so schwer sein würde. Übrigens, setzte ich dazu, würde ich mir einen Sprachlehrer halten.

Herr von N... empfahl mir eine Dame vom Theater, die nebenbei auch gut genug deutsch sprach, um mir Unterricht zu geben, und ich sagte, ich wolle sehen.

In Ungarn ist es Sitte, die Besuchenden jede Stunde des Tages zu bewirten, wie hier überhaupt das Essen im Leben der Menschen eine Hauptrolle spielt.

Die Ungarn sind sehr große Sybariten.

Auch ich lud die beiden Herren zu einer Nachmittagsgesellschaft ein. Herr von N... entschuldigte sich mit Überhäufung von Geschäften und stand auf. »Wenn Du Lust hast zu bleiben«, sprach er zu seinem Neffen, »so gestatte ich Dir, von der gütigen Einladung des Fräuleins Gebrauch zu machen. Du kannst sie dann in der Stadt herumführen und ihr als Cicerone dienen.«

»Sie besuchen doch auch unser Theater, mein Fräulein?« fuhr er, zu mir gewendet, fort. »Es wird Sie zwar nicht sehr unterhalten, weil es ein Trauerspiel ist und Sie davon nichts verstehen können. Benützen Sie Ihre Zeit nach Ihrer Lust. Morgen wollen wir dann das Weitere besprechen.«

Ich war froh, mit Arpad, dem hübschen jungen Manne, allein sein zu können.

Ich hatte mir vorgenommen, ihm eine gute und tüchtige Lehrmeisterin der Liebe zu sein und ihn gleich von vornherein daran zu gewöhnen, daß er sich allen meinen Launen und Wünschen füge.

10. Brief

Die Eroberung des jungen Herrn Arpad von N. und eine Zaubernacht im Park. Im Banne des Marquis de S.

Ich hatte mir zum Ziel gesetzt, Arpad zu erobern, ohne daran zu denken, wie ich dies anstellen sollte.

Wenn nichts anderes gewesen wäre, als ihn zu verführen, so lag darin keine Schwierigkeit, doch gab es hierbei so manches zu berücksichtigen, und ich sah die Gefahr erst, als Herr von N... uns allein ließ. Bei Arpad war es noch gefährlicher und schwieriger als bei jedem anderen, denn ich konnte mir denken, daß ein so junger Bursche, wenn einmal seine Begierden aufgestachelt wären und ich ihm den Eingang zum Besitz des allerhöchsten Gutes, das eine Frau einem Manne gewähren und dieser sich wünschen kann, zeigte, daß es unmöglich sein würde, seine Leidenschaft zu zügeln, ja selbst Herrin meiner selbst zu bleiben. Dieser junge Mann, das sah ich, war nicht so wie mein Begleiter beim Gesang gewesen, bei dem ich stets sagen durfte, bis dahin und nicht weiter, ein zur Untertänigkeit und zum Gehorsam dressierter Mensch. Wie leicht konnte da ein Unglück geschehen und wie viel riskierte ich, wenn ich gleich im ersten Jahre meines Engagements einen Schritt täte, der für meine ganze theatralische Laufbahn von unabsehbarer Tragweite gewesen wäre. Außerdem kannte ich Arpad noch viel zu wenig, um von seiner Diskretion überzeugt zu sein. Solche jungen Menschen prahlen gern von ihren Eroberungen, ja selbst, wenn sie dies nicht tun, war es zu verhindern, daß einer von uns sich verriet durch Blicke oder ein voreilig ausgesprochenes Wort. Und wenn uns nun jemand bespähte?

Hätte ich die Ungarn und Ungarinnen so gekannt, wie ich sie später kennen lernte, meine Bedenken wären vielleicht nicht so groß gewesen; ich kam aber aus Frankfurt, wo man viel strenger in der Beurteilung der Aufführung einer Frau ist als hier in Ungarn, wo es, zumal unter Schauspielerinnen, zum *bon Ton* gehört, etwas leichtfertig zu sein.

Mein Herz pochte so gewaltig, als mich Herr von N... mit seinem Neffen allein ließ, daß ich kaum sprechen konnte, so schnürten die Empfindungen, die mein Inneres durchwühlten, meine Kehle zusammen. Ich war, das fühlte ich, in Arpad verliebt. Ach, hätte ich ihm die Gefühle einflößen können, die ich für ihn empfand. Es waren nicht nur Begierden, es war das, worüber ich gelesen hatte, die reine ätherische Liebe. Ich hätte stundenlang an seiner Seite sitzen und ihn betrachten, seine Stimme hören wollen, schon das würde mich unaussprechlich glücklich gemacht haben.

Ich will aber nicht bei der Beschreibung meiner Empfindungen verweilen, ich fühle nicht die Kraft in mir, dies zu tun; dazu gehört eine geübtere Feder, und ich war niemals so anmaßend, mich für eine große Schriftstellerin zu halten, ich habe es nicht weiter gebracht, als zu einer orthographischen und grammatischen Schreibweise; der Stil und die Regeln der Rhetorik blieben für mich immer etwas, was als Fata Morgana vor mir glänzte, ohne daß ich sie erreichen konnte.

Nachdem sich der Oheim Arpads entfernt hatte, brachte mir der Aufwärter im Hotel zur »Königin von England«, wo ich einstweilen abgestiegen war, ehe ich eine Jahreswohnung mietete, die Nachmittagserfrischung, bestehend aus Kaffee mit Schlagsahne und in Eis gekühlt, eine Haselnußtorte, Obst, nämlich Wasser-

und Zuckermelonen, und Eispunsch. Ich hatte es dem Oberkellner überlassen, und wir erhielten nur kühlende Speisen. Wenn man in Ungarn so lebt, dann ist es kein Wunder, daß man so leicht krank wird, dachte ich mir. Ich ließ Arpad sich an meine Seite setzen, und da es gar so heiß war, obwohl die Jalousien alle geschlossen waren, so hatte ich sogar das leichte Seidenhalstuch, das meinen Nacken und meine Brust bedeckte, herabgleiten lassen, und Arpad gewann dadurch Einsicht auf die Rundung meiner beiden Milchhügel, die er anfangs nur verstohlenerweise aus den Winkeln seiner Augen zu betrachten wagte. Als er aber wahrnahm, daß ich ihm diese Wohllust nicht verwehrte, neigte er sich zuweilen auch näher zu mir, und seine Augen blieben fest darauf gebannt. Er seufzte, und seine Stimme zitterte. Als ich ihm das Glas mit Eiskaffee reichte, berührten meine Finger die seinigen, und wir beide hielten das Glas einige Sekunden, ohne es nieder zu stellen. Ich fing an, die Annäherung meiner Niederlage zu fühlen und sträubte mich nur noch schwach dagegen. Auch meinen Körper durchrieselte ein schwaches Frösteln, ich versank in ein träumerisches Hinbrüten und unsere Unterhaltung geriet ins Stocken. Ich lehnte mich im Divan zurück, meine Augenlieder fielen zu, meine Sinne trübten sich, und ich glaubte in Ohnmacht fallen zu müssen. Ich mußte die Farbe geändert haben, denn Arpad fragte mich im Tone der Besorgnis, ob ich mich auch wohl befinde. Ich raffte mich wieder auf und dankte ihm mit einem Händedruck, den wir dadurch verlängerten, daß ich ihm meine Linke ganz überließ. Er erfaßte sie mit beiden Händen und blickte mich an. Sein Gesicht glühte, und ich glaubte, alle Knöpfe seiner Weste müßten aufspringen, so sehr blähte sich seine Brust.

Sollten diese Präliminarien noch lange wären? Er war viel zu schüchtern, um die Vorteile auszunutzen, die er nicht einmal kannte; ein Roué würde sie ganz anders benutzt haben; wer weiß aber, ob ein Roué es bei mir dahin gebracht hätte? Vor einem solchen würde ich mich gehütet haben, meine Gefühle zu verraten.

Diese Lage war mir peinlich und ich nahm mir vor, mich aus ihr herauszureißen. Ich erinnerte Arpad daran, was sein Oheim ihm aufgetragen hatte, daß er mich in der Stadt herumführen sollte. Ich schellte und der Lohnbediente trat ins Zimmer. Ich befahl ihm, er möchte eine Mietskutsche holen.

»Die Equipage des Baron von O... steht unten vor dem Tore«, entgegnete der Lohndiener. »Er hatte sie hierher geschickt, sie steht zu Ihren Diensten.«

Das war galant. Ich hatte den Baron seit meiner Ankunft noch nicht gesehen, ich hatte vergessen, ihm meine Karte zu schicken, und dennoch diese Aufmerksamkeit? Ich fühlte mich beschämt und nahm mir vor, sofort nach seiner Wohnung zu fahren und meine Karte dort zu lassen. Arpad sagte mir, ich würde ihn jetzt ohnehin nicht zu Hause antreffen. Wir fuhren dahin und dann hinüber nach Ofen und wiederum zurück nach dem Stadtwäldchen, eine Art Park, ziemlich geschmacklos angelegt, mit einem Teich, auf dem es einige Kähne gab. Ich fragte Arpad, ob es von hier weit nach dem Hotel zur »Königin von England« sei. Er antwortete: »Etwa eine Stunde.«

»Ich will den Wagen zurückschicken, und wir lustwandeln hier, so lange es uns gefällig ist. Werden Sie nicht ermüden?« fragte ich Arpad.

»Und wenn es bis morgen früh dauern sollte, so werde ich nicht ermüden!«

Ich lächelte und dachte an eine Art von Ermüdung.

Die Pester besuchen diesen Platz nur bei Tageszeit; sobald die Sonne untergeht, strömt wieder alles der Stadt zu. Ich hatte von dieser nur zuviel gehabt, denn ich schluckte eine große Quantität Staub. Pest ist die staubigste Stadt, die ich je gesehen habe, weil der Boden rund um Pest eine ungeheure Sandwüste ist, so daß der geringste Wind Staubwolken nach der Stadt bringt, wie diejenigen in der Bucharei oder in Afrika. Es tat mir wohl, einen Platz gefunden zu haben, wo es davon weniger gab, da mußten wir uns aber immer auf den Rasenplätzen herumtummeln oder nach einer Insel gehen, auf die eine schmale, bloß für Fußgänger eingerichtete Drahtbrücke führt. Ich hing mich an Arpads Arm, und er führte mich nach einer Restauration, die noch offen war. Ich fragte, wie lang es hier offen bliebe, und erhielt zur Antwort, daß man um 9 Uhr schlösse und um 4 Uhr des Morgens wieder öffne. Arpad riet mir, ich sollte mich auf den Rückweg machen, denn das Stadtwäldchen sei bei Nacht ein Ort, wo es nicht ganz geheuer sei; man habe hier erst vor kurzer Zeit jemand umgebracht.

»Sie haben doch keine Furcht, lieber Arpad?« fragte ich ihn. Ich nannte ihn bereits beim Taufnamen, so wie er mich auch nannte, weil wir schon ziemlich vertraut miteinander waren. Ich hatte ihn beichten lassen, nötigte ihn zu Geständnissen, und er schwur mir bei den Sternen und bei dem dunkelblauen Himmel, daß er mich bis zu seinem Tode lieben würde, er habe sich schon in Frankfurt in mich verliebt. Er schwärmte und phantasierte, wie ein Jüngling von poetischem Gemüt es nur tun konnte. Er drückte und küßte meine Hände, und als wir auf die Insel kamen, fiel er mir zu Füßen, sagte, er bete den Boden an, den ich betrete, und flehte mich an, ihm zu erlauben, daß er meine Füße küssen dürfe. Ich bog mich zu ihm herab, küßte seine Locken, seine Stirne, seine Augen; er faßte mich um den Leib und barg seinen Kopf – erraten Sie – wohin? Die Nähe des Punktes, nach welchem alle Männer streben, obschon von einer neidischen Hülle von Mousselin, von Röcken und der Leinwand des Hemdes bedeckt, schien ihn zu berauschen; er ergriff meine Rechte und führte sie unter seine Weste, in die Gegend seines Herzens. Es pochte und hämmerte so stark wie das meinige, mein rechtes Knie aber kam mit einem Teile seines Beinkleides in Berührung, wo ich auf etwas Hartes stieß, das bei der Berührung mit meinem Knie noch steifer und größer wurde, so daß ich glaubte, es müßte sein enges Beinkleid sprengen.

Es war 11 Uhr, als wir uns noch immer auf der Insel befanden, wir hielten uns umarmt, ich legte meinen rechten Schenkel über seine Knie. Er wagte es endlich seine Rechte bis an den Saum meines Kleides hinabgleiten zu lassen, spielte anfangs an den Schnüren meiner Stiefel, glitt etwas weiter hinauf, bis an das Strumpfband, bis er endlich mit seiner Hand meine nackten Schenkel berührte. Ich war bei der ersten Berührung schon außer mir. Unsere Lippen klebten aneinander, ich sog an den seinigen und fuhr mit meiner Zunge zwischen seine Zähne, bis ich auch seiner Zunge begegnete.

Es schien, als wollte er sie schlucken, so sehr schlürfte er daran.

Ich weiß nicht einmal, wie es kam, daß ich plötzlich sein Szepter in der Hand hielt und so fest zusammendrückte, als wollte ich es brechen; er war aber mit dem Zeigefinger seiner rechten Hand ebenfalls an meine Liebesspalte gekommen, die hervorstehende kleine Erhöhung ganz oben war sehr feucht, und er spielte daran, was mich beinahe bis zur vollen Raserei brachte.

Es war nicht Übung in solchem Minnespiel – denn er gestand mir später, den Unterschied zwischen dem Liebesköcher und dem Amorspfeil nicht gekannt zu haben –, sondern Instinkt, der ihn leitete. Während sein Daumen und Zeigefinger oben am Kitzler spielte, waren seine drei andern Finger weiter hinabgekommen und hatten den Eingang offen, das Innere heiß gefunden, als wenn glühende Lava darin brannte.

Mir vergingen die Sinne, der Kitzel war zu stark, ich mußte meine Lider senken. Da erblickte ich die herrlich geschwollene, gleich dem Horn eines Stieres sich bäumende Rute. Ich bewegte die Haut nicht, dennoch drang das stolze, purpurfarbige Haupt heraus. Ich spürte, wie es zuckte, und wie einen elektrischen Schlag in meiner hohlen Hand, die den Kanal berührte, durch welchen der Lebenssaft dringt. Wie der Strahl eines Springbrunnens, so spritzte der milchweiße Saft in die Höhe, mein Mund war offen, da ich nach Luft schnappte, so daß ich alles erhielt, was sich aus seinen Nieren ergoß. In eben diesem Augenblicke fühlte ich, daß es auch bei mir übersprudelte, und es war ein solcher Erguß, daß er seine ganze hohle Hand füllte, als hätte er damit aus einer Quelle Wasser geschöpft. Rasch zog er sie unter den Röcken hervor, brachte sie an den Mund und verschluckte alles, was darin war, ja, er leckte noch die Ränder seiner Hand und die Haut zwischen seinen Fingern mit der Zunge ab. Auch das hatte ihn niemand gelehrt, die Natur war seine alleinige Lehrmeisterin, und er folgte ihren Eingebungen.

Diesem ersten beiderseitigen Ergusse folgte seinerseits keine Erschlaffung, sowie auch in mir ein verzehrendes Feuer brannte, das mich zu weiteren Genüssen trieb. Wir beide schienen darüber nachzudenken, wie wir es anstellen sollten. Die Vernunft hatte über mich jede Macht verloren. Ich bedachte nichts mehr. Hätte mir jemand gesagt, welche Schande meiner harrte, daß ich schwanger werden, entbinden und bei der Entbindung sterben würde, wären Menschen dazu gekommen und hätte ich gesehen, daß sie uns betrachteten, ich würde weiter fortgefahren sein im Liebesspiel, ich hätte mein Glück herausgeschrien, ich würde keine Scham empfunden haben, so sehr war ich zur Sklavin meiner Begierden geworden und ich wollte mich ihrer Herrschaft nicht entrücken.

Diese Ekstase währte einige Minuten nach dem Höhepunkt der Wohllust, die uns das beiderseitige Ausspritzen unseres Nektars verursacht hatte. Auch später wurden die Begierden bei uns nicht nur nicht gedämpft, bei mir nahmen sie noch von Sekunde zu Sekunde zu. Und auch bei ihm war es ebenso.

Meine Augen schweiften herum, von seinem Gesichte auf seinen sich immer noch stolz blähenden Speer, von diesem weiter nach den umherstehenden leblosen Gegenständen, somit bis an den glatten Wasserspiegel, der nur stellenweise von den Gesträuchen wie gesprenkelt aussah. Das Licht des Mondes spiegelte sich in dem Wasser, welches hier und da, wenn ein Fischlein aufsprang, an einzelnen Punkten sich zu kräuseln schien. Wie erfrischend und gleichzeitig wohllüstig müßte ein Bad sein an der Seite Arpads! Ich war eine gute Schwimmerin, ich hatte in Frankfurt Unterricht genommen, und wäre imstande gewesen, den Main oder selbst die Donau in ihrer ganzen Breite zu durchschwimmen.

Arpad erriet meine Gedanken und flüsterte mir in die Ohren: »Willst Du mit mir in diesem Teiche baden? Es ist keine Gefahr dabei. Jetzt kommt niemand hierher. Die Leute in der Restauration schlafen schon seit Stunden.«

»Du hast mir aber davon gesprochen, daß es hier so unsicher ist«, sagte ich, »daß man erst kürzlich jemand hier umgebracht hat. Sonst möchte ich wohl.«

»Ängstige Dich nicht, mein geliebter Engel. Dies ist noch der sicherste Platz«, entgegnete er, »weiter nach der Stadt zu, in der Platanenallee, welche nach der Königsgasse führt, zwischen den einzelnen Villen, dort ist es nur gefährlich.«

»Was wird man aber im Hotel sagen, wenn wir so spät zurückkehren?«

»Die Tore des Hotels bleiben die ganze Nacht offen, der Portier schläft in seiner Loge. Du weißt doch, welche Nummer Du bewohnst? Möglich, daß das Stubenmädchen den Zimmerschlüssel stecken gelassen hat, dies geschieht öfters. Wir werden ja sehen, und eine Ausrede für ein spätes Nachhausekommen ist bald gefunden. Ich selbst nehme mir sehr oft ein Zimmer in diesem Hotel, wenn ich den Hausmeister meines Onkels nicht wecken will. Ich nehme den nächsten, besten Schlüssel und tue, als wäre ich zu Hause. Dein Zimmernachbar ist heute ohnehin abgereist, seine Stube ist leer, dort quartiere ich mich ein.«

»Da Du mich beruhigst, so wollen wir es versuchen. Hilf mir beim Auskleiden, so wie ich es Dir tun will«, sagte ich. Er warf sogleich seine ungarische Mütze, seinen Schnürpelz und seine Weste von sich, und half mir beim Aufnesteln meines Schnürleibes. Es währte keine drei Minuten, und wir standen beide nackt im Mondschein.

Arpad mochte noch niemals ein nacktes Weib gesehen haben, dies konnte man an allem sehen. Er zitterte am ganzen Leibe, kniete vor mir hin und fing an, jeden Fleck an meinem Körper zu küssen, von unten bis hinauf, vorn und von hinten, er sog an meinen Milchknöspchen, an dem Wohllusttempel, er steckte die Zunge zwischen die Schamlefzen und kitzelte sie oben, soweit er eindringen konnte. Endlich riß ich mich von ihm los und sprang ins Wasser. Ich ging immer tiefer, bis ich endlich keinen Grund unter mir fühlte und schwimmen mußte. Arpad schwamm nur mit einer Hand, indem er auf der Seite lag, mit der anderen drückte er mich an sich, er tauchte manchmal unter, und ich fühlte seinen Lockenkopf, wie er herabglitt von meinen Brüsten bis an meinen Bauch, und er berührte bald mit den Fingern, bald mit der Zunge den Sitz der Wohllust. Wir kamen dann wiederum auf eine etwas seichtere Stelle, die Begierden trieben uns zur Vollendung des höchsten Genusses, und ich empfing resigniert in meinem Innern den Freudengeber, der aber manchmal zum Vernichter der Freuden wird. Ich dachte keinen Augenblick an die möglichen Folgen meiner Hingebung. Hätte ich einen Dolch in seinen Händen gesehen, so hätte ich ihm meine Brust zum Durchbohren angeboten. Seine Unerfahrenheit machte es, daß er, noch ehe seine Keule in mich hineindrang, schon an die Krise gekommen war, und daß sein Füllhorn sich entleerte, so daß der Saft an meinen Schenkeln herabfloß. Dies entmutigte ihn aber nicht, er drückte mich fester an sich, sein Atem wurde kürzer, seine Finger drangen krampfhaft in mein Fleisch, seine Rute pausierte ein paar Augenblicke und zuckte nur zuweilen, dann aber fühlte ich, wie sie wiederum heißer, härter und größer wurde und mit einem energischen Stoße bis in die Tiefe drang, so daß ihr Kopf an den Muttermund stieß. Es wäre beinahe schmerzhaft gewesen, wenn es nicht gleichzeitig gar so wonnevoll gewesen wäre.

Diesmal dachte ich, ich müßte empfangen, der wohllüstige Schauer durchzitterte alle meine Glieder, ich fühlte ihn namentlich in den Hinterbacken, dann hinab bis zu den Zehen. Bei mir öffneten sich die Schleusen, und meine Quelle überfloß so reichlich, daß Arpad – wie er mir später gestand – glaubte, es sei etwas anderes, mit dem ich ihn anspritzte. Eben dies reizte auch bei ihm den gleichen Kanal, und ich fühlte, wie ein heißer Strahl in mich drang, der kein Ende nehmen wollte. Dies konnte nicht eine Entleerung des Nierensaftes sein, um so weniger, weil er, nachdem dieser heiße Regen aufgehört hatte, noch einige Minuten fortfuhr, mit seinem

Amorszepter in meinem Innern zu rasen, während sich bei mir die Wohllustquellen schlossen. Endlich brach auch bei ihm der elektrische Strom durch, und wir standen fest aneinander gepreßt auf einer Stelle, keines Wortes mächtig, gedankenlos in wohllüstiges Hinbrüten versunken. Wenn es überhaupt einen Gedanken gab, der mir durch das Gehirn fuhr, so war es der, daß wir ewig so bleiben könnten, daß uns der Tod so überraschte. Dann wäre Sterben die höchste Seligkeit.

Der Wind trug die einzelnen Schläge vom Turm der Theresienkirche bis zu uns, es schlug Mitternacht, und ich mahnte Arpad, daß es die höchste Zeit sei, nach der Stadt zu gehen, wir könnten das Liebesspiel dort fortsetzen. Er gehorchte aufs erste Wort. Er war nicht so, wie andere Männer im allgemeinen sind, daß sie, wenn sie über uns gesiegt haben, keinen anderen als ihren Willen gelten lassen, er bat mich nur, ich möchte ihm erlauben, daß er mich wie ein Kind auf seinen Armen an das Ufer tragen dürfe. Er faßte mich unter dem Gesäß, ich umschlang ihn mit meinen Armen, und er trug mich, als wäre ich noch so leicht, aus dem Teiche auf eine Holzbank, wo unsere Kleider lagen. Hier zog ich zuerst meine Strümpfe an, er aber schnürte, unter fortwährenden Küssen meiner Knie und Waden, meine Stiefeletten zusammen, dann kleideten wir uns vollends an und gingen nach dem Rondell. Vor der bürgerlichen Schießstätte, gleich am Ausgang des Stadtwäldchens, stand eine Mietskutsche, der Kutscher saß auf dem Bock. Arpad fragte ihn, ob er uns für ein gutes Trinkgeld nach der Stadt fahren wollte. Er nannte ihm den Josefsplatz, denn er wollte nicht haben, daß es der Fiaker wissen sollte, wer ich sei und wo ich wohnte; auch ich war vorsichtig genug, meinen Schleier über das Gesicht zu schlagen. Der Mann sagte, er wollte uns für einen Gulden in Silbermünze dahin bringen. Wir setzten uns in den Wagen, und der Kutscher trieb seine Pferde zum schnellsten Trabe an. Er hatte eine Partie junger Leute nach der Schießstätte gebracht, und es gab dort ein Trinkgelage; man hatte den Fiaker auf Mitternacht bestellt und er mußte sich sputen, um bald wieder an Ort und Stelle zu sein.

Auf dem Josefsplatze hielten wir. Von hier war es schon sehr nahe bis zur »Königin von England«. Arpad ließ mich vorausgehen, bis er die Schlüssel holen würde. Ich ging hinauf und wartete vor meiner Zimmertür. Er war in wenigen Minuten bei mir, brachte aber nur einen Schlüssel, der Portier schlief nicht. Arpad hatte ihm gesagt, er habe mich nach Ofen geführt, wo er seine Tante angetroffen hätte, der er mich vorgestellt, wir seien alle in den Horvathschen Garten gegangen und erst spät aufgebrochen. Nachdem er mich eingelassen hatte, sagte er, er müsse jetzt wiederum fort. Um den Portier zu täuschen, würde er bei dem andern Tor oder durch das Kaffeehaus, das während der Marktzeit die ganze Nacht offen stand, heraufkommen, ohne daß dies jemand bemerkte. –

Ich fühlte etwas Müdigkeit. Die Stellung, die wir eingenommen hatten, indem wir stehend den Liebeskampf durchfochten, hatten meine Beine ein wenig hergenommen, und ich sehnte mich nach Ruhe. Doch wenn Arpad auf einem weiteren Liebesgenuß bestände, so wollte ich mich ihm dennoch nicht versagen, dazu liebte ich ihn zu sehr, und ich war ihm dankbar für seine Liebe und das Vergnügen, das er mir verschafft hatte.

Er kam, als ich schon im Bette lag. Auch er mußte schon ermattet sein, war es doch dreimal geschehen, daß sein Springbrunnen sich ergoß, und ich riet ihm, seine Kräfte für das nächste Mal zu sparen. Ich sah es an seinem Gesicht, wie gern er noch geblieben wäre, doch war er delikat genug, nicht in mich zu dringen und verließ mich, nachdem wir uns herzlich umarmt und er noch einen Kuß auf die Lippen jenes Mundes gedrückt hatte, der ihm so viel Vergnügen gemacht hatte.

Ich will Ihnen alle die Liebeskämpfe, den Feldzug im Reiche Cytheras, nicht beschreiben, ich müßte zu sehr mein eigener Plagiarius sein und in Wiederholungen verfallen, die Sie vielleicht langweilen könnten.

Arpad gestand mir, er habe in Frankfurt bei einem Antiquarbuchhändler ein Buch gekauft: *Denkwürdigkeiten des Herrn von H...*, aus dem er die Theorie der Liebesgenüsse gelernt habe. Es sei ein großes Glück für ihn, setzte er hinzu, daß ich so bald nach Ungarn kam, denn er stand schon mehrere Male auf dem Punkte, die Erstlinge seiner Manneskraft im Schoße einer Hetäre zu verlieren, nur die Furcht vor Ansteckung habe ihn abgehalten, daß er es noch nicht getan hätte. Einer seiner Freunde soll sich in einem solchen Hause, wo der Göttin Venus die unsaubersten Opfer gebracht werden, eine schändliche Krankheit geholt haben, die er nicht los werden konnte.

Obschon ich am ersten Abend alle Vorsichtsmaßregeln, die ich sonst anzuwenden pflegte, vernachlässigt hatte, so nahm ich mir vor, hinfort mich gegen alle solche Fälle, die einem Liebesgenuß folgen könnten, zu verwahren. Ich nahm wiederum zu der gewissen Gefahrsversicherung meine Zuflucht, doch es ereignete sich zuweilen, daß ich dies unterließ, und dennoch hatte unser vertrauter Umgang keine schlimmen Folgen. Sie als Arzt werden diese Phänomene besser erklären können, als ich es zu tun vermöchte.

Indessen sollte mein Glück nicht von langer Dauer sein. Schon im Oktober erhielt Arpad eine Stellung, weit entfernt von Pest, und mußte abreisen. Seine Eltern wohnten ebenfalls in jener Gegend, und sein Vater war ein so strenger Mann, daß es Arpad nicht einfallen durfte, seinem Befehle nicht zu gehorchen.

Im September bezog ich meine Wohnung in der Hatvanergasse im Horvathschen Hause. Ich aß nicht zu Hause, sondern ließ mir die Speisen aus dem Kasino holen. Ich kam so besser fort und es war auch viel bequemer für mich. Dies diente mir gleichzeitig als Entschuldigung, daß ich keine meiner Kolleginnen zu Tische bat; wenn ich zu Hause eine Wirtschaft gehabt hätte, würden sie es beinahe gefordert haben, daß ich Gastereien gebe, denn dies ist in Ungarn Mode. In früheren Zeiten soll es noch mehr so gewesen sein. Die Schauspieler, Sänger, Schauspielerinnen und Sängerinnen sind an das Schmarotzen gewöhnt.

Ich nahm mir eine ungarische Lehrmeisterin, die mir der Herr Baron O... anempfohlen hatte. Er widerriet mir, diejenige anzustellen, die mir Herr von N... vorgeschlagen hatte, da diese Person in Pest in einem schlimmen Rufe stand. Sie hatte schon mehrere Kavaliere zu Bettlern gemacht, denn sie war die unverschämteste Plünderin, die man sich nur vorstellen konnte.

Frau von B..., meine ungarische Lehrmeisterin, mußte in ihrer Jugend sehr schön gewesen sein, sie hatte auch so manches mitgemacht. Ihr Gatte war ein Trunkenbold, und sie ließ sich von ihm scheiden. Sie sprach sehr gut deutsch und hatte die ungarische Sprache erst gelernt, als sie zum Theater kam. Ihr Vater war Beamter und sie hatte eine gute Erziehung erhalten, so daß sie in jedem Salon sich zu Hause fühlte. Sie machte mir das Kompliment, daß sie noch niemals eine Person gekannt hätte, die so schnell ungarisch lernte, wie ich; besonders auffallend war es ihr, daß ich mir die Aussprache, die so ganz verschieden von der deutschen Sprache war, zu eigen machte.

Wir waren bald so intim miteinander, als wenn wir in einem Alter gewesen wären. Sie machte kein Geheimnis aus ihren gehabten Abenteuern und unterhielt mich sehr oft damit, daß sie mir erzählte. Die Zahl ihrer Geliebten war eine ziemlich beschränkte, dennoch kannte sie alle Nuancierungen des Liebesgenusses so genau, als wäre sie die größte Messalina gewesen. Ich konnte mein Erstaunen darüber nicht verhehlen.

»Dies kommt daher«, erklärte sie, »weil ich Freundinnen hatte, die sich so wenig genierten, vor mir alle Cochonnerien aufzuführen, so daß ich das meiste aus Anschauung lernte, ohne es selber zu tun. Frau von L..., dieselbe, die Ihnen Herr von N... als ungarische Lehrerin empfohlen hat, war das ausgelassenste Frauenzimmer in ihrer Jugend, sie würde es noch jetzt sein, doch sie ist schon zu alt dazu, dennoch hält sie sich ein paar Männer, die ihr diesen Liebesdienst erweisen. Ich habe von Messalina, von Agrippina, von Kleopatra und andern geilen Weibern gelesen. Ich würde den Büchern nicht glauben, wenn ich die L... nicht kennen würde. Sie sollten dennoch mit ihr bekannt werden, sie ist eine interessante Person, ein wahres Weltwunder in ihrer Art. Sie ist mit allen Kupplerinnen in Pest bekannt und mit den Freudenmädchen befreundet. Sie würden durch sie Dinge kennen lernen, die nur die wenigsten Frauen kennen.«

Ich muß bemerken, daß ich mit Frau von B... über das Buch Sades gesprochen und ihr die Bilder gezeigt hatte. Sie hatte diese Bilder niemals gesehen, sagte aber, sie glaubte, Frau von L... müsse diese Bilder kennen, sie selbst, Frau von V..., habe einige der Szenen durch Frau von L... ausführen sehen.

»Was kann es Ihnen schaden, alles dies zu sehen?« fuhr Frau von B... fort. »Niemand wird es erfahren, denn das muß ich zum Lobe der Anna (sie nannte Frau von L... gewöhnlich bei ihrem Vornamen) gestehen, daß sie sehr diskret ist. Man fühlt eine eigene Art von Aufregung dabei, wenn man solche Szenen sieht. Sie dienen uns dazu, die Menschen in ihrer moralischen Nacktheit kennen zu lernen. Wie viele Damen aus hohen Häusern gibt es in Pest, von denen niemand vermuten würde, daß sie es ärger treiben, als die verworfensten Bordellheldinnen. Anna kennt sie alle; sie hat sie alle gesehen, wenn sie sich unbespäht glaubten, nicht mit einem Manne, sondern gleich mit einem halben Dutzend.«

Frau von B... hatte meine Neugierde aufgestachelt. So sehr ich auch vor den Szenen Sades in *Justine und Juliette* einen Ekel empfand und mich niemals entschlossen hätte, solchen Auftritten beizuwohnen, so gab es doch einiges, was ich ertragen haben würde.

Sie kennen gewiß dieses Buch und werden wissen, was zwei Bilder, an die ich besonders denke, vorstellen; sollten Sie sich nicht daran erinnern, so rufe ich sie Ihnen ins Gedächtnis zurück. Das erste stellt einen Tierzwinger dar. Oben an einem Fenster erblickt man einen bärtigen, ältlichen Mann, dies ist der Menageriebesitzer, dann einen jungen Menschen, ein Mädchen im Alter einer mannbaren Jungfrau, doch erst unlängst aus dem eines Backfischleins hervorgeschossen, und einen Knaben.

Aus dem Fenster wird eben ein nacktes Mädchen kopfüber in den Zwinger gestürzt, ein Panther, eine Hyäne und Wolf springen an der Mauer heran, um es zu zerreißen, ein Löwe zerreißt eben ein anderes Mädchen. Man sieht, wie ihm die Eingeweide aus dem Leibe hängen, ein riesiger Bär beschnüffelt ein anderes Mädchen. Selbst Sie als Arzt, der doch gewöhnt sein muß, in der Klinik die gräßlichsten Operationen und Amputationen zu sehen, müßten sich entsetzen, wenn sich Ihnen ein solches Schauspiel darböte, um wieviel mehr ich.

Das andere Bild stellt den Marquis de Sade im Pantherfell vor; er überfällt drei nackte Weiber, die eine hat er bereits gepackt und beißt in ihre Brust, daß das Blut hervorspritzt, während er mit seiner Rechten ihre linke Brust zerfleischt, auf dem Boden liegt ein nacktes Kind, ganz zerbissen und tot.

Ich weiß nicht, welches von den beiden Bildern das gräßlichste ist. So etwas wollte ich nicht sehen. Es sind aber andere Auftritte, Orgien, Geißelungen, Folterungen und Unzucht zwischen Personen desselben Geschlechts darin; in allen diesen übrigen kommt kein Mord vor, diese könnte man allenfalls ansehen.

Sie werden vielleicht sagen, daß die weniger gräßlichen einen zu den grausamsten bringen könnten. Ich will nicht behaupten, daß es Naturen gibt, die darin keine Grenzen kennen, doch bin ich überzeugt, daß es bei mir niemals der Fall sein wird. Man könnte ebenso gut behaupten, daß alle Menschen – und es ist bekannt, daß die Zahl der Frauen dabei noch größer ist, als die der Männer –, die zu Hinrichtungen gehen, oder Bestrafungen mit Stock, Ruten und Peitschen beiwohnen, auch selber imstande seien, ihre Mitmenschen zu ermorden, wenn sie dies ungestraft tun könnten, um ihre krankhaften Gelüste zu befriedigen; daß es aber nicht so ist, weiß ich gewiß. Eine meiner Bekannten, ebenfalls eine Ungarin, deren Vater Offizier gewesen ist und samt seiner Familie in der Alserkaserne in Wien wohnte, hat beinahe täglich körperlichen Exekutionen beigewohnt, sie hat aus ihrem Fenster gesehen, wie die Soldaten Spießruten liefen und Stockstreiche erhielten, dennoch ist es ihr nie eingefallen, so etwas selber tun zu wollen; sie war nicht einmal imstande, einem Huhn den Hals abzuschneiden. Es ist ein himmelweiter Unterschied zwischen dem Tun und dem Zusehen.

Frau von L... kam in Pest in die ersten Häuser; die Magnatinnen waren mit ihr intim. Wahrscheinlich gab sie ihnen Unterricht in der Kunst, die sie so vortrefflich verstand: nämlich die Männer zu fesseln. Es ist durchaus nicht kompromittierend, mit ihr bekannt zu sein. In Deutschland wäre dies unmöglich gewesen. Ich willigte ein, sie zu empfangen, und Frau von B... führte sie bei mir ein. Der einzige Baron O... rümpfte darüber die Nase und meinte, es sei keine Bekanntschaft für mich. Ich weiß nicht, weshalb er so aufgebracht gegen sie war. Mir gefiel sie sehr gut; sie war durchaus nicht so frech, wie ich sie mir vorgestellt. Erst als ich näher mit ihr bekannt wurde und sie selber aufforderte, mit mir über alles zu sprechen, legte sie jeden Zwang ab, und ich erkannte, daß dieses Weib ganz anders war, als sie sich in größeren Gesellschaften zeigte. Sie besaß eine ganz eigentümliche Philosophie, die sich um nichts anderes drehte, als den Sinnen stets neue Nahrung zu verschaffen. Sie war ein weiblicher Sade, und wäre imstande gewesen, das zu tun, was in diesem Buche stand. Sie gab mir bald Proben davon, wovon ich Ihnen gleich erzählen werde.

Wir sprachen davon, auf welche Weise der Genuß, dessen Endziel die geschlechtliche Vereinigung des Mannes mit dem Weibe ist, erhöht werden könnte. Sie erkannte es an, daß das Gefühl in den Geschlechtsteilen durch den häufigen Genuß abgestumpft wird und daß man künstliche Mittel anwenden muß, um es wieder herzustellen.

»Ich würde es keinem Manne raten«, sagte sie, Alles das zu versuchen, was ich durchgemacht habe, obschon es viele von ihnen tun wollten. Bei einem Manne gibt es nichts Schlimmeres, als den Überreiz; er entnervt und macht impotent, die Phantasie hilft ihm nur selten, das zu ersetzen, was er leichtsinnig verschwendet; bei einer Frau hingegen erhöht die Phantasie den Reiz immerfort. Haben Sie es jemals versucht, sich bei der Begattung mit Ruten streichen zu lassen?« fragte sie mich.

Ich muß bemerken, daß es bei Frau von L... vergebens

gewesen wäre, zu leugnen. Sie erkannte es gleich bei ihrem ersten Besuch, wie weit ich in die Mysterien des Genusses eingeweiht war; es war aber nicht zu befürchten, daß sie mich verriete, denn auch sie teilte meine Ansichten über das Geheimhalten und die Verstellung der Weiber. Als ich ihr sagte, ich hätte es einmal versucht, doch wäre mir der Schmerz zu groß gewesen, als daß ich es fortgesetzt hätte, lachte sie aus vollem Halse.

»Es gibt wenig Weiber, die die Wohllust des Schmerzes, namentlich der Ruten und der Peitsche kennen«, sagte sie. Unter den unzähligen weiblichen Gefangenen, die vor den Komitats- und Stadthäusern (oder Rathäusern in den Dörfern) Karbatschenhiebe erhalten, gibt es kaum eine, die sich vor dieser Strafe nicht fürchtete.

Ich habe jetzt nur zwei Frauenzimmer gefunden, die diese Wohllust erkannt hatten. Die eine war eine Lustdirne in Raab, die mehrere Diebstähle beging, einzig und allein darum, damit sie Karbatschenhiebe erhielte. Bei dieser war sogar die Öffentlichkeit und die damit verbundene Schande eine Wohllust. Sie war stolz darauf, eine Hure genannt zu werden. Dennoch kreischte und jammerte sie, wenn sie die Hiebe erhielt, dann aber, als sie in ihre Zelle gebracht oder ganz entlassen wurde, was zumal bei kleinen Diebstählen, wenn das gestohlene Gut wiedergefunden wird, immer der Fall ist, entkleidete sie sich und betrachtete im Spiegel ihre geschundenen Hinterbacken; sie spielte dabei mit den Fingern an ihrer Muschel und bei der Exekution, inmitten des schneidendsten Schmerzes, hatte sie die wonnigsten Empfindungen. Auch hier in Pest habe ich ein solches Mädchen entdeckt; sie befindet sich auf dem Stadthause und erhält vierteljährlich dreißig Karbatschenhiebe. Sie kreischt aber niemals dabei, und ihr Gesicht drückt mehr Wohllust als Schmerz aus. Hätten Sie Lust, dieses Mädchen zu sehen, während es seine Strafe erhält?«

Ich zögerte, meine Bedenklichkeiten rührten daher, daß ich glaubte, der Stadthauptmann, Herr von T..., würde es erfahren, daß ich an solchen Schauspielen Gefallen fand. Ich kannte diesen Herrn, und er gehörte zu meinen Courmachern. Anna – ich nenne sie so, weil sie so von Frau von B... genannt wurde – sagte, es sei nicht notwendig, daß ich mich Herrn von T... zeigte, Frau von B... und noch einige Damen, einige sogar von der Aristokratie, wie die Gräfinnen E..., R..., O... und B..., würden gewiß dabei sein; da könnte ich unbemerkt durchrutschen, und wer hinderte mich daran, mich so zu verschleiern, daß mich niemand erkannte?

Endlich willigte ich ein, und da der Tag, an welchem die Arrestantin ihre Strafe erhielt, nicht ferne war, so brauchte ich nicht lange zu warten.

An dem Morgen, an welchem die Exekution vollzogen werden sollte, gab es ein anderes Schauspiel, das die Magnatinnen davon abhielt, nach dem Rathause zu gehen. Es war großer Empfangstag bei einer Erzherzogin, die eben aus Wien nach Pest gekommen war. Anna hatte es so gedreht, daß wir drei, die Frau von B... und ich, ungesehen nach dem Zimmer kamen, das im Erdgeschoß für sie und für uns bereit gehalten wurde. Wir nahmen Platz am Fenster, und sehr bald erschienen drei Männer, der Stadthauptmann, der Gefängniswärter und ein Stadttrabant, dann aber die Delinquentin, ein Mädchen, kaum 16 bis 18 Jahre alt. Ein Gesichtchen, wie eine junge Göttin, zart von Wuchs, mit dem Ausdrucke der Unschuld im Gesicht. Sie zeigte keine Furcht, doch schlug sie die Augen zu Boden, als schämte sie sich. Anna sagte mir, dies sei nur Verstellung, die sie niemals verließ; ich würde mich davon später noch überzeugen. Der Gefängniswärter schnallte sie an die Bank, und der Stadttrabant fing mit seinen Karbatschenhieben an, die auf sie herabregneten. Sie hatte nur ein dünnes Röckchen und das Hemd am Leibe. Beide Kleidungsstücke waren angespannt, so daß man die Formen ihres Hintern genau sehen konnte. Unter jedem Hiebe erzitterten die Backen desselben und behielten oszillierende Bewegung. Ihr Gesicht zeigte etwas verbissenen Schmerz, jedoch auch Wohllust, und dies letztere Gefühl steigerte sich bei dem zwanzigsten Hiebe so, daß sich ihre Augen verdrehten und ihr Mund sich öffnete; sie seufzte und hatte ganz das Aussehen, als wenn sie sich in der höchsten Ekstase befände.

»Es hätte entweder viel früher oder erst gegen das Ende so kommen sollen«, flüsterte Anna mir zu. »Ich glaube nicht, daß sie zum zweiten Male Wohllust genießen wird, oder wir müssen ihr später dazu verhelfen, wenn sie nach der Exekution hereinkommt. Ich habe dem Gefängniswärter fünf Gulden gegeben, damit er sie hereinschickt. Ich tat es ja nur Ihnen zulieb!«

Ich wußte, was dies bedeuten sollte und nahm aus meiner Brieftasche zehn Gulden, die ich Anna gab, damit sie die übrigen Auslagen bestreiten sollte. Ich nahm mir vor, auch die Delinquentin zu beschenken, wenn sie hereinkäme.

Die Exekution währte eine halbe Stunde. Für jeden Hieb eine Minute. Herr von T... entfernte sich, der Stadttrabant trug die Bank nach einem Zimmer, die Geprügelte trat bei uns ein. Anna ging nach einem andern Zimmer mit uns, wo die Fensterscheiben von mattem Glas waren, so daß man nicht hereinblicken konnte. Anna gebot dem Mädchen, sich ganz zu entkleiden; dieses gehorchte, doch verstellte sie sich auch jetzt noch, sie tat, als ob sie sich noch schämte. Ihr Hintern war fürchterlich geschwollen, man konnte die Striemen zählen, und an manchen Stellen sickerte das Blut durch die Haut. Dennoch war diese schön.

»Du hast anscheinend nur einmal Wohllust gefühlt?«, fragte Anna das Mädchen.

»Nur einmal«, sagte die Arrestantin mit so schwacher Stimme, daß man sie kaum vernahm. Ihre Beine zitterten, und es kam mir vor, als wenn sie nach einem zweiten Genuß lechzte. Anna rückte einen Stuhl hervor und gebot ihr, einen Fuß auf denselben zu stellen. Als sie dies getan hatte, kniete Anna vor ihr nieder und begann mit den Fingern und der Zunge an der Wohllustgrotte zu spielen, den Zeigefinger preßte sie zwischen ihre Schamlefzen und bewegte ihn schnell hinein und heraus, mit der Zunge aber kitzelte sie oben an der Spalte. Das Mädchen ächzte und stöhnte vor Wohllust, sie hielt sich mit beiden Händen an Annas Haaren, die sie vor Übermaß der Wonne zu reißen und zu zerzausen begann.

»Tut's Dir wohl?« fragte sie Anna.

»Ach ja, nur nicht aufhören! O, wie gut – oh – oh – noch nicht aufhören – langsam mit dem Finger – warten – ach – oh – jetzt – schneller – nein, noch nicht –. Ach, wenn Sie mich beißen, kratzen könnten!«

Dieses Schauspiel hatte mich so aufgeregt, daß ich Anna um den Platz, den sie bei dem Mädchen einnahm, beneidete, und sie mußte dies in meinen Zügen gelesen haben. Sie hörte auf mit dem Finger- und Zungenspiel.

»Wollen Sie es auch versuchen? Und Du, Nina (dies sagte sie zu Frau von B...), solltest auch nicht untätig dort sitzen wie ein Klotz. Hilf dem Fräulein!«

Frau von B... lachte, sie entkleidete mich und sich, und nur Anna blieb wie sie war. Sie wußte wohl, warum sie unserem Beispiel nicht folgen durfte; ein so verwüsteter Körper wie der ihrige würde uns jede Lust zum Genuß verdorben haben.

Nina (Frau von B...) hatte noch einen sehr schönen Körper, sie war sogar schöner als meine Mutter. Da sie niemals Kinder gehabt hatte, war ihr Bauch nicht runzelig und ihre Brust nicht schlaff, man konnte ihr Alter nur in ihrem Gesichte lesen. Sie zählte bereits 50 Jahre. Dennoch hatte sie bei der Männerwelt weniger Glück als die an Schönheit ihr bei weitem nachstehende Anna; denn Nina war gar nicht geil, sie glich einer Marmorstatue ohne Leben. Auch jetzt war sie ganz kalt geblieben.

Ich lief keine Gefahr, mich bloßzustellen. Die Arrestantin hatte noch ein Vierteljahr Gefängnisstrafe auszustehen und würde, wie mir Anna versicherte, höchstens eine Woche nach ihrer Freilassung wiederum etwas begehen, um der Wohllust des Karbatschens nicht beraubt zu werden; mithin brauchte ich sie nicht wiederzusehen, außer es gefiel mir, sie hier aufzusuchen.

Ich nahm also Annas Stelle bei dem Mädchen ein. Dadurch, daß Anna aufgehört hatte, sie mit dem Finger und mit der Zunge zu kitzeln, war der beinahe hervorbrechende Quell in sein Bett zurückgeflossen, und ich mußte von neuem anfangen, das Mädchen ins Feuer zu bringen, während Nina, die ebenfalls an meiner Seite niedergekniet war, mich mit ihrer Linken umschlang und mit der Rechten an meiner Wohllustgrotte, die ganz feucht und schlüpfrig war und so brannte, als enthielte sie nichts als Feuerstoffe, zu spielen begann.

Anna hatte sich hinten hingekniet, sie spielte mit ihrer Zunge an einer anderen kleinen Öffnung, die in der unmittelbaren Nähe der Wohllustgrotte gelegen war. Dies mußte die Kleine sehr gekitzelt haben, denn sie bewegte sich immer heftiger, und die Krise wurde dadurch beschleunigt. Anna zerkratzte dabei des Mädchens ohnehin schon wunden Hintern, sie biß und sog das Blut aus den Wunden.

»Ach, mein Gott!« rief das wohllüstige Mädchen, »das ist zu stark, ich halte es nicht aus, ich werde mich bep... bepis...pissen.«

Ich fühlte jetzt, wie ein heißer, etwas salziger Strahl in

meinen Mund spritzte, das Mädchen wollte zurückrükken, ich aber preßte sie fester an mich und rief ihr zu: »Alles, gib mir alles!«, so daß sie sich nicht mehr zurückhielt. Wenn es Champagner gewesen wäre, so hätte ich ihn nicht mit größerer Wohllust geschluckt, und ich hätte, ich weiß nicht was darum gegeben, wenn es noch einmal so viel gewesen wäre. Bald darauf entströmte auch der andere Saft aus dem Wohllustborn, und zwar so reichlich, daß nicht einmal Arpad von mir so viel erhalten hatte, als ich von der armen Kleinen. –

Damit endete dieses herrliche, mir unvergeßliche Spiel. Wir kleideten uns an. Ich schenkte dem Mädchen 20 Gulden, küßte und umarmte es und sagte ihm, es brauche nicht wieder zu stehlen, denn ich wollte es zu mir nehmen.

11. Brief

Anna, Nina und die liebe Rosa. Filtrierter Champagner. Pein & Lust in Ofen & Pest.

Sie haben es selber gefordert, daß ich nichts von meinen Erlebnissen und Empfindungen verschweige, und ich habe, als ich die Abnormitäten in den Gelüsten die über mich kamen, niederschrieb, keinen Augenblick gezaudert, sie Ihnen ohne Auslassungen mitzuteilen, weil ich überzeugt war und bin, daß Sie imstande sein werden, sich alles zu erklären, da Sie ein ebenso tiefdenkender Psychologe sind. Möglich, daß Sie noch von keiner Frau solche Geständnisse empfangen haben, doch bin ich überzeugt, daß Sie solche Fälle studiert und eine Lösung derselben fanden. Ich bin eine Laiïn in diesen beiden Wissenschaften, ich bin nur dem Augenblick gefolgt, ohne damals daran zu denken, ob das, was ich tat, wirklich etwas ist, wogegen sich unser besseres Gefühl empört und Ekel empfindet. Ich würde im Zustande der Sinnesnüchternheit vor dem Gedanken geschaudert haben, solche Unflätigkeiten zu begehen, jetzt aber, nachdem ich es getan habe, bin ich anderer Ansicht geworden, denn ich sehe nicht ein, was daran unflätig sein könnte.

Sie würden mich vielleicht berichtigen, wenn ich das, was ich schreibe, Ihnen mündlich sagte, möglich ist es aber auch, daß Sie es nicht täten. Sie kennen die organische Beschaffenheit des Menschen besser und werden den Schlüssel zu diesem Phänomen im Gehirne haben. Ich betrachte die Dinge nach meiner eigenen Anschauungsweise, ohne Bürgschaft dafür zu übernehmen, daß sie richtig ist.

Vor allem wirft sich in mir die Frage auf, was man eigentlich eine Unflätigkeit nennen kann. Wenn wir bedenken, daß wir alle Tage schon dadurch, daß wir uns mit allen Stoffen nähren, die, wenn wir sie genau analysieren wollten, im Zustande der Fäulnis sich befinden; wir mögen uns noch so sehr überreden wollen, daß die Nahrungsmittel durch Feuer oder Wasser geläutert werden, so begehen wir doch eine Unflätigkeit. Es gibt sogar einige Nahrungsmittel, die in der Fäulnis sehr weit gekommen sein müssen, damit sie uns munden. Ist der Wein und das Bier nicht durch den Gärungsprozeß gegangen, ehe wir sie trinken? Und was ist Gärung sonst, als Fäulnis in einem gewissen Stadium? Ist nicht das Verfaulteste in einigen Vögeln, namentlich Schnepfen und Krammetsvögeln, eine *Haut-goût*-Delikatesse, womit sich Schnepfen nähren? Gehen nicht die Nahrungsmittel aller Tiere in ihr Blut und werden sie nicht zu ihrem Fleische? Bedenken wir nur, womit sich Schweine und Enten nähren. Untersuchen wir den Käse und wir werden in demselben garstige Maden finden. Erinnern wir uns daran, wie man die Heringe einsalzt. Ich habe es in Venedig gesehen und will es gar nicht sagen, wie es geschah. Wenn es die Leute wüßten, welche Zugaben das Seesalz von den Leuten erhält, sie würden sie niemals wieder essen. Mit einem Worte, die Unflätigkeit ist etwas sehr Relatives, und wer wird daran denken, wenn er etwas genießt, welche Stoffe das Ding in sich enthält? Dies wäre ebenso, als wenn jemand sich in ein Mädchen verliebte und sich durch den Gedanken, daß seine Geliebte gewisse Naturbedürfnisse täglich verrichtet, aus seiner poetischen Sphäre herausreißen ließe. Ich denke gerade das Gegenteil. Ein Mensch, der jemanden liebt oder dem ein Gegenstand gefällt, findet nichts Obszönes, nichts Ekelhaftes in dem Gegenstand seines Gefallens.

Diese Ansichten mögen mir zur Rechtfertigung dienen, wieso ich mich von meinen Begierden hinreißen ließ, wie ich dies am Ende des vorigen Briefes beschrieben habe. Ich glaube, daß Ihnen das genügen wird.

Etwas anderes und vielleicht Seltsameres war, was ich später im Herzen empfand. Hier werden Sie ein Thema finden, das Sie als Psychologe analysieren müssen, denn es ist, obschon nicht ganz ungewöhnlich, dennoch eine Abnormität.

Ich habe in letzter Zeit mehrere Bücher über die sogenannte griechische oder platonische Liebe gelesen, namentlich die Werke eines gewissen Ulrichs, ehemaligen Professors, gegenwärtig in Würzburg zu Hause. In diesem wird aber nur von der Liebe der Männer zu den Männern gesprochen, von der Liebe der Frauen unter sich ist keine Rede. Was sagen Sie dazu, wenn ich Ihnen gestehe, daß ich niemals in einen Mann so verliebt war, wie in meine liebe Rosa, das Mädchen, das ich Ihnen zu Ende des vorhergehenden Briefes vorgeführt habe? Es war sinnliche Liebe allerdings, die mich zu ihr zog, doch es war auch eine im Herzen, eine Sehnsucht, wie ich sie niemals für einen Mann gefühlt habe. Es war eine so ausschließlich reine Liebe, daß mich alle anderen Weiber anekelten und die Männer noch viel mehr. Ich dachte an niemand als an Rosa, ich träumte von ihr, ich drückte die Kissen an mich, küßte und liebkoste sie, in der Einbildung, es sei Rosa, die ich umarmte; ich weinte, daß ich sie nicht sehen konnte, ich war ganz außer mir, wie eine Rasende.

Ich wußte nicht, welcher von meinen beiden Freundinnen ich mich vertrauen sollte, ob Nina oder Anna? Oder sollte ich Herrn von T... bitten, er möge Rosa den Rest der Strafe erlassen? Er würde mich fragen, woher ich sie kennte, und ich würde nicht gewußt haben, was ich ihm antworten sollte. Endlich entschloß ich mich doch dazu, mit Anna darüber zu sprechen. Sie besuchte mich am Abend desselben Tages, an dem wir der Exekution beigewohnt hatten. Sie ersparte mir die Mühe einer Einleitung zu dem Gespräch, indem sie selber darüber zu reden anfing, daß sie einen solchen Genuß wie den heutigen allen andern vorzöge.

»Dies ist das Einzige, was mich noch ein wenig aufregt«, sagte sie, »und ich habe doch heute nicht alles genossen. Das Beste habe ich Ihnen überlassen. Sind Sie nicht ein klein wenig verliebt in die kleine Rosa? Leugnen Sie es nicht, ich habe gesehen, mit welcher Wohllust Sie an ihrem Vötzchen (dies sind ihre Worte, ich ändere nichts daran, obschon ich sie bisher noch nicht gebrauchte) gezogen haben. Oh, das ist ein köstlicher Geruch und noch köstlicherer Geschmack.«

Ich war noch so sehr von allen Vorurteilen befangen, daß ich erötete.

»Hahahaha!« lachte Anna. »Sie erröten? Dies ist ein sicheres Zeichen, daß Sie in das Mädchen verliebt sind. Wenn ich ihr Gesicht auch nicht gesehen hätte, würde ich es erraten haben, als Sie ihr das Geld gaben und sagten, Sie wollten sie zu sich nehmen. Nun, ein Vierteljahr ist bald vorbei, und ich hoffe, das Mädchen würde es doch vorziehen, zu Ihnen zu kommen als ins Stadthausgefängnis. Ihre Lust, sich mit Karbatschen prügeln zu lassen, können auch Sie befriedigen. Vielleicht wird sie Rutenhiebe vorziehen, und das wird auch Ihnen viel Vergnügen machen. Es ist ein sehr schöner Anblick, dessen kann ich Sie versichern.«

»Wäre es nicht möglich, sie eher frei zu machen?« fragte ich Anna.

»Dies glaube ich kaum. Sie muß ihre Strafzeit aushalten. Es hängt nicht vom Stadthauptmann ab, sie zu entlassen, obwohl diese Herren vieles tun, was sehr nach einer Kadi-Willkür schmeckt. Indessen will ich es versuchen mit ihm zu sprechen.«

»Nennen Sie mich aber nicht. Er könnte etwas vermuten«, bat ich sie. –

»Seien Sie unbesorgt. Es wird ihn nicht befremden, wenn ich eine solche Bitte an ihn stelle. Es gibt hier genug Damen, die es wie die Männer machen und Geliebte beiderlei Geschlechts haben. Selbst wenn ich ihm sage, daß ich sie zu mir nehmen wollte. – Nein, dies wird nicht richtig. Ich werde sagen, es sei eine Fremde, die ein Mädchen sucht, das sich derlei Martern freiwillig unterwirft, und ich kennte keine andere als Rosa. Sie müssen sie aber wenigstens vierzehn Tage nicht im Hause haben. Ich werde später sagen, die Dame sei abgereist, Rosa wollte Pest nicht verlassen, und ich hätte sie Ihnen als Stubenmädchen empfohlen, aus purer Humanität, um sie zu bessern.«

»Wird er Ihnen auch glauben, wenn Sie ihm so etwas sagen?« fragte ich.

»Warum nicht? Ich habe ein gutes Mundwerk. Die Hauptsache ist, daß ich viel Geld haben müßte, um ihn zu bestechen«, fügte sie hinzu.

»Viel Geld?« rief ich etwas erschrocken, denn Nina hatte mir Anna als eine schreckliche Plünderin geschildert. »Wieviel glauben Sie?«

»Hm, vielleicht 100 Gulden, vielleicht auch mehr, ich weiß nicht.«

»Mehr als 100 Gulden wollte ich doch nicht darauf verwenden«, erklärte ich. Wenn sie aber das Doppelte, das Dreifache verlangt hätte, ich würde es ihr auch gegeben haben.

»Wohlan, dann geben Sie mir jetzt die 100 Gulden, wenn er es für diese Summe tut, sollen Sie das Mädchen womöglich schon morgen bei sich haben, wenn nicht, so bringe ich Ihnen das Geld zurück. Ich muß gleich zu ihm gehen, ehe er sich nach dem Kasino begibt. Doch ich habe kein Kleingeld bei mir, um einen Fiaker zu nehmen. Geben Sie mir doch einen Gulden, für meine Gänge und Bemühungen verlange ich nichts. Ihre Freundschaft genügt mir.«

Ich war gezwungen, ihr noch 50 Gulden zu geben. Außerdem aber klagte sie über schwere Zeiten und schlechte Zahler, sie zeigte mir eine Menge Leihhausscheine und sagte, wenn sie die Zinsen morgen nicht bezahlen könnte, würden sie verfallen. Dies brachte ihr fünfzig Gulden aus meiner Tasche ein. Sie betrachtete diese Summe als Darlehen, ich hingegen erwiderte, sie brauchte sie mir nicht zurückzugeben. Ich wollte mir hierdurch ihre Verschwiegenheit und späteren Dienste sichern.

Ich erzählte am nächsten Tage alles Nina, und diese meinte, T... erhielte höchstens 30 Gulden, das übrige würde Anna selbst einstecken, außerdem erwarte sie, daß ich sie zur Feier des Tages zu einem guten Souper einlade.

»Es ist möglich«, sagte Nina, »daß Sie ein verlorenes Geschöpf vom Untergang retten, und Gott wird diese gute Handlung lohnen. Es wird Sie aber etwas kosten, denn dieses Mädchen wird Kleider brauchen. Auch wäre es gut, wenn Sie sie ein Bad nehmen ließen. Diese unglücklichen Personen bekommen im Gefängnis so leicht Ungeziefer. Ich habe ein Mädchen bei mir gehabt, das ganz denselben Wuchs und die Größe Rosas hatte. Sie ist mir durchgegangen und hat ihre Kleider zurückgelassen. Für den Anfang wird dies für sie gut sein. Taxieren Sie selber die Kleider und geben Sie mir dafür, was Sie glauben, daß sie wert sind.«

Frau von B... war in Geldangelegenheiten ganz der Gegensatz zu Anna. Ich schätzte die Kleider, die sie mir brachte, auf 45 Gulden. Sie berechnete dafür nicht mehr als 36 Gulden, und es kostete mich einige Überredung, daß sie von mir eine Brosche als Geschenk annahm.

Obschon es beinahe 8 Uhr abends war, als Rosa zu mir kam, fuhr ich doch mit ihr nach Ofen ins Kaiserbad und ließ mir eines der Türkenbäder aufschließen. Es war im Monat Oktober, und diese Bäder sind bei zunehmender äußerer Kälte immer wärmer. Das arme Kind fühlte erst jetzt die Nachwehen der gestrigen Exekution. Ich durfte die wunden Teile kaum berühren, doch tat es ihr wohl, als ich mit meiner warmen Zunge darüberfuhr und sie langsam leckte; das Wasser des Bades aber belebte sie noch mehr. Sie war nicht mehr so scheu und verschämt wie gestern vormittag, sie fiel mir um den Hals und klammerte sich mit ihren Beinen an meinen Hüften an, dann sog sie an den Rosenknospen meiner Brüste oder an meiner Zunge und an meiner Lippe. Sie war ganz schwärmerisch und sagte, es würde für sie eine Wollust sein, von mir erwürgt oder erstochen zu werden. Was ich aber nicht geglaubt oder gehofft hatte, war, daß das Mädchen noch eine Jungfrau war. Ich vermochte es nicht, meinen Mittelfinger in ihren Liebeszwinger ganz hineinzubringen. Ich stieß dabei auf das bis jetzt noch unaufgerissene Jungfernhäutchen.

Nachdem wir uns im Bade erfrischt hatten, wo wir uns nur mit kleinen Tändeleien die Zeit vertrieben, fuhren wir nach Hause. Anna und Nina erwarteten uns bereits, und die erstere hatte – freilich auf meine Rechnung – ein köstliches Souper mit Champagner, in Eis gekühlt, auftischen lassen. Sie hatte eine große Rute mitgebracht und sagte, ich möchte auch diese Wohllust versuchen.

Das Zimmer war so gut geheizt, daß wir nichts zu befürchten hatten, wenn wir uns entkleideten. Diesmal tat es auch Anna. Ich sah aber nicht viel von ihren verblühten Reizen, denn sie kroch unter den Tisch und sagte, sie wollte die Rolle eines Hundes spielen. Sie kniete zwischen meinen Beinen, ich mußte meine Schenkel auseinanderspreizen und lehnte mich etwas zurück, worauf sie meine Beine auf ihre Schultern hob, und mit ihrer Zunge bald an meiner Wohllustgrotte, bald hinten an der gewissen anderen kleinen Öffnung spielte. Obschon meine Lage etwas unbequem war, da ich mich ein wenig entfernt vom Tisch halten mußte, und die Speisen mit meinen Händen nicht erreichen konnte, so war dieses Zungenlecken Annas an den beiden Öffnungen doch sehr angenehm und wohllüstig. Sie spielte auch mit beiden Händen daran, mit der rechten oben an dem Kitzler, mit der linken hinten, sie steckte sogar einen Finger, den sie mit ihrem Speichel benetzt, hinein und stieß, so weit sie reichen konnte, in meinen Mastdarm, wodurch der Kitzel so vergrößert wurde, daß ich wie rasend war, und bald entfuhr meiner Wohllustgrotte ein Strahl, als ob er nicht versiegen sollte. Nina half mir beim Essen, indem sie mich fütterte und mir das Glas an den Mund hielt, daß ich trinken konnte.

Wir aßen viel und tranken noch mehr, so daß auch die so kalte Nina ins Feuer geriet. Anna reichte ich vom Tische einige Bissen. Sie aß Biskuits und andere Süßigkeiten erst, nachdem sie die härteren Stückchen, sogar Würstchen, in meine Wohllustgrotte steckte. Sie sagte, dies verleihe den Speisen ein eigenes Aroma.

Nach dem Souper suchte ich meinen Doppel-Godemiché hervor, um mit Rosa die Wohllust des Hermaphroditismus zu genießen. Das Mädchen ging eben dem Bette zu und suchte das Nachtgeschirr; der Champagner wollte heraus.

»Oh, so haben wir nicht gewettet!« rief ich ihr zu. »Du böses Kind, Du willst mir das Beste entziehen? Ich sage Dir, daß Du nicht einen Tropfen zurückbehältst, sonst werde ich böse auf Dich! Schnell den Fuß auf den Stuhl gestellt!«

Ich kniete nieder und hielt, den filtrierten Champagner erwartend, meinen Mund an ihre Muschel. Bald sprudelte er heraus in meinen Mund, ich preßte ihren Hintern mit beiden Händen und schluckte. Der Champagner hatte von seinem Geschmack nicht nur nichts verloren, ja sogar gewonnen. Anna hatte sich auf den Rücken auf den Teppich gelegt, so daß ihr Kopf zwischen meinen Beinen und ihr geöffneter Mund unter meiner Muschel lag. Da ich selber viel getrunken hatte und jetzt von Rosa noch mehr erhielt, so konnte ich das Wasser auch nicht zurückhalten, und Anna erhielt eine doppelte Portion.

Dies waren nur Präliminarien, ebenso angenehm und wohllüstig wie die Hauptaktion. Ich brannte. Alles Gefühl war auf einen Punkt konzentriert, ich zitterte vor Begierde so sehr, daß ich nicht im Stande war, den Godemiché umzuschnallen. Nina half mir dabei, und Anna steckte den größeren der beiden Speere in meine Muschel, so daß er bis zur Hälfte darin war. Dann ließ ich Rosa sich ins Bett legen, und sie spreizte ihre Schenkel auseinander. Ich übernahm die Rolle des Mannes, umarmte und küßte, stieß blindlings mit dem Godemiché herum, ohne ihn in Rosas Wohllusttempel bringen zu können.

Nina bemächtigte sich endlich seiner und führte ihn so, daß ich damit nach einem herzhaften Stoß das Jungfernhäutchen sprengte und ganz ins Innere Rosas drang. Sie stieß einen schwachen Schrei aus, und Anna bog ihren Kopf herab und leckte das Jungfernblut auf. Durch die starken Stöße drang auf meiner Seite der Godemiché tiefer in mich, gleichzeitig hörte ich ein Sausen über mir, und spürte auf meinem Hinterbacken einen wohllüstig schneidenden Schmerz; es war die Rute Annas. Sie gab mir kaum mehr als drei leichte Schläge, als sich sowohl bei mir, wie auch bei Rosa die Quellen der Wohllust öffneten, und wir beide in den seligsten Taumel fielen.

»Schade, daß Sie keinen einfachen Godemiché haben«, sagte Nina. »Ich werde mir nur mit meinen Fingern etwas Wohllust verschaffen können, und Du, Anna, reize mich mit Rutenschlägen. Man kann unter euch nicht kalt bleiben.«

Ich sagte Nina, sie würde in einer der Schubladen meiner Kommode auch einen einfachen Godemiché finden, es war der alte, den ich von Marguerite erhalten hatte.

Jetzt folgte erst die Hauptszene, eine Gruppe, wie sie nur die Römer auf ihren Cameen und Basreliefs darstellten. Nina legte sich über mich, doch so, daß mein Hintern für die Hiebe frei blieb, sie drückte mich mit ihrer Last tiefer in Rosa hinein. Das Angenehme des heißen, nackten glatten Körpers verursachte mir ein äußerst wonniges Gefühl, und wir begannen von neuem das Liebesspiel. Diesmal währte es etwas länger bei uns beiden. Nina half, meinen Stößen Nachdruck zu geben. Anna aber hieb abwechselnd bald auf Ninas, bald auf meinen Hintern; je näher ich der Krisis kam, desto stärker wurden die Hiebe, doch auch dies war noch zu wenig. Ich bat Rosa, sie möge in meine Achseln und Arme beißen und mich nicht schonen, denn sie tat es anfangs nur sehr schwach. Ich rief ihr zu: »Beiße, bis das Blut herausspritzt«, und sie tat es auch. Endlich fühlte ich die Annäherung des höchsten Wohllusttaumels. Ich verlor die Besinnung. Überall Wohllust, in allen meinen Gliedern prickelte es und wir beide, Nina und ich, hätten Rosa mit unserer doppelten Last beinahe erdrückt. Es war ein Erguß, der kein Ende nehmen wollte.

Wie lange ich in dieser Ekstase gelegen habe, dies

weiß ich nicht. Als ich wieder zu mir kam, waren bereits Anna und Nina fortgegangen. Rosa lag neben mir im tiefsten Schlaf, und da ich sie nicht wecken wollte, legte ich meinen Kopf zurück auf das Kissen und schlief wieder ein, um erst nach 10 Uhr morgens zu erwachen.

Ein paar Tage später kam Anna wieder zu mir. Nina war jeden Tag gekommen, um den Unterricht mit mir in der ungarischen Sprache fortzusetzen, mit meiner geliebten Rosa aber genoß ich, so oft wir ungestört sein konnten, jede Gattung der Wohllust. Sie war mir so anhänglich, als wäre ich ein Mann. Auch jetzt noch, nach so vielen Jahren, ist sie mir das geblieben, was sie mir damals war.

Anna machte mir den Vorschlag, einer großartigen Orgie in einem Bordelle beizuwohnen; eine solche finde gelegentlich jedes Karnevals statt. Sie sagte, es nähmen daran auch Damen der hohen Aristokratie teil, sie seien zwar alle maskiert, so daß sie niemand zu erkennen imstande wäre, und eben nur durch ihre Masken unterschieden sie sich von den übrigen Venuspriesterinnen. Es herrschte dort der größte Luxus, und die Herren erhielten Gratis-Entree, während die Karten der Damen sehr teuer wären, jede kostete 60 Gulden.

»So etwas«, sagte sie, »werden Sie nicht einmal in Paris sehen. Die Zahl der Teilnehmerinnen ist eine beschränkte, es sind nicht mehr als dreißig. Die hübschesten Huren werden in Pest eingeladen und etwa 80 Herren. Sie sehen also, daß der Preis für die Teilnahme kein übertriebener ist, denn die Zahl der versammelten Personen ist doch etwa 150; somit kommen auf eine Person nicht mehr als 12 Gulden. Die Kupplerin will entschädigt werden für den Verlust des Abends, die Herren ebenfalls. Dazu die Beleuchtung und die Musik, endlich das Souper. Im vorigen Jahre haben die Gräfinnen Julie A... und Bella ... aus eigenem Beutel noch 1200 Gulden zusetzen müssen. Es ist auch höchstwahrscheinlich, daß der Preis in diesem Jahre erhöht wird. Ich werde für mich von einer der Damen ein Gratisbillet erhalten, wie dies bis jetzt immer geschehen ist. Doch wenn Sie daran teilnehmen wollten, müßten Sie mir dies noch im Laufe der Woche zu wissen geben, damit ich für Sie eine Karte reservieren kann.«

Ich wollte anfangs nicht. Schon das, was ich bis jetzt ausgegeben hatte, war mir zuviel. Der Erwerb Rosas kostete mich allein schon 200 Gulden, und obschon ich eine ziemlich hohe Gage als Primadonna erhielt, so würde ich es doch gefühlt haben, wenn ich gar 100 Gulden zulegte, denn ich mußte auch auf Extraauslagen rechnen. Anna drang aber so sehr in mich, daß ich endlich einwilligte, und in ein paar Tagen erhielt ich von ihr eine Art Einladungskarte, lithographiert, mit einer Vignette, die ich schon in einem französischen Buche gesehen hatte: ein prachtvoller weiblicher Wohllusttempel, mit halbgeschlossenen Lefzen und oben stark behaart, auf einem Altar; zu beiden Seiten ein Spalier von stehenden männlichen Ruten, weibliche Venushaare. Unterzeichnet waren die Karten alle von der Gräfin Julie A... und L... R... (Luft Resi-Theresia), der Name einer der berüchtigsten Bordellbesitzerinnen von Pest, und, wie ich erfuhr, von dem Stadthauptmann T... sehr begünstigt.

Anna sagte mir, es würde ein Maskenball sein. Die Damen, die im Domino erschienen, hätten unter diesem keine anderen Kleider an. Die besonders Kostümierten blieben in den betreffenden Anzügen, doch würde bei allen Damen darauf Rücksicht genommen werden, daß alle jene Körperteile, die bei Liebesgenüssen am notwendigsten sind, leicht entblößt werden könnten, und das malerische theatralische Kostüm würde noch ihre Reize hervorheben. Mit einem Worte, sie gab mir von diesem Fest ein so reizendes Bild, daß es mir nicht leid tat, soviel ausgegeben zu haben, ja ich nahm mir vor, selber eine Charaktermaske für mich anfertigen zu lassen. Doch handelte es sich darum, daß es niemand erfuhr, diese Maske sei für mich. Frau von B... hatte beinahe denselben Wuchs wie ich. Ich ließ sie einige meiner Kleider anprobieren und fand, daß sie genau paßten. Ich gab ihr demnach den Auftrag, die Maskenkleider für diese Gelegenheit nach ihrem Maß anfertigen zu lassen.

12. Brief

Ferrys Philosophie des befreiten Genusses.
Maskenball im Odalisken-Harem.

Ausser den bei der Oper beteiligten Personen und dem Intendanten, der die Proben sehr fleißig besuchte, erblickte ich hier einen Herrn, der mir im ersten Augenblick auffiel. Es war ein schöner Mann, mit einem außerordentlich geistreichen Gesicht, und sehr elegant gekleidet. Einer meiner Kollegen hatte ihn hierher gebracht. Er war ein Kunstkenner und Kunstliebhaber. Als unser Tenorist eine Stelle mit einem etwas falschen Vortrag sang, trat dieser Herr hervor und sang die Stelle mit so viel Feuer, mit solchem Ausdruck und Vortrag, daß es uns alle entzückte. Er hatte eine Stimme, wie ich sie noch nie gehört hatte, sie drang mir durch alle Nerven. Alle applaudierten, und der Tenorist rief aus: »Ach, nach Ihnen ist es eine wahre Profanation des Gesanges, wenn ich noch sänge«, und er markierte den Rest seiner Partie, sowie auch ich und die übrigen Sänger und Sängerinnen.

Ich erkundigte mich bei Herrn von N... nach dem Namen des fremden Herrn, und fragte ihn, ob er ein Ungar sei.

»Sie fragen mich mehr als ich zu beantworten imstande bin. Auf seiner Visitenkarte steht ›Ferry Ferry‹. Das kann ein Ungar, ein Engländer, ein Italiener oder Spanier sein, vielleicht auch ein Deutscher, Franzose oder Russe. Er spricht alle Sprachen gleich gut. Ich habe seine Legitimationspapiere nicht gelesen und weiß nur so viel, daß er aus Wien kommt, daß er bei Hofe empfangen worden ist, und daß man sich glücklich schätzt, ihn in allen Magnatensoireen empfangen zu können.«

Ferry blieb bis ans Ende der Probe und ließ sich mir ebenfalls vorstellen. –

An den Tagen, an denen eine Generalprobe stattfand, hatte ich den Abend frei. Man hatte mir sehr empfohlen, Konversationsstücke zu besuchen, um mir die richtige Aussprache im Ungarischen anzueignen, somit begab ich mich in die Theaterloge. Im ersten Zwischenakt erhielt ich einen unerwarteten Besuch, Herrn von Ferry. Er entschuldigte sich, daß er es wagte, mich hier zu besuchen, und ich lud ihn ein zu bleiben. Er machte mir den Hof, d. h. er lobte meine Stimme, sagte, ich hätte eine sehr schöne Theaterfigur, daß meine Toilette geschmackvoll sei, und dergleichen mehr, ohne aber von Liebe zu sprechen. Ich nahm mir vor, seine Eroberung zu machen, ehe eine der hiesigen verbuhlten Magnatinnen ihn mir entriß. Ich versäumte es nicht, alle Künste der Koketterie bei ihm anzuwenden, und glaubte, daß mir seine Eroberung nicht schwer werden würde. Da er sich das Glück erbeten hatte, mich in meiner Wohnung besuchen zu dürfen, so glaubte ich ihn schon fest zu halten, jedoch dies war eine Täuschung.

Wir sprachen auch von Liebe, jedoch nur im allgemeinen. Wenn er mir auch mit Worten zu verstehen gab, daß ich ihm sehr gut gefiele, so bat er mich doch niemals um die geringste Gunstbezeugung. Wenn er mir bei seiner Ankunft oder seinem Abschied die Hand drückte, so geschah dies in einer Weise, daß ich daraus nichts folgern durfte, ohne Nachdruck, ohne Bedeutung.

Endlich brachte ich ihn doch dahin, daß er von seinen bisher gehabten Liebschaften zu sprechen anfing, denn ich fragte ihn, ob er schon viele Eroberungen gemacht hätte, und schon ernstlich verliebt gewesen wäre.

»Ich liebe das Schöne, wo ich es finde«, sagte er. »Ich halte es für unrecht, mich an eine einzelne Person zu fesseln, so wie ich die Ehe in der Theorie für die tyrannischste Einrichtung der Menschheit halte. Wie darf ein Mensch, der auf Ehre hält, ein Versprechen über etwas geben, was nicht von seinem Willen abhängt? Man sollte eigentlich niemals etwas versprechen. Sie werden auch niemanden finden, der mir nachsagen dürfte, er habe gehört, daß ich jemandem etwas versprochen hätte. Nicht einmal, wenn ich zu einem Diner oder einer Abendunterhaltung eingeladen werde, gebe ich meine Zusage, ich bestätige bloß den Empfang der Einladung. Ich wette niemals und spiele kein Hazardspiel. Eben weil ich die Macht des Zufalls kenne, will ich ihm die wenigsten Chancen über mich einräumen. Deshalb werde ich auch niemals einer Dame, die mir gefällt, die Treue versprechen. Sie mag mich nehmen, wie ich bin; wenn sie sich herabläßt, mein Herz mit anderen zu teilen, so findet sie darin Platz genug. Dies ist auch die Ursache dessen, daß ich noch keiner Dame eine Liebeserklärung gemacht, sondern darauf gewartet habe, daß sie mir es offen und ehrlich sage, daß ich ihr gefiele, und zwar so, daß sie mir nichts verweigere.

»Ich glaube, daß Sie solche Personen gefunden haben«, entgegnete ich, »doch begreife ich nicht, daß Sie sie lieben konnten, denn, vergeben Sie mir, es müssen sehr freche Weiber sein, die einem Manne eine Liebeserklärung machen, ohne es abzuwarten, daß die Initiative von ihnen ergriffen werde.«

»Ich sehe dies nicht ein. Muß einem Manne ein Weib, das ihn so sehr liebt, daß sie alle konventionellen Gesetze beiseite setzt, nicht viel lieber sein, als eines, das nur Komödie mit ihm spielt? Auch jene Damen, die sich bitten lassen, tun es nur mit dem festen Vorsatz, daß sie endlich nachgeben werden. Wird ein Mann das Weib, das seine eigene Eitelkeit der seinigen untergeordnet, eben dieser Opferwilligkeit zufolge nicht mehr und länger lieben können, als eine, die ihn mit ihrer Koketterie lange hinhält? Schon die Erbitterung treibt die meisten Männer zur Rache an den Weibern, die sie lange haben schmachten lassen, sie vergelten es ihnen dadurch, wenn sie sie erobert haben, daß sie ihnen untreu werden und sie verlassen.«

»Und jene unglücklichen Mädchen, die sich dem Manne ihres Herzens beim ersten Sturm ergeben, verdienen sie auch, daß die Männer sich an ihnen rächen?«

»Ich habe die Rache nur auf kokette Frauen angewendet gemeint. Ich würde niemals ein unschuldiges Mädchen überreden wollen, daß es sich mir ergebe. Ich habe es niemals getan, dennoch mangelte es mir nicht an solchen. Jede von ihnen hat sich mir selber angeboten, jede von ihnen hat mich gebeten, sie von ihrer Jungfräulichkeit zu befreien, weil sie ihnen zur Last war; jede wußte, daß dies ihre Bestimmung war. Es stand ihnen frei, eine Wahl zu treffen, sie dachten sich: Soll ich mir einen wählen, der mir nachgeht und mir weniger gefällt als jener, der es mir wohl zu verstehen gibt, daß ich ihm gefalle, ohne aber mir zuzureden, ich möge mich ihm erklären? Bei einer solchen Logik fiel ihre Wahl auf mich, sie überwanden jene lächerlichen Skrupel, die ihnen von Kindesbeinen an von ihren Müttern und Tanten und anderen prüden und lebenssatten Menschen über Schamhaftigkeit eingeprägt wurden, und spielten offenes Spiel mir gegenüber. Keine hat es bereut. Einer jeden hielt ich die Folgen, die ihr Schritt nach sich ziehen konnte, vor die Augen; einer jeden sagte ich, daß sie Mutter werden könnte, daß ich sie nicht heirate, daß ich auch andere Frauen lieben und daß sie mich niemals wiedersehen würden. Sagen Sie, war dies nicht ehrlich gehandelt?«

Ich konnte es nicht leugnen. Er hatte auf alle meine

Einwürfe eine Antwort, und ich wußte, daß er mir niemals eine Liebeserklärung machen würde, sowie auch, daß ihn viele Messalinen unter den Magnatinnen mir abwendig machten, wenn ich nicht täte, was er mir andeutete. Ich zögerte noch, wartete auf eine Gelegenheit, die mir die Schamröte ersparen sollte, und hoffte eine solche während des Karnevals zu finden. Ich weiß nun nicht, ob er mich für ganz unerfahren in der Liebe hielt. Die Jungfräulichkeit hatte aber nach allen seinen Äußerungen keinen besonderen Reiz für ihn.

Ich sann darüber nach, ob ich mich einer meiner Freundinnen mitteilen und sie als Vermittlerin verwenden sollte, und erwähnte vor Anna alles, was ich mit ihm gesprochen hatte. Sie schien nachdenklich und meinte dann, Ferry sei bereits in die Netze einer der Magnatinnen gefallen, doch versprach sie mir, ihn auszuhorchen, um zu erfahren, ob er ebenfalls an der Orgie, die im Bordell bei Resi Luft gehalten werden sollte, teilnähme.

Einige Tage darauf brachte sie mir nicht ganz tröstliche Nachrichten. Die Fürstin O... sei, so sagte sie, jetzt die Favoritin Ferrys. Was die Erscheinung Ferrys auf dem Maskenball oder der Orgie bei Resi Luft betrifft, so würde er gewiß dahin kommen, er hatte eine Einladung dahin von drei Damen erhalten, doch nicht bestimmt versprochen, zu kommen, weil dies seinen Prinzipien zuwider war.

Der Abend, an dem die Orgie stattfinden sollte, rückte heran. Anna, Nina und Rosa halfen mir, meinen Anzug zu verfertigen. Der war von himmelblauem Seidenstoff mit eingelegten weißen Streifen von Seidengaze, alles mit Goldblumen gestickt. Mein Hintern, dann vorn die Brüste und die Teile vom Nabel abwärts bis auf drei Zoll unter der Wohllustgruppe, waren zum Öffnen. Für meine Füße hatte ich sehr niedliche Sandalen von scharlachrotem Sammet, ebenfalls mit Goldblumen gestickt.

Mein Kopfputz bestand aus einem Marabu-Federschmuck von verschiedenen Farben.

Hierzu sollte ich eine Taffetmaske über dem Gesichte tragen, so daß nur die Augen und der Mund sichtbar blieben.

Am 23. Januar, abends nach 7 Uhr, fuhren wir, Anna und ich, nach der Goldstickergasse. Ich hatte über meinen Maskenanzug einen sehr warmen Pelz genommen, und Anna verließ mich auf dem Vorplatz, wo ich meine Eintrittskarte abgab. Resi Luft nahm sie selber in Empfang. Es waren schon viele Damen und Herren hier, und ich hörte die Töne des Orchesters. Die ersten Herren, die ich erblickte, waren der Stadthauptmann T... und der Baron O... Sie waren nicht maskiert und ganz nackt. Mein Erscheinen erregte Aufsehen im Saale, ich hörte, wie die Damen unter sich flüsterten: »Die wird uns alle schlagen, – ach ist sie doch schön, sie ist wie von Zucker, zum Dreinbeißen« usw.

Die Herren waren noch mehr entzückt. Die schönsten Teile meines Körpers, meine Brüste, Arme, Waden, mein Hintern und meine Muschel waren entblößt oder nur von einem durchsichtigen Stoff verschleiert, so daß man sie gut sehen konnte. Ich blickte mich um, um Ferry unter den Herren zu entdecken. Er stand an der Seite einer Dame, die einen ganz weißen Anzug von Tüll anhatte; das Schiff und die Lilien als Aufputz sollten sie als Wassernymphe charakterisieren. Eine andere Dame, deren ganze Bekleidung aus einem Goldgürtel mit Diamanten und einem Diadem aus gleichen Steinen in den rabenschwarzen Haaren bestand, die die Venus vorstellen sollte, hatte ihren Arm um Ferrys Nacken geschlungen und hielt seinen Amorszepter in der Hand, der sich unter ihren Fingern bäumte, der entblößte Kopf desselben glänzte, als wäre er in Öl getaucht worden; er war dunkelrot, von ungewöhnlicher Größe. Niemals vorher hatte ich einen so großen und schönen Speer gesehen. Ferry war ganz nackt, nur seine Füße staken in Sandalen von kirschrotem Maroquin. Weder Apollo von Belvedere noch Antonius waren so ebenmäßig und schön wie er Sein Körper war blendend weiß, mit einem rosigen Schimmer an den Konturen. Mein ganzer Körper zitterte bei seinem Anblick, ich verschlang ihn beinahe mit meinen Augen und hielt unwillkürlich vor dieser Gruppe. Venus hatte einen sehr schönen weißen Körper, doch waren ihre Brüste etwas schlaff, ihre Muschel zu sehr geöffnet und die Lefzen davor spielten ins Violette, man sah es ihr an, daß sie sehr eifrig im Dienste der Göttin sein mußte, die sie vorstellte.

Auch Ferrys Augen verweilten auf mir, seine Lippen verzogen sich zu einem Lächeln, und er sagte: »Ah, dies ist die beste Mode, um die Initiative zu ergreifen.« Dann wandte er sich zu den beiden Damen, verbeugte sich vor ihnen, und nachdem er sie verlassen hatte, kam er geradewegs auf mich zu. Er flüsterte mir meinen Namen ins Ohr. Ich errötete unter der Larve.

Die Musik schlug einen Walzer an. Man konnte das Orchester nicht erblicken, eine spanische Wand trennte es von den Bacchanten und Bacchantinnen. Ferry faßte mich um die Taille, und wir wirbelten dahin, von unzähligen anderen Tänzerinnen und Tänzern gefolgt. Die momentane Berührung so vieler heißer, glatter, nackter männlicher und weiblicher Körper während des Walzers, die alle untereinander herumtaumelten, der Anblick der vielen schwellenden männlichen Ruten, wie jede derselben während des Tanzes nach dem gewissen Ziel stieß, das Schnalzen der Küsse, der wohllüstige Duft dieser geilen Weiber und Männer, der immer stärker wurde, betäubten mich beinahe. Auch Ferrys Pfeil berührte mit seinem Kopf meine Grotte, zumal oben am Kitzler; ich stieß sie ihm entgegen und spreizte mich, damit er weiter unten hineinstoße. Er tat es aber nicht, sondern fragte: »Bist Du nicht eifersüchtig?«

»Nein«, erwiderte ich, »ich wollte Dich als Mars mit Venus sehen!«

Er ließ mich los und entriß einem Herrn die Dame, welche die Venus vorstellte.

Ein paar Mädchen aus dem Pensionat der Hauswirtin holten ein rotüberzogenes Taburett hervor, stellten es in die Mitte des Saales, Venus lehnte sich mit ihren Armen daran, und Ferry griff sie von hinten an, Wladislawa und Leonie setzten sich den beiden Kämpfenden zu Füßen, die erstere spreizte der Göttin Wohllustlefzen mit ihren Fingern auseinander und spielte auch mit ihrer Zunge daran, während Leonie seinen Samenbehälter kitzelte und mit ihrer Zunge an seiner Hinterspalte spielte. Ferry gab Venus mehrere herzhafte Stöße, so daß sie stöhnte, ich aber entledigte mich auch der wenigen Kleider, die ich auf mir hatte und stellte mich ihm ganz nackt hin. »Auch die Maske?« fragte ich ihn. »Behalte sie auf dem Gesichte«, sagte er, zog seine Rute aus der Muschel seiner Göttin, gab ihr mit der flachen Hand einen Schlag auf die Hinterbacken, und sie trat mir ihre Stelle ab. Meine Knie schnappten zusammen, als ich ihre Stelle einnahm. Ferry kniete hinter mir und steckte seine Zunge zuerst hinten, dann vorn hinein, womit er mich so geil machte, daß ich jeden Augenblick glaubte, mein Brünnlein müßte überströmen. Ich blickte hinüber und sah den herrlichen roten Kopf seines Speeres, wie einen Rubinknopf an der Spitze eines Szepters.

Dies war zuviel für mich. Venus und noch eine Dame sogen an meinen Brüsten, eine Dritte umarmte mich, steckte ihre Zunge zwischen meine Lippen und biß oder sog an den meinigen. Leonie kniete ebenfalls zwischen meinen Beinen und kitzelte oben an der Spalte, daß mir die Sinne vergingen, mein Atem ward immer kürzer, ich spürte ein Zucken im Zwerchfell, in den Hüften, Schenkeln, Armen und in den Hinterbacken. Die Krise kam heran, und heraus sprudelte wie Schlagsahne der milchweiße Saft aus der Grotte in den Mund Ferrys, und ich hörte ihn schlucken, bis er den letzten Tropfen herausgesogen hatte. Dann sprang er auf und stieß sein heißes knotiges Szepter bis an die Wurzel in mein Inneres, so daß mir ein girrender, wohllüstiger Laut entfuhr. Alle meine Nerven, die noch vor ein paar Sekunden schlaff geworden waren, wurden wieder gespannt, in meinem Wohllusttempel brannte es, und sein steinharter Pfeil schien mir ein glühender Stahl. Oh, wie trefflich verstand er das Liebesspiel. Er zog zuweilen seinen Amor aus der Grotte, und sein Kopf streifte an den Lefzen auf und ab, dann folgte ein starker Stoß. Ich fühlte, wie die Öffnung meines Hymens den Kopf seines Amors in sich hineinsaugen wollte und krampfhaft festhalten, bis er ihn wieder losließ. So machte er es noch ein paarmal, als seine Bewegungen noch stärker und schneller wurden und die Rute noch mehr schwoll. Jetzt war auch er nicht mehr Herr seiner Begierden, er beugte sich über mich, und während sich seine Finger in meine Hüften bohrten, riß er meine Achseln blutig und sog das Blut mit seiner Lippe und seiner Zunge auf. Auch bei ihm folgte die Krise und der Erguß war so stark, daß er meine ganze Grotte füllte. Ich fürchtete schon, daß es jetzt vorüber sein und ich ihn verlieren müßte, doch er hielt mich noch immer fest, und sein Amor blieb in meinem Liebeszwinger, der nach ihm schnappte und ihn fester drückte. Trotz der starken Entleerung war es in weniger als einer Minute wieder ganz trocken in meinem Innern, die Hitze zog die Säfte ein. Da fühlte ich, wie sein Szepter wieder härter wurde und er mir ein paar Stöße gab, die ich schnell erwiderte. Von neuem fingen wir, unter dem Beifallsklatschen aller Anwesenden, das Liebesspiel an, diesmal mit mehr Überlegung und in langen abgemessenen Stößen. Diesmal war die Entleerung zu gleicher Zeit, ich fühlte es, wie ein elektrischer Schlag, der mich durchdrang und in meinem Herzen festgebannt wurde. Ohne seine Geistesgegenwart und Herrschaft über seine Nerven würde ich diesmal Mutter geworden sein, doch gleich darauf drang ein zweiter, länger währender, heißerer Strahl dem ersten nach, und die Wirkung desselben war paralysiert.

Auch diesmal hörte er mit den Beweisen seiner Liebe und Manneskraft nicht auf. Die Zuschauer klatschten in die Hände, als sie sahen, daß er zum dritten Male, ohne seinen Liebespfeil aus der Scheide zu ziehen, den Liebeskampf begann.

Alles rief: »Aller guten Dinge sind drei!« und obwohl das Spiel jetzt länger als eine Viertelstunde währte, waren sie doch aus unserer Nähe nicht wegzubringen. Ich weiß, daß Wetten darauf gemacht wurden, daß Ferry das Spiel nicht bis ans Ende führen könne und sich ermattet zurückziehen müsse. Dem war aber nicht so. Dieser Mann schien unerschöpflich, und die Krise, obschon sie lange währte, und die Wohllust von seiner, ebenso wie von meiner Seite eine längere war, kam doch endlich. Er überschwemmte mein Inneres mit seinem Safte. Das gewisse wohllüstige Hinbrüten nach geschehener Entleerung war auch viel länger als nach dem zweiten Akt dieses herrlichen Liebesdramas. Ich stand nicht mehr auf meinen Füßen, denn mehrere Pensionärinnen unserer Hauswirtin hielten meine Beine umschlungen. Ich spürte unter meinen Füßen, an meinen Seiten und vorn nichts als nacktes Fleisch. Die Damen überschütteten mich mit Küssen, sie sogen an den Knospen meiner Brüste, und Ferry drückte mich noch immer, hinter mir stehend, an sich.

Endlich fühlte ich, wie sein Pfeil in meiner Wohllustgrotte an Steifheit zu verlieren anfing, und er schlüpfte endlich aus seinem Bauer, dem er eine unsägliche Wonne verschafft und sich selber darin wohlgefühlt hatte. Man ließ uns endlich los. Ferry umarmte mich und hielt mich noch lange in seinen Armen. Dann hing er seinen Arm in den meinigen und wollte mich hinwegführen. »Auf den Thron, auf den Thron!« riefen nun mehrere männliche und weibliche Stimmen.

Man hatte am Ende des Saales eine Art Tribüne errichtet, auf der eine mit rotem Samt überzogene Ottomane stand. Dahin wollte man uns geleiten, um damit anzuzeigen, daß wir den ersten Rang unter den Liebeskämpfern und -kämpferinnen verdienten.

Ferry lehnte in seinem und meinem Namen diese Ehre ab und sagte, er zöge es vor, wenn man es ihm gestatte, sich mit irgend einem kühlenden Getränke zu erfrischen, worauf uns die Dame, die als Venus maskiert war, nach dem Bankettsaal führte. Der Tisch war noch nicht gedeckt; es war noch zu früh zum Souper, doch fanden wir am Buffet alles, was wir vorläufig brauchten.

»Du wirst doch nicht wieder?« fragte ich, ihn mit meinen Küssen erstickend.

»Warum nicht?« fragte er lächelnd. »Doch möchte ich die Türe schließen und verriegeln. Du aber nimmst die Maske ab, damit ich die Wohllust in jedem Deiner Züge lesen kann. Wärest Du imstande, mir dies jedoch abzuschlagen?«

Er war nicht der Despot, der Sultan, wie er sich mir vorstellen wollte, sondern der schmelzendste, süßeste Schäfer, den ich mir nur wünschen konnte. Ich sprang auf, schloß und verriegelte die Tür und warf mich ins weiche Federbett. Nur eine einzige Alabasterlampe, die vom Plafond herabhing, beleuchtete das Gemach; alles Licht fiel auf das Bett. Ich spreizte meine beiden Schenkel weit auseinander, stützte mich auf meine Ellbogen und erwartete meinen Ritter, der auch nicht einen Augenblick säumte, um seine Lanze einzulegen. Diesmal zerstreute uns nichts außerhalb unserer Personen, ich sah nur ihn und er nur mich.

Wäre ich imstande, zu beschreiben, was ich fühlte? Nein! Ich kann nur so viel davon sagen, daß die hintereinander genossenen drei Opfer, die wir den Liebesgöttern dargebracht hatten, nichts waren im Vergleich mit der Wohllust, als ich ihn so ganz allein für mich hatte. Und erst als die Krise nahte, als seine Augen starr wurden und einen gewissen Ausdruck wohllüstiger Wildheit annahmen, als seine Lippen sich öffneten und er schnaubte, und auch meine Augen sich zu trüben anfingen, als wir im Wohllusttaumel hinsanken, Brust an Brust, Bauch an Bauch, einander mit Armen und Beinen umschlangen, wie ein paar Schlangen!

Wir lagen so etwa eine halbe Stunde; er hatte sich ein wenig nach der Wand hingewandt und drehte sich so, daß ich auf ihm lag. Er nahm das Szepter nicht heraus aus seinem Futteral, unsere Lider schlossen sich, und wir blieben so schlummernd, bis uns ein Jauchzen, Jubeln und Gejohle, das aus dem Saale kam, aus unserer Ekstase rüttelte. Er selber suchte mir die Maske, die ich in der Zerstreuung vielleicht vergessen hätte, und half sie fest machen, auch meine Kleider lagen auf dem Stuhle; ich bemerkte es nicht einmal, daß man sie mir nachgebracht hatte. Ich kleidete mich an, und Ferry selbst nahm seinen Domino, in den er schlüpfte, worauf wir in den Saal traten.

Hier hatte die Orgie angefangen, sich auf ihren Höhepunkt zu schwingen. Man sah nichts als wohllüstige Gruppen, in allen möglichen Stellungen, paarweise, zu dreien, zu vieren, ja sogar zwei aus noch mehr Personen bestehend.

Von diesen Gruppen waren es nun namentlich drei,

die komplizierter waren als die übrigen. Die eine war ein Herr mit sechs Damen; die eine hatte er gespießt mit seinem Speere. Er lag auf dem Rücken, auf einem schmalen Brett, das auf zwei Stühle gelegt war, auf seiner Brust saß eine zweite Dame, an deren Wohllustgrotte er mit seiner Zunge spielte; mit jeder seiner Hände kitzelte er zweier anderen ihre Muscheln, und die zwei letzten werden wahrscheinlich am wenigsten Wohllust empfunden haben, es geschah nur, um die Gruppe zu vervollständigen; dennoch taten sie so, als ob sie gefühlt hätten.

Die zweite Gruppe war unsere Venus; sie lag auf einem Herrn, der sie gespießt hatte, während ein anderer sie von hinten bestürmte und seine Rute bereits in die viel engere Öffnung gezwängt hatte. In jeder Hand hielt sie einen Amorpfeil zweier Herren, der Fünfte endlich stand wie der Koloß von Rhodos auf zwei niederen Stühlen mit ausgespreizten Beinen über dem Kopf des Ersten und sog an seinem Amor.

Bei allen fünf Herren, sowie auch bei ihr, geschahen die Entleerungen beinahe gleichzeitig. Es war unter den drei Hauptgruppen die schönste.

Die dritte Gruppe bildeten zwei Damen und ein Herr. Die erste der Damen lag oder saß halb angelehnt an eine Ottomane auf dem Rücken, eine zweite lag an ihrer Brust, die Beine um die Hüften der ersten geschlungen. Beide hielten einander in wohllüstiger Umarmung, sie küßten sich und züngelten. Die Zweite hielt ihre Hinterbacken etwas gehoben. Der Herr, ein herkulisch gewachsener Mann, stieß abwechselnd seinen Speer bald in die Wohllustgrotte der unten liegenden, bald in diejenige der oberen. Ich war neugierig zu sehen, wie er es machen würde, wenn die Krisis über ihn kam. Er war bei dem süßen Spiel sehr besonnen und gerecht. Keine der beiden Frauen erhielt nur einen Stoß mehr als die andere. Endlich nahm ich aus seinem Schnauben wahr, daß der entscheidende Moment bei ihm gekommen war, doch verlor er die Besinnung noch nicht und er gab der einen von seinem Nektar so viel wie der anderen. Doch war der erste schnelle Strahl in die Muschel der oberen gedrungen.

Von den Herren und Damen, die bei diesem allgemeinen Liebeskonzert mitgewirkt haben, war niemand leer ausgegangen, wiewohl einige eher zum Ziele gelangten als andere; auch hatte keine der Personen weniger als zweimal Liebe genossen. Ferry und ich waren unter den Herren und Damen diejenigen, die sich noch am kräftigsten fühlten.

Von den Frauen waren wir, Venus, ich und die Gräfin Bella, die einzigen, die sich nicht demaskiert hatten.

Ich erfuhr später, wer die Göttin Venus gespielt hatte. Es war eine durch ihre galanten Abenteuer berühmte Dame, doch auch sie hatte sich geniert, ihre Maske abzulegen, während Bella ein weiblicher Dämon der Frechheit war. Sie schrie laut: »Kommt her, vögelt mich, seht Ihr nicht, daß ich eine Hure bin, eine gevögelte Hure?« Sie ging zu allen Pensionärinnen unserer Hauswirtin und streckte ihre Zunge in deren Muscheln oder ließ sich von ihnen in den Mund pissen. Während des Soupers trank sie ein Glas davon aus, was ihr ein Herr in dasselbe gepißt hatte. Sie war todtrunken und wälzte sich auf dem Boden. Resi Luft mußte sie endlich nach einem Kabinett und zu Bett bringen lassen, damit sie sich ausschlafen könne. Sie schloß die Türe mit dem Schlüssel hinter ihr ab. Bella aber polterte an der Türe noch lange mit den Fäusten, bis sie endlich zu Boden fiel und einschlief. Später schickte man einige Pensionärinnen dahin, um nachzusehen, sie fanden sie in einer Lache, die sich bei ihr von allen Seiten und durch alle Öffnungen ergossen hatte und brachten sie zu Bett, wo sie bis nachmittags 4 Uhr schlief.

Um 4 Uhr morgens war die Orgie zu Ende.

Ich fuhr mit Ferry nach meiner Wohnung. Rosa war noch immer munter und ging erst schlafen, als ich sie fortschickte. Ist es notwendig, Ihnen zu sagen, daß für uns beide, Ferry und mich, der Liebeskrieg damit noch nicht zu Ende war?

13. Brief

Ferry & Nina. Bei den Räubern in Ungarn im Walde.

ICH teilte nun meine Genüsse mit zwei Personen; mit Ferry, der mein erklärter Liebhaber wurde, und mit Rosa, die mir eine Abwechslung im Genuß verschaffte.

Ferry gestand mir, daß er die wirkliche Liebe erst bei mir kennen gelernt, und daß diese ihn in seinen Ansichten und Grundsätzen wankend gemacht hätte. Er glaubte nun auch an die Möglichkeit der Treue. Ich ergab mich jetzt schrankenlos den Genüssen der Liebe, doch da ich keinen Mann fand, den ich so liebte wie Ferry, so blieb mein guter Ruf ungefährdet, da Ferry sehr vorsichtig war, so daß unser Liebesverhältnis vor aller Welt ein Geheimnis blieb.

Am schlimmsten fuhr dabei Rosa, denn Ferry ließ ihr von mir nichts übrig, nur selten geschah es, daß er eine Nacht wegblieb und ich das arme Mädchen zu mir nahm. Ich fühlte Mitleid für sie. Da ich niemals eifersüchtig gewesen bin, denn ich fing ja die Liebesgenüsse bei Männern so an, daß ich sie teilen mußte, so war mir das Gefühl der Eifersucht fremd geblieben. Ich dachte darüber nach, ob es mir nicht viel Genuß verschaffen würde, wenn ich sie in den Armen Ferrys Liebe genießen sähe.

Ich fragte Rosa, ob sie zufrieden wäre mit solch einem Geliebten wie Ferry; sie entgegnete, sie wünsche niemals, einen Mann zu besitzen, solange sie mich habe.

Endlich sagte sie, wenn sie sich je entschlösse, sich einem Manne zum Opfer zu bringen, so täte sie es nur, wenn ich darauf bestände. Ferry wäre ihr auch nicht lieber, als jeder andere, den ich ihr aufzwänge.

Sehr wenige Weiber gibt es, die den Genuß kennen, ein Liebespaar im vollen Genuß der Begattung anzusehen, so wie es unter den Männern nur einige gibt, die nicht einen Ekel vor einer Frau fühlen, die sie geliebt und von ihr betrogen werden. Zu diesen seltenen Ausnahmen gehörten wir, Ferry und ich.

Er hatte mir sehr oft zugeredet, in seiner Gegenwart mit einem anderen Manne Wohllust zu genießen, ich wollte es die längste Zeit nicht tun. Ich muß gestehen, daß ich anfangs dem unwürdigen Verdachte Raum gab, Ferry fordere es, um einen Vorwand zu haben, mich im Stich zu lassen, es schien mir ganz unnatürlich, daß er davon ein Vergnügen haben sollte. Er berief sich auf verschiedene historische Beispiele, namentlich auf jenes des berühmten venezianischen Kriegshelden Gatta Melatta, der mit seiner Gattin nur dann zum Beischlaf gereizt wurde, wenn sie vorher mit einem anderen Manne Liebe genoß. Endlich schlossen wir einen Vertrag miteinander. Er sollte Rosa in der Liebe Unterricht geben und ich würde dann auch dasselbe mit einem jungen Menschen tun.

Es war nicht so leicht, wie ich mir anfangs dachte, Rosa dahin zu bringen, daß sie einwilligte. Sie fiel mir um den Hals und weinte; sie sagte, ich liebte sie nicht mehr, ich griff ihr unter den Rock, spielte an ihrer Spalte, küßte und züngelte sie und zog an den Wärzchen ihrer Brüste, die nicht größer, aber gewiß so hart und elastisch waren wie eine Apfelsine. Endlich brachte ich sie so ins Feuer, daß ihr Atem immer kürzer wurde. Ferry half mir, sie zu entkleiden, bis sie ganz nackt vor uns stand. Ferry umarmte sie, sein Amorpfeil stieß an ihre Grotte, und ich sah, wie diese ein wenig zu schäumen anfing. Dies war der günstigste Moment. Ferry legte sie aufs Bett, legte eines der Kissen unter ihren Hintern, sie spreizte unwillkürlich ihre Schenkel auseinander, und er legte sich dazwischen. Alle ihre Muskeln bebten, und sie schloß ihre Lider. Die kleine Schelmin, sie wollte es nicht gestehen, wie sehr sie nach Genuß lechzte. Ich kniete auf ihrem Kopfkissen, sodaß ihr Kopf gerade unter meinen Bauch und zwischen meinen Beinen lag, sie drückte mich mit der Linken an sich, mit der Rechten umarmte sie Ferry, dem ich meinen Hintern zuwandte, so daß er gleichzeitig mit seiner Zunge an meiner Wohllustgrotte spielen konnte, ebenso auch Rosa. Es war ein außerordentlich wohllüstiges Gefühl für mich, dieses doppelte Zungenspiel, Ferry unten, Rosa am Kitzler. Als er bei ihr das wieder sonderbarerweise neugewachsene Jungfernhäutchen sprengte, sog sie eben an meinen Schamlefzen; ich weiß nicht, ob es aus Wohllust oder Schmerz geschah, aber sie biß darin. Selbst dieser Schmerz war wohllüstig, und sowohl Rosa wie ich konnten uns nicht enthalten, in Worten unseren Gefühlen Luft zu machen, allein Ferry blieb stumm. Bei manchen Menschen pressen die Leidenschaften und Gefühle Worte heraus. Andere machen sie stumm.

Rosa bewegte sich unter Ferry so stark, daß er Mühe hatte, sich so zu halten, daß er im Besitze ihrer Wohllustgrotte blieb, sie hob ihn beinahe in die Höhe. Anfangs war es ein leises Wimmern, das sie hören ließ, dann überging es in ein wohllüstiges Stöhnen und eine Art Girren, wie man es bei Täubchen hört. Ich glaubte, sie wollte ihn ganz in sich hinein stoßen, so sehr drückte sie ihn an sich. Der doppelte Zungenkitzel an meiner Wohllustspalte war so groß, daß er nicht nur auf die Wohlkanäle, sondern auch auf meine Wasserblase wirkte, umsomehr, da ich während des Soupers viel Selterwasser und Champagner getrunken hatte, und sie übersprudelte bei mir. Rosa und Ferry teilten sich in diesen schäumenden Erguß, und er wirkte auf beide sympathetisch, denn auch ihnen entströmten die heißen Säfte, so daß wir in einer ungeheuren Lache lagen, das Wasser sickerte durch alle Bettücher. Dies steigerte bei uns den Genuß, und es erfolgte eine so reichliche wohllüstige Entleerung unserer Begattungsorgane, die dem ersten Erguß nicht viel nachstand. Wir lagen nacheinander und ineinander verschlungen, die duftenden wohllüstigen Körper dampften, und ich vergrub meine Nase unter die Achseln Rosas, ich war berauschter, als wenn ich noch soviel getrunken hätte.

Endlich erholten wir uns und verließen das ganz durchnäßte Bett. Ferry hatte mir geraten, ein Bad zu nehmen, und wir gingen nach meinem Badekabinett, wo eine große Kufe stand. Ich hatte mir diesen Luxus in Pest angewöhnt, so daß ich zu jeder Stunde des Tages baden konnte. Die Kufe wurde erst gefüllt, als wir uns ins Bett legten, das Wasser war also noch ganz warm, wir stiegen hinein und fühlten uns wie verjüngt durch das Bad.

Ferry war ein Meister im Genuß, er kannte alle Mittel, um ihn zu erhöhen. Als wir das Wasser verließen, wollte Rosa und ich uns abtrocknen, er aber sagte, wir sollten es nicht tun, sondern uns mit Seife einreiben, dann mit Öl, so daß unsere Körper glatt und schlüpfrig waren, wie die Haut der Aale. Er hieß mich meinen Oberkörper über die Kufe beugen und hob Rosa hinauf auf seine Schultern, so daß sie halb auf ihm saß, mit dem Gesichte ihm zugewendet. Er sog an ihrer Wohllustgrotte, während er mich von hinten angriff, und zwar in einer Weise, wie es die Päderasten tun, denn er stieß seinen Speer nicht in meine Wohllustgrotte, sondern in die hintere nachbarliche Öffnung. Er hatte die Wände derselben so eingeölt, daß er leichter hineinkam, als ich es mir gedacht hatte, doch verursachte er mir anfangs Schmerzen. Ich hatte dies noch niemals versucht und biß die Zähne zusammen. Während der Einnahme dieser Festung spielte er mit beiden Händen an meiner vorderen Spalte und steckte drei Finger der linken Hand hinein. Ich fühlte, wie seine Finger in meinem Innern herumwühlten und sein Amorpfeil nur durch eine dünne schleimige Haut von seinen Fingern getrennt war. Auch ich fühlte diese Berührung, und die Wohllust paarte sich bald mit dem Schmerze, so daß auch dieser sehr wonnig war.

Er ließ jetzt Rosa hinabgleiten, sodaß sie sich nur mit ihren Waden und Füßen, die sie auf meinen Schultern kreuzte, an mir festhielt, während ihr Wohllusttempel gerade auf meinen Mund kam. Ich steckte den Finger meiner linken Hand in ihren Mastdarm, mit dem der rechten Hand spielte ich oben an ihrem Kitzler, während ich meine Zunge, so tief ich es vermochte, in ihre Wohllustgrotte steckte. Die Krise kam bei uns gleichzeitig, doch hätte sie viel eher kommen können, wenn Ferry seine Besinnung verlor, er aber wollte den Genuß verlängern und hielt mehrere Male an; er zog sogar seinen Pfeil aus dem Köcher und kniete nieder, um mit seiner Zunge dort zu spielen, wo er so grausam gehaust hatte. Bei jedem neuen Angriff fühlte ich anfangs dieselben Schmerzen und dann auch eine gleiche Wonne wie zum ersten Male. So machte er es viermal, bis wir alle drei vor Wonne zitterten und bebten. Bei Rosa war die Wohllustquelle zweimal übergesprudelt, und beide Male verschlang ich den milchweißen Saft mit Gier. Ach, endlich fühlte ich den heißen Wohlluststrom Ferrys, wie er sich in meinem Innern ergoß, gleichzeitig aber durchrieselte es mich kalt, wie Aprilschauer und seine Finger waren in der Milch gebadet, die aus meinem Innern in dicken Strahlen herausströmte; er führte seine Hand an seine Lippen und trank, was er gesammelt hatte, sowie ich das aufsog, was mir Rosa aus ihrem Wohllustbecher reichte.

Nach diesem zweiten Wohllustspiel legten wir uns zu Bett, und zwar diesmal in dasjenige Rosas, da das meinige ganz naß war. Ferry lag zwischen uns, und wir drückten ihn von beiden Seiten an uns.

Schon am nächsten Tage mahnte mich Ferry an die Erfüllung meines Versprechens. Er sagte, er bürge mir dafür, daß es niemand erfahren würde, doch ich müßte mich entschließen, eine kleine Reise zu machen. Er sagte nicht wohin.

Wir verließen Pest an einem Sonntag um 2 Uhr nach Mitternacht. Wir benützten weder das Dampfboot noch die Eisenbahn, sondern fuhren auf dem Wagen Ferrys mit der Schnellpost oder Bauernpost und trafen um 8 Uhr – beinahe 10 Meilen entfernt – in Neßmely ein. Von hier aus verließen wir die Poststraße, kamen nach Igmand, und dann ging es immer weiter in südöstlicher Richtung, so daß wir zu Mittag in dem berüchtigten Bakonyer-Walde ankamen.

Hier kehrten wir in einer Schenke ein, die inmitten des Waldes liegt. Das Mittagsmahl war für uns schon bestellt. Einige Männer mit verdächtigen Gesichtern befanden sich im Hofe und in der Gaststube, sie waren mit Flinten, Pistolen und Beilstöcken bewaffnet; ich hielt sie für Räuber, und es war mir ziemlich unheimlich zumute. Ich fragte ihn, wer diese Leute seien. Er sagte mir, es seien arme Kerle, was gleichbedeutend mit Räuber ist. Er fügte aber hinzu, ich hätte von ihnen nichts zu fürchten; ich würde mich sogar mit ihnen befreunden.

Ferry lud mich dann zu einem Spaziergang ein. Nach

einer Stunde Lustwandelns im duftigen Wald kamen uns zwei Männer entgegen, der Mann von etwa 32 bis 35 Jahren, eine wahre Herkulesgestalt mit wildem Ausdruck im Gesichte, doch regelmäßigen Zügen, und ein Jüngling von etwa 20 Jahren, ein wahrhafter Adonis an Schönheit. Beide gehörten zu dieser Räuberbande. Ferry stellte sie mir vor, dann wandte er sich zu mir und sagte, diese beiden würden es sein, mit denen ich nachher Liebe genießen sollte.

In einer Lichtung hielten wir. Ein ziemlich breiter und tiefer Bach ringelte sich hier durch den Wald. Während die beiden Männer sich entkleideten, sagte mir Ferry, ich sollte mich meinen Empfindungen und den Eindrücken hingeben, die diese beiden Männer auf mich machten; je ausgelassener ich sein würde, je mehr ich zeigte, daß ich sie liebte, desto angenehmer wäre es ihm, und ich sollte mich entkleiden. Ich kannte seine Gedanken so genau, als ob ich sie gelesen hätte. Ich schloß nach meinen eigenen Gefühlen und fand es natürlich, daß es ihm gefallen würde, wenn ich recht ausgelassen sein wollte. Ich rief nun die beiden Männer herbei und sagte ihnen, sie sollten mich entkleiden, während ich sie bei ihren Amorpfeilen zu mir zog.

Als ich auch nackt war, nahm ich den Speer des Jünglings in meinen Mund und kitzelte an dem kleinen Munde seines Amorkopfes; kaum war ich aber mit meiner Zunge daran gekommen, als eine Entladung folgte, die so heiß in meinen Mund spritzte und ihn ganz füllte, daß ich schnell schlucken mußte, damit ich ja keinen Tropfen verlor. Gleich darauf packte mich der Riese an den Hüften, zog mich zu sich herauf, so daß meine Hinterbacken auf seinem Bauche lagen, sein Speer fand, ohne daß er ihm mit der Hand eine Richtung anzugeben brauchte, den Weg in meine Muschel, und ich glaubte, er würde mir bis zum Herzen dringen; seine Stöße waren langsam, gemessen und kräftig, bei jedem glaubte ich in Ohnmacht fallen zu müssen. Ich ließ aber den entleerten Pfeil des Jünglings nicht mehr fahren, hielt in fest an mich gedrückt und sog an demselben, bis er sich wieder hob.

»Schmeckt es Dir?« fragte mich Ferry, der sich noch nicht entkleidet hatte.

Da ich den Amor Kalmanns – so hieß der junge Räuber – im Munde hatte, konnte ich nur mit den Augen antworten, und diese waren – ich fühlte es – ganz verdreht vor Wohllust, denn schon öffneten sich bei mir die Schleußen, und ich überschwemmte den Riesenpfeil meines Riesen mit dem Nektar aus dem Urquell des höchsten Vergnügens, er aber hielt noch immer nicht an und stieß ohne Ermatten. Unser Wohllustspiel währte eine starke halbe Stunde, ehe auch er die Krise bei sich herannahen fühlte.

»Daß Du ihr ja kein Kind machst«, rief ihm Ferry lachend zu.

»Seien Sie unbesorgt, dort, wo ich eben enden will, empfängt ein Frauenzimmer nicht.«

Kaum hatte er diese Worte gesprochen, als sein Pfeil aus meiner Muschel herausglitt, und ich glaubte vor Schmerz zu vergehen, als er in der Nachbarschaft oben in meinem Mastdarm eindrang. Er gab mir aber nur zwei Stöße, und ich fühlte seinen Nierensaft dort hineinspritzen. Dann zog er seinen Pfeil heraus und ich sah, daß dieser ganz blutig war, er hatte mich ganz aufgerissen. Er trug mich nach dem Bach und wusch mit seinen Fingern die Wunde aus, doch war ich unfähig, zu gehen. Ich saß über eine Stunde im Wasser, dann hob mich der Riese heraus und kleidete mich an. Sie trugen mich dann nach einer Hütte, wo ich mich zu Bette legte und auch dort Mahlzeit hielt.

Drei Tage hielten wir uns im Walde auf, wo wir mit mehreren Bäuerinnen, Frauen und Mädchen große Orgien hielten, dann kehrten wir nach Pest zurück.

14. Brief

In Italien. Mit Sir Ethelred Merwyn in Florenz. Finale Orgie im Kapuzinerkloster zu Rom.

Ich hatte mein 27. Lebensjahr erreicht, meine beiden Eltern, derentwillen ich sparte, waren beide im kurzen Zeitraum von einer damaligen verheerenden Epidemie dahingerafft worden. Ich stand sozusagen allein auf der Welt, die meisten meiner Verwandten hatte ich verloren, ehe ich zum Theater kam, die Tante, bei der ich in Wien gewohnt hatte, hielt es noch am längsten aus, sie starb, nachdem ich Pest verlassen hatte. Ich selbst hatte einerseits viel Glück, anderseits aber trafen mich viel harte Schläge. Noch während meiner Anwesenheit in Pest verlor ich zwei meiner Liebhaber, Arpad H..., der eine Anstellung bei der Gesandtschaft in Konstantinopel erhielt, und Ferry, der nach Amerika auswanderte. Mir blieb niemand als Rosa, die mich an die wonnigen Zeiten erinnerte, die ich in Pest zugebracht hatte.

In einer der betriebsamsten Städte Deutschlands wurde ich mit einem italienischen Impresario bekannt, der hier durchreiste und mich in einem Konzert und in einer Oper singen gehört hatte. Er besuchte mich in meiner Wohnung und machte mir den Vorschlag, ich möchte nach Italien kommen. Ich zögerte nicht lange, sondern schloß mit ihm einen Kontrakt auf zwei Jahre ab und erhielt eine Gage von 30 000 Francs und zwei Benefizvorstellungen.

In meinem 27. Jahre hatte ich erst den Höhepunkt meiner Schönheit erreicht.

Ich hatte eine kräftige, unverwüstliche Natur. Trotz meines feurigen Temperaments besaß ich die Kraft, meine Begierden zu zügeln, wenn ich sah, daß meine Gesundheit von den Genüssen der Liebe angegriffen wurde.

In Florenz machte ich die Bekanntschaft eines sehr interessanten Mannes, eines Engländers.

Er war kein Jüngling mehr, denn er zählte bereits 59 Jahre. Mit diesem Herrn konnte ich über alles sprechen. Er war ein vollkommener Epikuräer und studierte die menschliche Natur; seine Ansichten harmonierten mit den meinigen. Er machte mir den Hof, doch nicht, um von mir jene Gunst zu erlangen, nach der alle Männer so lüstern sind, sondern weil er in mir eine Person fand, die seine Worte und deren Sinn auffaßte. Dennoch nahm ich an ihm wahr, daß er sich für glücklich gehalten hätte, wenn ich mich ihm auch körperlich hingegeben hätte. Dies war natürlich.

Mich kränkte es nicht wenig, von dem Engländer stets mein Lob zu hören, ohne daß er einen Sturm auf mein Herz oder etwas anderes – denn das Herz ist ja nur eine Redensart; es soll ein Fürsprecher für etwas Süßeres sein, sonst nichts – zu unternehmen. Meine Koketterie prallte an ihm ab. So wie er mir schon alles, was ich wissen wollte, erklärt hatte, so wollte ich auch eine Erklärung dessen, weshalb er mir gegenüber ein Stoiker blieb.

Ein Sprichwort sagt: »Wenn der Berg nicht zu Mohammed kommt, muß Mohammed zum Berge gehen.« Diesmal war Sir Ethelred der Berg, und ich mußte, wenn ich Aufklärung haben wollte, mich in den großen Propheten verwandeln.

»Ich gestatte Ihnen doch alles, Sir Ethelred«, sagte ich ihm einmal, »woher kommt es, daß Sie in Ihrer Courmacherei die Grenze der Freundschaft niemals überschreiten? Wie Sie mir selber gestanden, sind Sie doch ein großer Viveur gewesen, ja ich weiß sogar, daß Sie auch jetzt Liebschaften haben.«

»Sie irren, Madame, ich habe keine Liebschaften«, entgegnete Sir Ethelred. »Sie werden doch nicht von einem Manne meines Alters voraussetzen, daß er jene ephemeren Genüsse, die er für Gold eintauscht, für Liebschaften halte!«

»Ich spreche nicht von Koketten und anderen käuflichen Weibern. Sie haben nur den zweiten Teil meiner Frage beantwortet. Halten Sie mich für eine so herzlose Kokette, die damit prahlte, wenn sie Sie an ihren Triumphwagen schmiedete? Glauben Sie nicht, daß Sie imstande wären, einem Weibe meines Alters Liebe einzuflößen?«

»Ich glaube nicht, daß dies möglich ist. Wenn Sie mir auch die höchste Gunst gewährten, so geschähe dies doch nicht aus Liebe, sondern aus Mitleid. Höchstens könnte es eine krankhafte Begierde sein. Sie haben bis jetzt nur junge Männer gekannt.«

»Sie sind ebenso ungerecht gegen Sie wie gegen mich. Ich habe Ihnen erzählt, daß ich einen Mann gekannt habe, der mir ins Gesicht sagte, er verschmähe jede Eroberung, die sich ihm nicht freiwillig anbietet. Sind Sie so eitel, daß Sie von einer Frau, die Ihnen gefällt, so etwas fordern? Sie riskieren doch dabei gar nichts. Wenn Sie auch eine abschlägige Antwort erhielten, so dürften Sie es auf Rechnung Ihres Alters schreiben und sich damit trösten, daß Sie nicht abgewiesen worden wären, wenn Sie einige Jahre weniger zählten, wogegen eine Frau sich sehr gedemütigt fühlen müßte, wenn Sie bei ihr den keuschen Joseph spielen wollten. Eine allzu große Bescheidenheit und Nüchternheit kleidet einen Mann nicht gut.«

»Noch weniger kleidet es ihn, wenn man von ihm sagt, er sei ein alter Faun!«

»Sie sind noch ein schöner Mann und besitzen Eigenschaften, die Ihr Alter vergessen machen. Angenommen, ich setze mich über die Vorurteile meines Geschlechtes hinaus, ich sagte Ihnen, Sie dürfen von mir alles hoffen, alles fordern; würden Sie sich auch dann noch nicht entschließen, die Ihnen angebotene Gunst anzunehmen?«

»Sie setzen einen unmöglichen Fall voraus. Sie würden es aber niemals tun!«

»Immerhin könnten Sie mir sagen, ob Sie mich zurückstoßen würden oder nicht!«

»Ich wäre ein Wahnsinniger, wenn ich es täte, ich würde zugreifen«, sagte Sir Ethelred.

»Sie würden mich aber im Herzen verachten, mich entweder für eine Hetäre oder für eine Messaline halten?«

»Nichts weniger. Der Geschmack und die Laune einer Frau sind unergründlich. Ich würde Sie lieben, und diese Liebe würde mich zum glücklichsten Sterblichen machen!«

Das, was er zuletzt sagte, stand im Widerspruche mit dem, was er vorhin gesagt hatte. Ich war ihm näher gerückt, legte meine Hand auf seinen Arm, blickte ihn schmachtend an und setzte ihm so lange zu, bis er, alle seine Grundsätze vergessend, mir zu Füßen sank, meine Knie umarmte, meine Füße küßte und immer unternehmender wurde. Ich leistete gar keinen Widerstand, sondern ließ ihm freies Spiel, er schlang seinen rechten Arm um meinen Leib, griff mit der linken Hand unter meine Röcke und brachte sein Gesicht dem meinigen nahe. Ich wartete nicht erst darauf, daß er mir den ersten Kuß gebe, ich kam ihm zuvor, und in derselben Zeit hatte ich auch meine Schenkel so auseinander gespreizt und meinen Bauch etwas vorwärts geschoben, daß er ungehindert bis an den Wohllusttempel kam. Mich selber hatten diese Präliminarien auch erhitzt, und er fand meine Grotte ganz feucht und brennend. Er sprach nichts, sondern seufzte, und ich sah, daß eine Träne in seinem Auge glänzte. Es schien, als glaubte er selber nicht an sein Glück. Ich entwand mich dann seinen Armen und ging auf die Türe zu, die ich verriegelte. Ich sagte ihm hierauf, daß wir uns zu Bette legen wollten, daß er sich entkleiden möge, zuvor aber sollte er mir helfen, mich meiner Kleider zu entledigen.

Sie hätten ihn sehen sollen, wie er mich anblickte, als ich ganz nackt vor ihm stand. Er glaubte zu träumen, er kniete vor mir nieder und küßte jedes Fleckchen meines Leibes. Es verursachte mir viel Vergnügen, ihn so glücklich zu wissen, und ich schickte mich an, ihn ebenfalls zu entkleiden, was er kaum zulassen wollte; erst als ich ihm sagte, daß ich dies gern täte, gestattete er es mir.

Ich begreife nicht, weshalb er sich mir gegenüber so schüchtern benahm, sein Körper war noch sehr schön, sein Amor hob sich stolz empor, seine Haut war fein, glatt und weiß, ohne den geringsten Anflug von gelb, im Gegenteil, sie hatte einen rosigen Schimmer. Ich legte mich zu Bette, er kniete noch immer vor mir, küßte jede meiner Zehen, steckte sie einzeln in den Mund und sog an ihnen, dann stand er auf, beugte sich über mich und küßte meine Wohllustgrotte, die sich bei der Berührung mit der Zunge wohllustlechzend öffnete und den Gast zu erwarten schien. Auch Sir Ethelred mußte gewußt haben, daß nur die erste Samenentleerung gefährlich ist, denn er war vorsichtig genug, sich zurückzuziehen, ehe sein Samen zu überströmen anfing. Er hielt mich einige Minuten in seinen Armen und lag an meiner Seite.

»Zweifeln Sie jetzt noch immer?« fragte ich ihn, als er mich zärtlich anblickte.

»Ich glaube zu träumen. Ich hätte niemals ein solches Glück zu hoffen gewagt. Ich kann es auch jetzt nicht begreifen. Sie können mich als Ihren Sklaven benützen, es gibt nichts, was ich Ihnen verweigern würde, wenn Sie es fordern.

Sir Ethelred mußte schon manche Feldzüge der Liebesgötter mitgemacht haben. Es währte einige Zeit, ehe er sich so weit erholte, um das Liebesspiel von vorne anzufangen, und ich mußte mit den Fingern und dem Munde nachhelfen, ehe ich seinen Amor wieder zum Stehen brachte. Ich wollte mich versichern, daß er mich nicht auf halbem Wege des Vergnügens im Stiche ließe, und er wollte das Liebesspiel schon beginnen, ich aber hielt ihn noch eine Weile hin. Endlich, als ich wahrzunehmen anfing, daß ihm die Begierden beinahe Schmerzen verursachten, gestattete ich ihm ein neues Opfer. Diesmal legte er sich auf den Rücken, ich hockte über ihm; indem ich seine beiden Hände faßte, neckte ich seinen Pfeil mit meiner Muschel, indem ich an ihm auf- und niederstreifte, ohne ihm den Eintritt zu gestatten. Der arme Mann schloß seine Augen, seufzte, stöhnte, und als er es am wenigsten erwartete, spießte ich mich auf seinen Amor. Augenblicklich öffneten sich seine Augen, ich aber hob mich, daß er wiederum draußen war und nachstoßen mußte. So fuhr ich eine Weile fort, dann aber wurden meine Stöße gleichmäßiger, und ich bemühte mich, die Muskeln meiner Höhlung in Bewegung zu setzen, so daß sie nach seinem Pfeile schnappten, was eine große Seltenheit ist und von den Männern sehr hoch geschätzt wird. Es war gut, daß ich ihn so sehr ins Feuer brachte, ich würde sonst leer ausgegangen sein. Ich spürte schon das Herannahen der Krise bei mir, meine Bewegungen richteten sich danach ein, daß sie auch bei ihm die Öffnung seiner Schleusen beschleunigen sollten; endlich bemerkte ich an dem Ausdruck seiner Augen, die immer stierer wurden, und auch an den beschleunigten Stößen seines Amors, sowie auch daran, daß er meine Hinterbacken mit krampfhafter Wohllust packte, mich in die Achseln biß und zu stöhnen anfing, als wollte er seine Lungen zersprengen, daß der Augenblick erschienen war, in dem er seine zweite Ergießung folgen lassen würde. Diese säumte auch nicht mehr, und ich erhielt den Guß, ehe sich noch bei mir das Brünnlein öffnete, doch es vergingen kaum ein paar Sekunden, und er erhielt von mir Revanche. Ich war so ins Feuer geraten, daß ich beinahe ohnmächtig wurde, und nur der Schrecken über die Unbeweglichkeit und Steifheit meines Galans brachte mich wiederum zu mir selbst.

Im ersten Augenblicke glaubte ich, der Schlag müßte ihn gerührt haben, denn er gab auf meine Fragen keine Antwort, ich griff, meiner kaum bewußt, an seine Herzgrube und fühlte, wie sein vorzüglichstes Lebensorgan heftig hämmerte. Ich machte einen Ruck nach rückwärts, daß sein Amor aus meiner Scheide herausfiel, er befand sich im Zustande der Halbschlaffheit, und ich fühlte, wie aus ihm etwas Nasses an meinen beiden Schenkeln herabrieselte, demnach war er nicht ganz ohne Bewußtsein. Zum Glück stand ein Glas Wasser auf dem Nachttischchen neben dem Bette im Bereich meiner Hand, schnell griff ich danach und spritzte ihm einen großen Teil des kalten Wassers ins Gesicht und über den Rücken. Dies brachte ihn zu sich. Er erhob sich auf seinen Armen, blickte um sich, dann beugte er sich wieder über mich und gab mir einen Kuß auf dieselbe Stelle meiner Achsel, die er blutig gebissen hatte. Ich sah ihm die Verlegenheit, in der er sich befand, an seinem Gesichtsausdrucke an und beruhigte ihn. Wir verließen das Bett und kleideten uns an. Sein Amor schien sagen zu wollen, er sei noch nicht erschöpft, denn er hob sich unter dem Hemde, und wer weiß, wenn ich ihn gereizt hätte, ob er nicht noch zu einem dritten Kampfspiel bereit gewesen wäre. So etwas wollte ich aber durchaus nicht wagen, es konnte ihm übel bekommen. Ich habe so manches darüber gelesen und gehört, daß Menschen in solchen Momenten vom Schlage gerührt wurden, und zwar soll dies öfter bei Männern vorkommen, als bei Frauen. Während meines Aufenthaltes in Pest war eine Dame so gestorben. Es müßte etwas Fürchterliches sein, einen Leichnam in den Armen zu halten.

Sir Ethelred mochte meine Gedanken erraten haben, und wir sprachen später, als wir in den Garten gingen, über diesen Gegenstand.

»Mein Gott«, sagte er, »wissen Sie nicht, wie weit einem seine krankhafte Leidenschaft verleiten kann? Solche Fälle, in denen Menschen mit Leichnamen Unzucht getrieben haben, gab es viele. Die Gesetzgebung würde keine Strafen gegen Leichenschändung verhängt haben, wenn solche nicht stattgefunden hätten. Ob sie in älteren Zeiten häufiger vorkamen als gegenwärtig, kann ich nicht behaupten, doch daß solche Fälle auch jetzt noch vorkommen, ist gewiß. Während der napoleonischen Kriege ereignete es sich einmal, daß diese krankhafte Leidenschaft bei einer Person, an der sie verübt wurde, wohltätige Folgen hatte. Einige Tage vor der Schlacht bei Jena wurde ein französischer Offizier im Hause eines evangelischen Pastors einquartiert, dessen Tochter am vorhergehenden Tage gestorben war, d. h. der sie behandelnde Arzt stellte ein Totenzeugnis über sie aus. Es war aber nichts als eine Katalepsie in sehr hohem Grade. Am nächsten Tage, nach dem Abmarsch der Franzosen, sollte sie begraben werden. Wie gesagt, war aber das Mädchen nicht tot, und der Offizier, der in ihr einen Leichnam zu sehen glaubte, ließ sich von ihrer Schönheit hinreißen und schändete sie. Sie mochte eben durch die Elektrizität des Beischlafes zum Leben erweckt worden sein. Wer kennt den Galvanismus dieses Aktes? Sie empfing sogar, und den nächsten Morgen wurden ihre Eltern durch ihr Wiedererwachen auf das Angenehmste überrascht. Sie wurde Mutter und war nicht imstande, den Urheber der Existenz ihres Kindes zu nennen, das zu einem gesunden Knaben aufwuchs. Erst viele Jahre darauf, als derselbe Offizier zufälligerweise wiederum nach demselben Dorfe kam, klärte sich die Sache auf. Die Folge davon war, daß, da die Sache ruchbar wurde, die Herren Franzosen sich ähnliche Handlungen zuschulden kommen ließen, und diejenigen, die dabei ertappt wurden, redeten sich darauf aus, sie hätten es aus Humanität getan, um verstorbene Mädchen wiederum ins Leben zu rufen. Dies gelang nun freilich keinem, denn solche Fälle von Katalepsie sind äußerst selten, und vielleicht schlägt auch das Mittel nicht immer gut an. Dennoch ist es gewiß, daß Leichenschändungen auch jetzt noch vorkommen, und sie werden sogar von Personen höherer Stände eben zufolge ihrer Abgestumpftheit für natürliche Genüsse öfter ausgeübt als von Leuten der niederen Volksklasse. Unter den unzähligen Beispielen dieser Art, von denen ich gehört habe, will ich Ihnen nur eines nennen, das des österreichischen Ministers Fürst von S...; dieser ließ sich weibliche Leichname aus dem Wiener allgemeinen Krankenhause auf seine Wohnung kommen, um sie vorgeblich zu anatomisieren, denn er war Dilettant in dieser Wissenschaft. Die Ärzte aber kamen dahinter, daß er einige der Leichname geschändet hatte, daß das Jungfernhäutchen, welches noch ganz und unversehrt gewesen war, als der Leichnam aus dem Hospital kam, zersprengt wiederum zurückkehrte.

Eine solche Leidenschaft kann für denjenigen, der sich ihr hingibt, sehr gefährlich, ja sogar tödlich werden, denn die Wirkungen des Leichengiftes sind schrecklich, es kann sich den Schleimhäuten in einem vorgeschrittenen Stadium der Verwesung mitteilen und wirkt dann in kürzester Zeit. Das männliche Glied braucht nur an einer Stelle aufgerieben zu sein oder eine geringe, kaum bemerkbare Pustel an sich haben, so ist der Leichenschänder dem Tode verfallen. Gewöhnlich aber tritt eine solche Verwesung erst am dritten oder vierten Tage ein, daß sie Gift enthält; deshalb sind auch die Leichenschänder sehr vorsichtig. Diese Vorsicht ist namentlich in einem heißen Himmelsstriche und in Sommerzeiten noch notwendiger, weil hier der Leichnam eher verwest. Deshalb bin ich überzeugt, daß dieses Laster, namentlich hier in Italien, ein verbreiteteres ist, als anderswo, denn hier wirkt das Klima mehr aufregend; deshalb ist dem Italiener alles gut, was ihm unter die Hände fällt. Hier herrschen Onanie, Päderastie und Leichenschändung in schreckenerregender Menge. Ja, es werden sogar Mordtaten verübt von solchen Wüstlingen, die dann die kaum erkalteten Opfer für ihre Lüste mißbrauchen. Der Prozeß gegen den Salamifabrikanten in Verona hat zu dieser Zeit großes Aufsehen und allgemeine Entrüstung erregt. Er begnügte sich nicht, die Mädchen, die er ins Garn lockte, zu ermorden, sondern er schändete einige sogar vor, andere nach begangener Ermordung.

Wenn in Italien ein Frauenzimmer hingerichtet wird, was, namentlich im Kirchenstaate, nicht zu den größten Seltenheiten gehört, so kann man als gewiß annehmen, daß es, wenn es vor ihrem Tode noch eine Jungfrau gewesen, vierundzwanzig Stunden nach seinem Tode sicherlich nicht mehr ist, und daß Ehemänner, die der Zufall vor Hahnreischaft geschützt hat, wenn ihre Gattinnen jung und schön gewesen sind, den Hörnerschmuck noch nach ihrer Weiber Tod erhalten. In Frankreich, ja sogar in England, sind solche Fälle ebenfalls vorgekommen, was mag erst in London geschehen, wo die Polizei weniger allwissend und allsichtig ist. Das größte Verbrechen, das ein Mensch begehen kann, ist doch, philosophisch betrachtet, wenn er eigenhändig seinen Organismus zerstört, und wo werden Sie jemals hören, daß Selbstbefleckung von den Gesetzen bestraft wird?«

Das, was mir Sir Ethelred erzählte, erfüllte meine Seele mit Entsetzen. Ihn selbst ließen alle diese naturwidrigen Verbrechen kalt, ja er stellte sie tief unter viele andere. Seiner Ansicht nach waren die Gewohnheiten der Selbstbefleckung und Leichenschändung, insofern sie demjenigen, der sie beging, nachteilig waren, die Schlimmsten; doch fügte er hinzu, daß, da die Gesetze die Selbstverstümmelung, das Untergraben der eigenen Gesundheit, ja den Selbstmord oder vielmehr den Versuch des Selbstmordes nicht ahndeten, so mußten die Gesetzgeber nur diejenigen Handlungen als verbrecherisch angenommen haben, die den Willen und das Wohlsein anderer Personen beschränkten und dem letzteren nachteilig seien. So wird auch die Völlerei, die Trunkenheit nur in ihren Folgen, nicht aber sie selber bestraft.

Dennoch waren die Erzählungen Sir Ethelreds so schauerlich, daß ich an der Möglichkeit solcher Handlungen zweifelte, und ihm meinen Zweifel darüber äußerte.

»Es wäre mir ein leichtes, Sie von der Wahrheit all dessen, was ich Ihnen erzählt, zu überzeugen, wenn ich nicht befürchten müßte, Sie durch die handgreiflichen Beweise in einer Weise zu erschüttern, daß sich Ihre mir geschenkte Gunst in Haß verwandelte. Ich brauchte nichts anderes, als Sie auf Plätze zu führen, wo Sie Zeugin solcher Handlungen sein würden.«

»Hier, in Florenz?« fragte ich.

»Nein, nicht hier, sondern in Rom«, entgegnete Sir Ethelred. »Sie wollen ohnehin im nächsten Monat in der heiligen Stadt ein paar Gastspiele geben!«

»Wohlan, ich verspreche Ihnen, daß sich meine Liebe

für Sie nicht in Haß verwandelt, und daß ich Kräfte genug besitzen werde, um alles ruhig anzusehen, nur dürfen Sie nicht verlangen, daß ich mich an solchen Schändlichkeiten anders, denn als Augenzeugin beteiligen müsse, noch daß etwa in meiner Gegenwart eine Mordtat und dergleichen Folterungen stattfinden mögen, die die passiven Mitwirkenden zu Krüppeln machen, sondern daß sich diese letzteren freiwillig zu allen Greueltaten hergeben, wie deren mehrere im Buche Sade's vorkommen.«

»Sie fordern mich dazu auf, daß ich Sie einmal derartige Auftritte sehen lasse?«

»Ich fordere Sie auf, und wenn Sie meine Neugierde befriedigen, verspreche ich Ihnen Treue und Liebe, bis Sie meiner zuletzt überdrüssig werden!«

»Dies wird niemals geschehen, und ich entbinde Sie im voraus des letzten Versprechens«, sagte Sir Ethelred, und damit brachen wir unser Gespräch ab.

Auch mich überkam die gewisse krankhafte Leidenschaft, Aufregungen zu suchen, und wer weiß, wie weit sie mich geführt hätten, wenn ich eben dadurch, was ich bald sehen sollte, nicht davon zurückgekommen wäre. Ich will es Ihnen erzählen, und hoffe, Sie werden mich deshalb nicht verurteilen, sondern mich, wenn wir in diesem Leben wiederum zusammentreffen sollten, über dieses sonderbare Phänomen der menschlichen Natur aufklären.

Die Zeit verfloß mir in Gesellschaft eines so liebenswürdigen, hochgebildeten Mannes sehr schnell.

Wir lebten, was die Genüsse der Liebe betrifft, sehr mäßig; ich fand ihn zwar jederzeit zu neuen Liebesspielen bereit, doch bedachte ich, daß seine Quelle nur zu bald versiegen würde, wenn ich zu oft aus ihr schöpfte, und ich liebte ihn trotz seines vorgerückten Alters viel zu sehr, um ihm nicht eine Demütigung zu ersparen. Demnach hielt ich mich nach der goldenen Regel des großen Reformators Martin Luther: »Alle Wochen zwier, macht des Jahres hundertundvier, schadet weder mir noch Dir.« So sehr ich auch nach derartigen Genüssen lechzte, so wenig das brennende Feuer in meinem Innern nach Befriedigung so leicht gesättigt werden konnte, so verstand ich es doch, durch zeitgemäßen Wechsel in meinem Genuß mir Genugtuung zu verschaffen, hatte ich doch meine geliebte Rosa stets an meiner Seite, und je mehr sich ihr Körper entfaltete – denn sie nahm bei der guten Kost, die sie bei mir hatte, bedeutend zu –, desto bescheidener war das schüchterne und furchtsame Mädchen, das mich als seine Herrin betrachtete; sie war in den Stunden des Genusses eine Evyone, eine Bacchantin, erfinderisch in der Steigerung der Wohllust.

Oh, ich liebte sie wirklich, und ich bin überzeugt, wenn alle Weiber es wüßten, welche Wonne ein derartiger homosexueller Umgang bietet, so würden sehr viele auf den gefährlicheren mit den Männern ganz verzichten. Ich selbst habe mich nur deshalb den Männern hingegeben, um alle Arten des Genusses zu kennen.

Den Weibern mangelt nur eins, und leider die Hauptsache, die ein Godemiché niemals ersetzen kann, denn dieses ist doch im Vergleich mit der männlichen Rute ein kalter fremder Körper, eine Maschine ohne Ausdehnungsvermögen, niemals dieselbe Größe und Hitze, kein Zu- und Abnehmen, keine Anschwellung der Adern, kein Zucken, es taugt ebensowenig wie der Condom, und ein Liebesspiel mit dem Godemiché oder Condom ist ein kaltes Vergnügen. Was aber den homosexuellen Genuß am meisten erhöht, ist, daß zwei Frauen in den Äußerungen ihrer Gefühle viel weniger zurückhaltend sind, als eine Frau einem Manne gegenüber, wie ich überzeugt glaube, daß nur zwischen zwei wohllüstigen

Weibern, wenn sie miteinander genießen, eine wahre wirkliche Geilheit zu finden ist. Ich habe es wenigstens so gefunden.

Wir reisten also nach Rom, und Sir Ethelred löste sein Wort schon in den ersten drei Tagen nach unserer Ankunft dort ein. Es kostete ihn eine ungeheure Summe, daß er meine Neugierde befriedigen konnte; doch die Leute, die uns dieses Schauspiel aufführen sollten, waren gerade solche Menschen, die für Geld zu allem bereit sind.

Am Abend vor der Orgie, die wir besuchen sollten, fand eine Doppelhinrichtung durch die Garotte statt. Ein Räuber aus den Abruzzen und sein Weib, ein reizendes Geschöpf, wurden auf der Piazza Racona erdrosselt. Sir Ethelred mietete für mich ein Fenster, das ganz nahe dem Schafott lag. Ich konnte mit meinem Opernglas jede Muskelbewegung in den Gesichtern der beiden Unglücklichen genau sehen, und das Gefühl der Aufregung wurde mir beinahe peinlich; ich litt mit ihnen gleichzeitig. Die Züge dieser beiden Hingerichteten schwebten stets vor meinen Augen, so daß ich sie kaum los werden konnte. Sir Ethelred schien in meiner Seele zu lesen; er flüsterte mir die Worte zu: »Sie werden sie noch einmal zu sehen bekommen.«

Das Lokal, wohin mich Sir Ethelred führte, war das Kapuzinerkloster della Assunzione. Die Brüder dieses Ordens hatten auch ihre Jesuitenkollegen eingeladen. Die Orgie fand in der Kirche selbst statt; die Marmorplatten des Fußbodens waren mit Binsenteppichen belegt, und da es Hochsommer war, fühlte man selbst bei Nacht nicht die geringste Kälte.

Für uns beide war eine Abteilung des Schiffes in eine Loge verwandelt worden. Einige Patres befanden sich oben auf dem Chor und sangen dazu, teils Kirchenmusik, teils schmelzende Melodien aus den beliebtesten

Opern italienischer Komponisten. Unten befanden sich Mönche aller Orden, alle nackt, so daß die Kapuziner sich nur durch ihre Bärte von den Jesuiten unterschieden.

Es waren auch Frauenzimmer da, Nonnen, weltliche Damen der verschiedensten Stände, doch so wenige, daß auf eine jede derselben etwa drei Männer kamen, ferner auch sehr wunderschöne Knaben in einem Alter von zwölf bis fünfzehn Jahren.

Es gab keinerlei Gattung von Unzucht, die hier nicht begangen wurde. Männer mit Weibern, Männer unter sich, dann auch Weiber unter sich, Männer mit Knaben, auch einige Tiere, ein Kalb, ein paar Hunde und Hündinnen, ferner Affen, Mandrills und Paviane beiderlei Geschlechts; endlich auch Katzen, die mit dem Kopf abwärts in einen Stiefel gesteckt und in dieser Lage von den »frommen« Menschen gemißbraucht wurden. Das klägliche Miauen der armen Tiere war herzzerreißend, so daß ich mir die Ohren verstopfte und nicht mehr dahin blicken konnte. Den Mönchen machte dies den größten Spaß.

Die letzte Szene dieser Orgie – für mich die letzte, denn ich bat nach ihr Sir Ethelred, er möge mich wegführen, da mich ein namenloser Schauder ergriffen hatte – war eine zweifache Leichnamsschändung. Die beiden garottierten Verbrecher wurden auf Bahren ganz nackt hereingebracht. Die Schändung der toten Körper durch die Mönche war für diese ein *Haut-goût.*

Ich blieb noch vierzehn Tage in Rom. Das Ende meiner Saison hierselbst wurde durch den plötzlichen Tod meines Freundes getrübt. Er starb an der Malaria, welcher fürchterlichen Seuche schon so viele zum Opfer gefallen waren. Ich verließ ihn nicht bis zu seinem letzten Atemzug und drückte ihm die mich noch während seines Todeskampfes zärtlich anblickenden Augen zu. In seinem letzten Willen vermachte er mir ein namhaftes Kapital und sehr viele Pretiosen und Antiken, die er überall auf seinen Reisen gesammelt hatte.

Sein Tod verleidete mir den Aufenthalt in Italien und ich war froh, den Antrag meines Impresario annehmen zu können, der mich nach Paris zur italienischen Oper mitnahm.

15. Brief

Köstliche Pasteten. Die vier Erbinnen in Paris. Köstliche feurige Ungarinnen.

Es war ein ganz ungewöhnliches und außerordentliches Ungefähr, daß ich bei meiner Ankunft in Paris die Bestätigung dessen erhalten sollte, dessen Zeugin ich in Rom gewesen war, und was ich, als es mir Sir Ethelred erzählte, nicht glauben wollte, nämlich, daß das Laster der Leichenschändung in allen Schichten des Volkes verbreitet sei. Die blasierten Wohlhabenden werden durch krankhafte Gelüste zu dieser Sünde getrieben, während die ärmsten Leute darauf aus Not verfallen, weil sie ihre Begierden auf diese Weise kostenlos befriedigen können, dabei auch wahrscheinlich denken, die Toten verrieten sie nicht, sie hätten also keine schlimmen Folgen zu befürchten. Wenn ich die Wahrheit gestehen soll, so muß ich bekennen, daß ein vollkommen schöner Leichnam sehr oft viel weniger Abscheu und Ekel erregend ist, als so mancher lebende Körper; man muß nur jenes sehr natürliche Grauen überwinden können, das einem die Berührung eines so kalten, leblosen, steifen Körpers verursacht; so begreife ich wohl, daß auch darin eine Wohllust liegen kann, erinnere ich mich doch, in einem Theaterstück gelesen zu haben, daß ein Roué jahrelang ein Weib suchte, welches bei seinen Umarmungen kalt bliebe, und als er endlich ein solches fand, sah er, daß es nach geschehenem Beischlaf tot war, sie mußte schon während des Aktes selbst gestorben sein.

Die beiden Pariser Fälle, die viel von sich sprechen machten, werden Ihnen wohl bekannt sein, obschon sie von den Zeitungen nur unvollkommen wiedergegeben wurden, weil die Verhandlungen zu skandalös waren, um sie dem Publikum mitzuteilen. Dennoch waren die Sitzungen der Assisen öffentlich, und ich habe sowohl Damen der hohen Aristokratie als auch der Demimonde dort gesehen, die ihnen beiwohnten.

Meine eigenen Abenteuer in Paris waren von jenen in anderen Städten nicht viel verschieden, ich darf es also wagen, einiges darüber zu sagen, was ich von diesen skandalösen Prozessen erfahren und zum Teil als Ohrenzeuge selbst gehört habe. Beide waren beinahe gleichzeitig, d. h. obschon die Verbrechen nicht eben zu gleicher Zeit begangen worden waren, denn bei dem einen der Verbrechen, einem Aristokraten, hatte die Familie alles angewendet, um die Sache zu vertuschen, und es wäre auch geschehen, wenn nicht neue Zeugen aufgetaucht wären und die Zeitungen einen Lärm geschlagen hätten, namentlich auf Veranlassung des zweiten Falles, wobei der Verbrecher, weil er der ärmeren Volksklasse angehörte, sogleich verhaftet und vor das Gericht gestellt wurde. Bei dem ersteren Falle wurde noch außer dem Verbrechen der Leichenschändung ein noch viel größeres, nämlich Mord, begangen, und es wurde nicht nur eine, sondern mehrere Personen ermordet, der Mörder aber und der Leichenschänder waren zwei verschiedene Individuen, doch standen sie miteinander in Verbindung.

Unter den vielen Zuchtpolizei- und Kriminalfällen in Europa mochten Ihnen, mein teurer Freund, gerade diese beiden Fälle entgangen sein, und ich würde es mir nicht verzeihen, wenn ich mich einer solchen Vernachlässigung Ihnen gegenüber schuldig machte, deshalb will ich ihnen beide – eigentlich drei dieser Fälle, von denen der eine ein reiner Kriminalfall, der zweite ebenfalls, der dritte endlich ein Zuchtpolizeifall war – erzählen.

In Fouburg Poisonniere lebte ein Fleischwarenhändler, dessen Fleischpasteten so berühmt waren, ihrer Schmackhaftigkeit wegen, daß sein Laden stets mit Menschen überfüllt war. Das gemeine Volk sprach über die Zubereitung seiner Waren viel Unsinn, und man brachte von ihm auf, er benützte das Fleisch menschlicher Leichname dazu. Eine Untersuchung fand bei ihm statt, und es stellte sich heraus, daß er zwar keine gewöhnlichen Fleischgattungen, doch nur die von Tieren dazu benutzte, und zwar zumeist von Hunden und Katzen, außerdem Eichhörnchen, Sperlingen usw. So oft eines Fleischhändlers Pasteten in Ruf kamen, erneuerte sich auch das Geschwätz von menschlichen Leichnamen, doch diese unsinnigen Anklagen waren insgesamt unbegründet und wurden zuletzt von den Sanitätsmissionen und von der Polizei unberücksichtigt gelassen, ja selbst das Publikum glaubte nicht mehr daran.

Etwa 18 Monate vor meiner Ankunft in Paris fand die Verhandlung eines Barbiers wegen Ermordung eines seiner Kunden statt, dem der Barbier die Kehle durchschnitten hatte. Die Untersuchung ergab, daß er schon mehrere Mordtaten begangen hatte, um die Leichname an seinen Schwager, einen Fleischwarenhändler zu verkaufen. Das Fleisch dieser Leichname aber war ganz zerschnitten, so daß die Mitschuld des Schwagers nicht klar erwiesen werden konnte. Im Verhör sagte der Mörder, einer seiner Kollegen täte dasselbe und verfolge dabei zweierlei Zwecke, denn erstens gebe er die Leichname junger Mädchen, von welchen viele nicht einmal im Alter der Mannbarkeit seien, einem berüchtigten Wüstling preis, dann aber, wenn sie von diesem gemißbraucht wurden, verkaufe er das Fleisch an Pastetenbäcker. Der Oberstaatsanwalt strengte gegen den Angeschuldigten eine Untersuchung an, doch dieser, der zufällig beim Verhör des Barbiers gegenwärtig war, fand Mittel, die Spuren seiner Schandtat zu beseitigen. Man fand zwar einige verdächtige Anzeichen, Blutspuren, Knochen usw. im Keller des zweiten Barbiers, doch er verstand es so gut, sich aus der Schlinge zu ziehen, daß ihm keine Mordtat nachgewiesen werden konnte, und die Sache schlief wiederum ein.

Kurze Zeit, etwa sechs Wochen vor meiner Ankunft, stand ein Diener der Morgue vor dem Zuchtpolizeigericht, der dabei ertappt wurde, als er den Leichnam eines Mädchens, welches tot aus der Seine gezogen worden war, schändete. Der Mann wurde zu einer zehnjährigen Galeerenstrafe verurteilt, welche Strafe vom Publikum und noch mehr von den Journalisten für zu hart befunden worden, weshalb seine Strafe vom Kassationshofe auf zweijährige Zuchthausstrafe herabgesetzt wurde, denn sein Vergehen wurde in dieselbe Kategorie gestellt, wie Unzucht mit Tieren, ja es gab einige, die behaupteten, eine einmonatliche Haft wäre auch eine genügende Strafe, nur des Skandals wegen.

Dieser Prozeß zog einen andern nach sich, der durch das Geschrei der Zeitungen hervorgerufen worden war, nämlich gegen den Barbier, der gleichzeitig Pastetenbäkker war. Dieser Mensch, den seine vorhergehende Straflosigkeit die ihm drohende Gefahr hatte vergessen lassen, dachte nicht im entferntesten daran, um so weniger, da er von seinem Mitschuldigen, für den er die Mordtaten beging, geschützt zu sein wähnte; er wurde also unversehens von der Polizei überfallen, und man fand den Leichnam eines zehnjährigen Mädchens in seinem Keller. Die ärztliche Untersuchung ergab, daß das Kind überdies genotzüchtigt worden war, obschon man nicht genau angeben konnte, ob diese Notzüchtigung noch während ihres Lebens oder nach dem Tode stattgefunden hatte. Ein einziger Arzt meinte, das letztere müsse der Fall gewesen sein.

Der Mörder wurde von den Assisen zum Tode durch die Guillotine verurteilt; bis zur Bestätigung des Todesurteiles durch den Kassationshof leugnete der Verbrecher hartnäckig, Mitschuldige seiner Tat gehabt zu haben; er sagte, er habe die Mädchen ermordet, um ihr Fleisch zu Pasteten zu verwenden. Als er aber erfuhr, daß ihn nichts mehr vom Tode retten könnte, gestand er, der Herzog von P... habe ihm für die Schändung jedes Mädchenleichnams, den er durch ihn erhielt, 20 Napoleondors gegeben, für einige noch mehr, ja, daß es dieser hohe Kavalier war, der ihn dazu beredet habe, er möge die Mädchen zu sich locken und dann ermorden. Auch der Herzog wurde in Untersuchung genommen, er leugnete standhaft die Mitschuld an den Verbrechen, doch waren die Indizien zu erschwerend und die Schändung der Leichname durch ihn ziemlich klar dargelegt, obschon ihm, daß er dem Barbier zugeredet habe, er möge die Mordtaten begehen, nicht bewiesen werden konnte; immerhin wußte er, daß die Mädchen ermordet worden waren, dies mußte er ja sehen. Sein Anwalt verteidigte ihn so geschickt, daß ihm nur die Leichenschändung zur Last gelegt werden konnte, und seine Bestrafung war im Verhältnis zu seinem Vergehen eine geringe. Der Barbier war ehemals Kammerdiener bei dem Herzog, und die ganze Welt hatte die moralische Überzeugung von dessen Schuld.

Ich habe nirgends ein solches Haschen nach sinnlichen Genüssen gefunden, wie in Paris. Die Leute müssen dort außerordentlich entnervt sein, daß sie an dem eigentlichen natürlichen Begattungsakt beinahe gar kein Vergnügen finden, die Weiber der Demimonde aber suchten nicht einmal einen Genuß darin.

Der Zufall brachte es mit sich, daß ich eine der unterhaltenen Frauen näher kennen lernte. Sie war die Maitresse des russischen Fürsten D..., eine selten schöne Person, und für ihr Alter noch sehr gut erhalten. Sie zählte nicht weniger als 38 Jahre. Ich würde ihr nicht mehr als höchstens 25 Jahre zuerkannt haben. Ihr Geliebter, der Fürst, der ungeheure Summen auf sie verschwendete, fing an, sich mir zu nähern, und es würde mich nur ein Wort gekostet haben, um ihn ihr abwendig zu machen. Ich sagte ihm rund heraus, daß er jede Hoffnung aufgeben müßte, da ich mich niemandem ohne Liebe hingeben würde.

Ich besaß durch die Großmut meines verstorbenen Freundes ein ansehnliches Vermögen, der Russe aber mißfiel mir sehr; erstens war er alt und häßlich, denn er mochte die fünfziger Jahre bereits überschritten haben, zweitens trug er eine Perücke und färbte seinen Schnurrbart. Ich fühlte seit jeher einen Widerwillen gegen Männer, die ihr Alter verheimlichen wollen. Sir Ethelred hatte ganz graue Haare und er würde sich geschämt haben, eine Perücke zu tragen. Des Russen Maitresse, Camilla, wußte es mir Dank, daß ich ihn abgewiesen hatte, und stattete mir einen Besuch ab, um mir persönlich ihre Danksagung darzubringen.

»Ich hoffe wohl, daß Sie nicht glauben werden, ich könnte den Fürsten lieben«, sagte sie, »er gibt mir aber jährlich 120 000 Francs. Dieses Verhältnis währt seit fünf Jahren, und ich möchte ihn noch ein paar Jahre behalten, damit ich es zu einer Million bringe. Ich besaß, ehe ich ihn kennen lernte, nahe an 200 000 Francs, von diesen Einkünften verzehre ich nicht einen Sou. Man findet in Paris Gelegenheit, hinter dem Rücken einfältiger Männer auch andere einträgliche Liaisons zu haben, wenn man nicht so dumm ist, selber zu lieben, was mir seit meiner Jugend niemals mehr widerfahren ist. Sie staunen, Madame! Es ist dennoch so.

Als Mädchen von zwölf Jahren wurde ich von meiner Mutter einem alten Kavalier um 20 000 Francs verschachert. Ich war schon in diesem zarten Alter pfiffig genug, um mir meine Unabhängigkeit zu sichern. Ich kannte die Theorie des Genusses, teils aus Mitteilungen, die mir meine Mutter und meine Schwestern machten, von denen die eine im Hospital starb, die andere, weil sie einen Mann ermordet hatte, der sie zur Mutter machte und dann verließ, und guillotiniert wurde, die dritte würde ebenso wie meine Mutter ein elendes Leben führen, wenn ich sie nicht unterstützt und zu meiner Freundin machte.

Sie sind in einem Alter, Madame, in dem man alle diese Dinge kennt, und ich bin überzeugt, daß ich Ihnen nichts Neues sage. Dieser Selbstgenuß entsprach den Beschreibungen, die man mir davon machte, durchaus nicht. Ich ging hierauf zu jenem Genuß mit Personen meines Geschlechts über, und zwar mit solchen, die ich sogar liebte. Sie wissen, daß wir Personen unseres Geschlechtes ebenso lieben können, wie Männer. Selbst dies befriedigte mich ganz, und ich mußte denen, die mir sagten, der Genuß mit Männern überwiege alles andere, wohl glauben. Es ist möglich, daß, wenn der Mensch, an den mich meine Mutter verhandelt hatte, nicht so alt und häßlich gewesen wäre, sich in meinem Kinderherzen die wirkliche Geschlechtsliebe entfaltet haben würde. So aber empfand ich gegen ihn aus mancherlei Ursachen Abscheu und Ekel, diese beiden Gefühle erstreckten sich auch auf meine Mutter, die mich verkauft hatte. »Es langweilt Sie aber, Madame«, unterbrach sich Camilla. »Sie werden ähnliche Geschichten schon gehört haben.«

»Es langweilt mich durchaus nicht, im Gegenteil, ich finde alles, was Sie mir mitzuteilen die Güte haben, sehr interessant und spannend, und es ist sehr schmeichelhaft für mich, daß Sie mich Ihres Vertrauens würdigen«, entgegnete ich. »Ich bitte, fahren Sie nur fort.«

»Wohlan, der alte Kavalier brachte mich nach einer Wohnung, die er für uns beide gemietet hatte; er wollte sofort zum Angriff schreiten, ich aber war darauf vorbereitet und holte aus meiner Schürzentasche ein kleines Terzerol hervor, das ich ihm unter die Nase hielt. Ich eröffnete ihm hierauf, daß ich mich nicht weigern würde, doch müßte er mir eine Verschreibung von 100 000 Francs für meine Jungfernschaft geben. Anfangs lachte er mir ins Gesicht. Er versuchte es zuerst mit Drohungen, die ich aber erwiderte, indem ich ihm sagte, ich würde ihn beim Polizeipräfekten verklagen, weil er mich meiner Freiheit beraubte; später kam er aufs Feilschen, ich sollte mich mit 20 000 Francs begnügen. »Nicht einen Heller weniger«, sagte ich und blieb dabei. Mit narkotischen Mitteln durfte er mir nicht kommen, weil ich keine andere Nahrung zu mir nahm, als entweder Obst, das unmöglich mit der narkotischen Substanz versetzt werden konnte, oder ich ließ ihn oder das Mädchen, das mich bediente, ehe ich etwas zu mir nahm, davon kosten.

Der alte Mann wurde hierdurch nur noch mehr auf meine Niederlage erpicht; er war ein Geizhals und dabei außerordentlich reich. Hunderttausend Francs waren für ihn kaum mehr als ein Drittel seiner jährlichen Einkünfte; er willigte also ein, gab mir die Verschreibung, die ich zu einem Rechtsgelehrten trug und ihn fragte, ob sie auch gültig gemacht werden könnte. Auf die bejahende Antwort erfüllte auch ich mein Versprechen. Ich ließ mit mir tun, was meinem Galan in den Sinn kam, und ich gestehe es Ihnen, daß es Augenblicke gegeben hat, in denen ich bitter bereute, mich selbst für die ungeheure Summe von 100 000 Francs an ihn verkauft zu haben. Er richtete mich geistig und körperlich ganz zu Grunde. Es ist unmöglich, Ihnen alles zu erzählen, was er mit mir machte. Ich war in seinen Händen eine wahre Märtyrerin.

Wenn Sie das verfluchte Buch des Marquis de Sade *Justine und Juliette* zu Händen bekommen sollten, dann würden Sie erfahren, was ein solcher Wüstling, der sich selbst schont, mit einem armen unmündigen Kinde alles tun kann. Von Zeit zu Zeit empörte ich mich gegen meinen Tyrannen, und es gelang mir auch, einige schreckliche Folterungen, zu denen er mich bereden wollte, von mir abzuwehren. Endlich, nach drei Jahren, erlöste mich sein Tod von meinem Peiniger. Sie haben wohl Sue's *Martin, der Findling* gelesen, Sie wissen also, wie ich mich fühlte, als ich von ihm frei wurde. Jeder Kitzel hatte aufgehört, meine Nerven waren durchaus abgestumpft. Ich ging mit meiner ältesten Schwester, derjenigen, die ich noch unterstütze, nach Montmorency, Aix-les-Bains, Vichy und Biarritz, um mich zu restaurieren, endlich sogar nach Gräfenberg in Österreich. Das kalte Wasser gab mir zwar meine Kräfte wieder, nicht aber die Reizbarkeit meiner Nerven zurück.

Nur sehr selten und auch nur bei Personen meines eigenen Geschlechtes vermag ich noch einen Reiz und Genuß zu fühlen, bei Männern niemals, und ich mache mir nichts daraus. Eben diese Unempfindlichkeit verleiht mir aber die Macht, die ich über die Männer besitze, denn ich stelle mich, als wenn ich ganz toll vor Wohllust wäre. Bei mir ist das Liebesspiel Kunst, wie es bei Ihnen die Mimik wäre, damit ich einem Kinde mein Vermögen hinterlassen kann. Wenn ich es zu einer Million gebracht haben werde, will ich meinen Körper neuerdings schonen und pflegen, und vielleicht empfange ich noch; wenn nicht, dann werde ich ein Kind adoptieren und erziehen, es soll dann ganz anders und glücklicher werden, als ich es sein durfte.«

Da Camilla so wie die meisten ausgehaltenen Weiber in Paris eine bedeutende Rolle spielte, die jener der Damen des Faubourg St. Germain in nichts nachsteht, ja, sie geben in mancher Beziehung, namentlich in allem, was Mode betrifft, den Ton an, so durfte ich es wagen, ohne meinem Rufe zu schaden, mit ihr zu verkehren. Camilla führte mich in mehrere Zirkel der *Bohème galante* ein. Ich besuchte alle Unterhaltungsplätze, namentlich im Sommer Asnières, wo die Damen in der Seine zu baden pflegen. Auch ich ging dahin, wie es die Kaiserin Eugenie tat, die es diesem Vergnügen zu danken hat, daß sie den großen Gimpel Napoleon in ihre Netze verstrickte. Sie würde sonst ebenso zu einer ausgehaltenen Frau herabgesunken sein, wie viele Damen der hohen Aristokratie, die außer ihrem Titel sonst nichts besitzen.

Auch in Paris fand ich meine gute Meinung, die ich von den Ungarinnen hatte, bestätigt. Es gab hier vier Damen dieser Nation, Mathilde von M..., ein natürliches Kind des Fürsten O..., von ihrer Mutter in einer gleichen Weise an einen Kavalier verhandelt, wie meine Freundin Camilla. Auch sie emanzipierte sich von ihrer Mutter und heiratete einen reichen Bankier in Paris. Sarolta von B..., meine Kollegin im Theatre lyrique, mit der ich mich aufs innigste befreundete. Wir verabredeten unter uns, daß wir miteinander nach London reisen würden, um dort auf dem Coventgarden-Theater aufzutreten. Sarolta war nicht meine Rivalin im Gesang, sie trat nur in lyrischen Opern auf oder als zweite Primadonna. Es war ein reizendes Wesen, und noch nicht verdorben. Sie spielte mit den Männern, ohne ihnen ihre Gunst zu gewähren. Sie fürchtete sich eben, so wie ich, vor der Gefahr, Mutter zu werden. Die Dritte war eine gewisse Madame de B..., die Gattin eines emigrierten ungarischen Obersten, der mit ihr in Bigamie lebte und dann, als seine erste Frau, von der er nicht gerichtlich geschieden war, ihm ihre bevorstehende Ankunft zu wissen gab, ergriff er die Flucht, reiste nach Konstantinopel und trat zum Islam über. Estella B... kam später vor das Zuchtpolizeigericht wegen Verführung eines Minderjährigen zum Schuldenmachen. Sie wurde zu einem Jahr Gefängnis verurteilt. Sie soll, wie ich später erfuhr, ihrem Gatten nach Kairo gefolgt sein, und dieser verkaufte sie um 30 000 Piaster an den Khedive von Ägypten, über den sie eine solche Macht erlangt hat, wie keines seiner übrigen Weiber. Die vierte Ungarin war eine gewisse Jenny K ..., die Tochter eines verarmten Advokaten in Pest. Sie und ihre drei Schwestern waren auf das Verkaufen ihrer Reize angewiesen und fingen mit ziemlich niedrigen Preisen das elende Handwerk an; für einen Silberzwanziger waren sie für den nächsten besten feil. Später verliebte sich ein armer siebenbürgischer Graf in sie und brachte sie so in Mode. Sowohl Jenny, wie ihre beiden Schwestern, die dritte hatte Pech und ist verschollen, machten ihr Glück, und Jenny kam nach Paris, wo sie zu den elegantesten Damen der Bohème gehörte. Ein italienischer Kavalier, der Marchese M..., heiratete sie dann, ohne sie aber lange zu besitzen, da er zwei Jahre nach seiner Vermählung starb, worauf Jenny ihr Netz über einen souveränen Fürsten auswarf, der sie an den Altar führte. –

Sie sehen, daß ich, wenn ich mich auch mit den Eroberungen nicht brüste, die ich in Paris gemacht habe, Ihnen doch genug Interessantes zu erzählen hatte.

Letzter Brief

aus London. Was bleibt? Sarolta & Rosa. Rosa solo. Von der Wollust zur Wohllust.

Im vorhergehenden Abschnitt hatte ich erwähnt, daß wir – Sarolta und ich – uns vorgenommen hatten, nach London zu reisen, um dort aufzutreten. Ich hatte in Paris ziemlich mäßig gelebt. Ich war vorsichtig in den Liebesgenüssen und versäumte es keinmal, eines der Feuerversicherungsmittel zu gebrauchen, von denen ich vorhergehend schon gesprochen habe.

Ehe ich über meinen zweijährigen Aufenthalt in London spreche, darf ich nicht vergessen, des Mannes zu erwähnen, der mich ohne Ihren Beistand, mein teurer Freund, beinahe zugrunde gerichtet hätte. Ich habe Ihnen mündlich alles gebeichtet, und es ist vielleicht nicht notwendig, daß ich es auch schriftlich tue. Niemals habe ich einen Menschen von so eiserner Beharrlichkeit gesehen. Etwa drei Monate nach meiner Ankunft in Paris wurde ich mit ihm bekannt; er stand im Ruf, der größte Roué der Seinehauptstadt zu sein, und ich wies ihn stets mit äußerster Kälte zurück. Trotzdem verfolgte er mich überallhin, selbst nach London, wo er stets in der Nähe meiner Wohnung sich einnistete, indem er beinahe immer mir gegenüber sein Logis hatte.

Eine solche Beharrlichkeit hielt ich anfangs für Tollheit, späterhin für unbegrenzte Liebe, bis ich zu meinem Unglück dahinter kam, daß es nichts anderes als Eitelkeit und Rachegefühl war; dann war es aber schon zu spät. Ich will nichts mehr von ihm sagen, denn sein Andenken ist mir ebenso verhaßt, wie ich ihn sonst liebte, ehe er an mir jene doppelte Treulosigkeit beging, indem er mich gleichzeitig zur Vernachlässigung meiner gewohnten Vorsichtsmaßregeln verführte und mich sogar ansteckte. In London durfte er es nicht wagen, mich auffällig zu verfolgen, dort konnte ich den Beistand der Polizei gegen ihn in Anspruch nehmen, und er wagte es nicht, mich in jener Weise anzugreifen, wie er es später in einem anderen Lande und unter anderen Verhältnissen tat.

Sarolta und ich nahmen uns eine sehr hübsche Wohnung in St. Johns-Wood, also in unmittelbarer Nähe des Regentparks. Es war zu Anfang der Londoner Opernsaison.

Das Wetter ist in London im Monat April am schönsten und es ist beständig, so daß man hier lieber einem jeden andern Monat den Vorwurf der Veränderlichkeit machen könnte. Außer dem Regentpark, der der ganzen Welt zum Spaziergang dient, hatte unser Landhaus auch noch einen eingeschlossenen Extragarten mit ein paar Obstbäumen, eine Geißblattlaube mit sehr gut gehaltenen Kieswegen, wo wir die Morgenstunden zuzubringen pflegten und gewöhnlich auch unser Frühstück einnahmen. Zuweilen aber blieben wir oben in unserem Hinterzimmer, das eine Aussicht über die Mauer hinaus auf den Regentpark bot. Von meiner Schlafstube aus aber hatte ich eine perspektive Ansicht des ganzen Parkes und eines Teiles von St. Johns-Wood.

Eines Morgens war Sarolta zu mir auf meine Schlafstube gekommen; die Fenster standen offen, ein paar Rotkehlchen pickten an dem Kuchen, den ich für sie auf das Fensterbrett gelegt hatte, und zwitscherten; sie waren so zahm und heimisch geworden, daß sie Sarolta auf den Nacken sprangen und ihr kleine Krümchen Backwerk aus dem Munde nahmen oder auf meine Kopfkissen flogen und umher suchten, ob es nicht etwas zum Naschen gebe. Eine schwache Brise bewegte das Laub und die Bäume, der süße Duft des Flieders drang in mein Gemach. Ich sprang in einem Hemd, nur ein leichtes Tuch über meinen Nacken geworfen, aus dem Bette und legte mich an Saroltas Seite zum Fenster hinaus.

»Sieh nur«, rief mir Sarolta zu, »ist das nicht sonderbar, ein so elegant gekleideter Herr mit den fünf oder sechs ganz zerlumpten Kindern?« Damit wies sie mit dem Finger nach einer Baumpartie im Regentparke.

Ich blickte dahin und sah, auf eine Entfernung von einer englischen Viertelmeile, einen Herrn, der zwei barfüßige Mädchen an der Hand führte und nach einem Platze ging, der mir sehr bekannt war; es war der verborgenste im ganzen Regentparke, eine kleine, ringsum mit dichtem Gebüsch umgebene Lichtung. Wie ein Blitzstrahl fuhr es mir durch mein Gehirn, es könnte ein alter Wüstling sein, der diese armen Kinder zu unzüchtigen Handlungen verleiten will, wie dies hier nichts Seltenes ist.

In eben diesem Augenblick ging ein Polizeimann auf dem Wege hinter unserer Gartenmauer vorüber; ich rief ihm zu und sagte ihm, was ich gesehen hatte, er möchte dahin gehen und nachsehen, was der Mensch mit den Kindern vorhabe. Der Polizeimann beschleunigte seine Schritte, und wir erblickten ihn bald am Rande des eingeschlossenen Platzes, und wie er dann im Gebüsch verschwand und einige Minuten dort blieb.

Nach einer Weile trat er mit dem Herrn, dessen Toilette etwas in Unordnung war, aus dem Gebüsch. Ich hatte mein Fernrohr hervorgeholt und konnte alles, was dort vorging, genau sehen. Der Polizeimann stritt mit dem Herrn, und rundherum standen die kleinen Mädchen (Kinder von fünf bis neun Jahren), auch sie sprachen und gestikulierten heftig. Eine von ihnen ging auf das kleinste Mädchen zu, deutete auf den Verhafteten und hob des Kindes Röckchen beinahe bis an den Bauch in die Höhe. Sie würde mit ihren Beweisführungen vielleicht noch deutlicher gewesen sein, hätte ihr der Polizeimann nicht gewinkt, daß dies genüge. Mehrere Spaziergänger hielten an und drängten sich näher an die Gruppe, wir vernahmen auch wirre Rufe, wie »Sperrt ihn ein!« und dergleichen. Der elegante Herr mußte dem Polizeimanne folgen. Auch ein zweiter Polizist kam dazu und nun führte man ihn nach der Polizeistation.

Einige Tage darauf lasen wir die Polizeiberichte in der *Times* und fanden darunter den Herrn, den wir im Regentpark gesehen hatten, vor dem Friedensrichter, der ihn zu den Assisen verwies. Der Polizeimann, der ihn verhaftet hatte und die kleinen Mädchen, die er zur Unzucht verführen wollte, standen als Zeugen gegen ihn auf. Der Fall war interessant genug, daß wir uns Plätze sicherten. Es war sehr pikant, was die Mädchen aussagten. Der Kaufmann, denn das war dieser Mensch, hatte nichts anderes getan, als die Mädchen entblößt, er ließ sie sich im Grase niederlegen und leckte an ihren kleinen Muschelchen; eine mußte ihm sogar in den Mund pissen, dafür erhielt sie auch doppelt soviel von ihm als die übrigen, nämlich zwei Schillinge. Obschon die Sache ziemlich klar und erwiesen war, wurde der Angeschuldigte von den Geschworenen dennoch nicht schuldig befunden, und er kam mit einem derben Verweis davon.

Die englischen Gesetze, die Gerichte und überhaupt das ganze Publikum sind manchmal sehr nachsichtig in solchen Fällen, was sich mit der so gerühmten Unparteilichkeit und Gerechtigkeitsliebe dieser Nation kaum vereinbaren läßt. Der Angeschuldigte wird manchmal wegen einer Kleinigkeit zu einer viel härteren Strafe verurteilt, als wenn ein anderer weiß der Himmel was begangen hätte. Ich entsinne mich mehrerer solcher Fälle, bei denen ich ganz anders geurteilt haben würde als die englischen Gesetze. Es war einer meiner gewöhnlichen Zeitvertreibe, die Polizeiberichte zu lesen, namentlich die Vergehen gegen die Sittlichkeit. Die Engländer haben eine eigene Manier, sich bei den Frauen einschmeicheln zu wollen, indem sie sich auf unschickliche Weise entblößen und den Frauen ihr Szepter zeigen. Es war manchmal zum Lachen. Ein junger Engländer stellte sich ganz nackt vor die Tochter seiner Hauswirtin, als sie eben zu ihm hinaufging, sein Bett zu machen. Ein junger Franzose kam eines Abends etwas benebelt nach Hause und raubte der Tochter seiner Hauswirtin einen Kuß; er wurde dafür auf sechs Wochen nach der Tretmühle geschickt – wahrlich eine zu harte Strafe für einen Kuß.

Am nachsichtigsten sind aber die Gerichte und das Publikum gegen Geistliche. Ein solcher hatte zwei Mädchen bei sich in Kost und Wohnung. Er verleitete sie dann zu allerhand unzüchtigen Handlungen, nahm sie zu sich ins Bett, spielte an ihren Muscheln, gab ihnen sein Zeugungsglied in die Hand usw. und wurde von den Geschworenen zu Zuchthausstrafe verurteilt. Der Erzbischof von Canterbury und die ganze übrige Geistlichkeit nahm sich des Verurteilten an, bis sein Prozeß erneuert wurde. Man vernahm die beiden Kinder, die ältere zwölf, die jüngere sieben Jahre alt. Die ihnen gestellten Fragen verwirrten die armen Geschöpfe derart, daß die ganze Schuld auf sie abgewälzt wurde. Als ob das möglich wäre, daß zwei solche Kinder einen ältlichen Mann zur Unzucht verleiten könnten. Dennoch wurden diese Kinder als dieses Vergehens schuldig nach der Besserungsanstalt zu Hollowoy abgeführt; der wirklich Schuldige aber, der Referent Hatched, von der Schuld freigesprochen. Ja man betrachtete ihn dafür, daß er einige Wochen im Zuchthause gesessen hatte, wie einen

Märtyrer, man veranstaltete Geldsammlungen für ihn, und er erhielt sogar eine gute Pfründe.

Sie kennen doch meine Ansicht über diesen Punkt, über das, was man Unzucht nennt, Sie wissen, daß ich mit der laut ausgesprochenen Meinung der großen Menge nicht übereinstimme. Ich glaube nämlich, daß es jedermann, Mann oder Weib, freisteht, mit seinem Körper beliebig zu verfügen, wenn dies einem andern keinen Schaden verursacht. Gewalt aber oder Verführung durch Versprechen, Aufreizung der Sinne, narkotische oder betäubende Mittel, die den Gegenstand der Verführung zu einer willenlosen Maschine machen, halte ich für sehr strafbar, und so sehr und oft ich Liebe und jede Gattung von Wohllust genossen habe, so kann ich mir doch nicht den Vorwurf machen, daß ich jemals eine Person zu derartigen Handlungen verleitet hätte.

Ich will jetzt diese vielen Kriminalfälle, die ich hier erwähnt habe, schließen und auf ein anderes Thema übergehen, d. h. Abenteuer erzählen, die ich hier erlebte. Es ist die höchste Zeit, daß ich dies tue.

In London traf ich die Schwester jener Jenny K..., der Ungarin, von der ich im vorhergehenden Briefe gesprochen habe. Sie war ziemlich schön, doch bei weitem weniger als Jenny. Auch Laura K... machte später ein riesiges Glück, einer der reichsten Kavaliere Deutschlands, der preußische Graf H... verliebte sich in sie, machte sie zu seiner Maitresse und heiratete sie sogar. Graf H... war nicht mehr jung, er hinterließ ihr nach seinem Tode ein kolossales Vermögen von mehr als einer Million Talern, und sie kaufte eine der größten und schönsten Herrschaften in Ungarn, eine Stunde von Preßburg entfernt.

Sarolta fand in London nicht jene Aufnahme, auf die sie gerechnet hatte, und sie verließ mich schon im August desselben Jahres, in dem sie hierher gekommen war, während ich mich in London auf drei Jahre verpflichtet hatte, so daß ich außer Rosa keine andere Freundin hatte. Zum Glück geriet mir ein Empfehlungsschreiben meines verstorbenen Freundes an eine seiner Cousinen, die in London in der Vorstadt Prompton wohnte, in die Hände. Ich schickte ihr den Brief Sir Ethelreds samt meiner Karte und erhielt eine Einladung noch am selben Abend.

Mrs. Meredith, dies war ihr Name, war eine Dame von 45 bis 48 Jahren, sie mußte einst sehr schön gewesen sein, doch auch das Leben sehr genossen haben, denn sie sah ziemlich verwelkt aus, ihre Haare fingen an grau zu werden, sie hatte eine Menge Falten im Gesicht und nahm zu Haarpuder ihre Zuflucht. Sie war eine Philosophin der epikuräischen Schule, doch wurde sie überall gerne gesehen, denn sie besaß viel Geist, einen niemals versiegenden Humor und eine gute Laune, dabei war sie auch sonst sehr liebenswürdig und vermögend genug, um Abendgesellschaften bei sich geben zu können.

Trotz der Verschiedenheit unseres Alters befreundeten wir uns sehr bald miteinander, und ich gestand ihr, in welchem Verhältnis ich mit ihrem seligen Vetter gestanden hatte. Sie belobte mich, daß ich ihn mit meiner Liebe beglückt hatte; sie mußte es übrigens geahnt haben, denn schon bei meinem ersten Besuche ließ sie einige Worte fallen, die darauf deuteten, daß er ihr von einem Liebesverhältnis in Italien geschrieben hatte, ohne meinen Namen zu nennen. Sir Ethelred war immer ein Muster der Diskretion. Mrs. Meredith selbst war es, die den Weg zur freiesten Meinungsäußerung über alle möglichen Gegenstände anbahnte. Sie sagte, sie habe es auch jetzt noch nicht aufgegeben, Liebe zu genießen, obschon dies nicht ohne Geldopfer geschah. »Mein Gott«, sagte sie, »ich mache es wie ältliche Männer, die von jungen Geschöpfen Liebe kaufen.«

Da sie selber überall hinging, so war es mir ebenfalls

leicht, mit allem, was für sehenswert gehalten wurde, bekannt zu werden. Einige öffentliche Lokale werden nur von den Damen der Straße besucht, namentlich die Tanzböden in Canterbury Hall, Argyllrooms, Piccadilly Salon, Hollborn Kasino, Black Eagle, Caldwell und unzählige andere. Die Straßennymphen, obschon sie in den Polizeiberichten als Prostituierte genannt werden, sind trotzdem nicht so sehr die Parias der Gesellschaft als auf dem Kontinente, und sie werden von den Gesetzen mehr geschützt als anderswo; wenn sie von jemandem insultiert werden, indem man ihnen entehrende Titel gibt, so wird der Beleidiger bestraft.

Mrs. Meredith erzählte mir von den vielfachen Abenteuern, die sie in diesen Lokalen erlebt hatte und fragte mich, ob ich nicht Lust hätte, einige davon unter ihrem Schutze und an ihrer Seite zu besuchen. Ich nahm natürlich den Antrag an. Wir durchwanderten sie alle nacheinander. Ich hatte Gelegenheit, Bemerkungen über den Charakter dieser verlorenen Geschöpfe zu machen, und meine Meinung über die Engländerinnen dieser Kaste war vergleichsweise mit den Freudenmädchen anderer Nationen eine verhältnismäßig günstige.

Unter all diesen Lokalen sind die Bälle in den Portlandrooms und der einzige große alljährliche Maskenball im Vauxhallgarten im Sommer die unterhaltendsten, ja sie übertreffen sogar jene von Paris im *Jardin-Mabille, Chateau rouge, Jardin d'Hiver, Chateau des Fleurs, Gonelagh* und *Frascati*. In den *Portlandrooms* werden nur in der Wintersaison Bälle abgehalten. Sie beginnen erst nach Mitternacht und währen bis 4 oder 5 Uhr morgens. Die Gentlemen und Ladies kommen hierher im Ballkostüm. Hier wird auch Cancan getanzt, und zwar ein sehr ausgelassener, wie die Weiber überhaupt hier mehr Bacchantinnen sind als anderswo, ohne daß sich die Polizei darein mengte.

Es ist natürlich, daß alle diese Plätze ausschließlich nur von der *Bohème galante* besucht werden, und nur einmal im Jahre vermischt sich die Aristokratie der Damen mit dieser niedrigsten Kaste im Maskenball des Vauxhallgartens, welcher von der *Hautevolée* ebenfalls benützt wird, so daß man hier wirkliche Ladies erblickt.

Mrs. Meredith war mit den meisten Damen der *Bohème galante* nicht nur bekannt, sondern sogar intim, und gäbe es in der englischen Sprache ein Duzen, sie würde sich mit ihnen geduzt haben. Einige dieser Personen besuchten sie auch, und sie gab ein paar Abendgesellschaften, eigens nur für sie. Bei diesen Gesellschaften gab es keinen einzigen Mann, dennoch unterhielten wir uns hier vielleicht besser, als wenn Männer daran teilgenommen hätten.

Sie besaß außer ihrem Londoner Hause ein schönes Landgut in Surrey, nicht viel weiter von London entfernt als Richmont. Auch dahin wurden einige der jüngsten und schönsten Venuspriesterinnen eingeladen und sie erschienen in ziemlich großer Anzahl. Ich selber brachte auch Rosa mit mir, die, obwohl sie bereits 26 Jahre alt war, noch immer so blühend aussah wie damals, als ich mit ihr nach Paris kam, sie war während vier Jahren gar nicht gealtert.

Unsere weibliche Gesellschaft mochte etwa zwischen 40 und 50 Personen gezählt haben, und wir sollten das Fest über drei Tage ausdehnen.

»Wir wollen eine homosexuelle Orgie feiern«, sagte Mrs. Meredith, »wir wollen sehen, ob wir die Männer nicht ganz entbehren können.«

Durch den Garten der Mrs. Meredith floß ein ziemlich breiter Strom, der aber für Schiffe zu seicht ist, so daß man ihn an manchen Stellen durchwaten kann. Da der Garten von einer hohen Mauer umschlossen ist und die Ufer des Flusses im Innern des Gartens von Trauerweiden umgeben sind, so daß sie diesen für alle neugierigen Augen verdecken, so wie man überhaupt im ganzen Garten tun kann, was einem beliebt, ohne befürchten zu müssen, es könnte von außen gesehen werden, so eignete sich hier alles aufs beste zum Abhalten einer Orgie.

Wir hatten das herrlichste Wetter, wie wir es uns nicht besser hätten wünschen können, nicht ein Wölkchen zeigte sich während unseres dreitägigen Aufenthaltes hierselbst. Mrs. Meredith hatte es uns zum Gesetz gemacht, während unseres Hierseins stets nackt zu bleiben, wir zogen nur Schuhe an, wenn wir im Freien lustwandelten, denn auf den Kieswegen würden es unsere Fußsohlen empfunden haben. Das Bett des Flusses aber bestand aus weichem Sand ohne geringsten Schlamm. Wir brachten den größten Teil unserer Zeit im Wasser zu, wie Enten, wir schäkerten miteinander und schwammen umher; da ich unter allen übrigen die geschickteste Schwimmerin war, einige der Damen aber diese Kunst nicht gelernt hatten, so setzte sich bald die eine, bald die andere rittlings auf meinen Rücken, und die Berührung des nackten Fleisches war gar so wohllüstig, und zuweilen wurde ich von mehreren umringt.

Soll ich Ihnen alles erzählen, was wir hier getan haben? Es wäre zu viel, und mein Brief würde mehr als doppelt so lang werden als alle übrigen, die ich Ihnen geschrieben habe. Es genüge Ihnen, davon so viel zu wissen, daß wir uns alle in Wohllust badeten. Es gab unter den Anwesenden einige Personen, die behaupteten, sie hätten in den Armen der Männer niemals diese Seligkeit empfunden als im homosexuellen Genuß.

Für keine von uns war übrigens dieses Fest ein solcher Genuß, wie für unsere Hauswirtin, denn wir alle wetteiferten darin, ihr unsere Dankbarkeit dafür zu bezeugen, daß sie uns auf eine so glänzende Art bewirtete, doch fühlten wir nach dem dritten Tage eine so große

Erschöpfung, daß wir den vierten zumeist im Bette zubrachten; dann aber reisten wir allesamt nach London zurück, wohin mich meine Berufspflicht zurückrief. –

Ich hätte in London enorme Summen gewinnen können, wenn ich es darauf angelegt hätte, Männer erobern zu wollen. Lord W..., der unter allen diesen englischen Kavalieren der größte Gesangsfanatiker war und auf eine andere Sängerin ungeheure Summen verschwendet hatte, ja, er erwirkte hier ein Engagement für sie, das sie eigentlich nur seiner Dazwischenkunft zu danken hatte, ließ mir durch mehrere seiner männlichen und weiblichen Bekannten die glänzendsten Anerbietungen machen, doch ich schlug diese ebenso ab, wie alle anderen, die mir von der englischen Aristokratie gemacht wurden, sodaß ich trotz meiner intimen Bekanntschaft mit Mrs. Meredith doch im Rufe der Uneinnehmbarkeit stand. Eine Dame, die mich bei Gelegenheit der Verheiratung ihrer Tochter zu einem Hausfeste einlud, sagte mir Schmeichelhaftes, sowohl über meinen Gesang, wie über meine Aufführung. Sie brachte auch meine Bekanntschaft mit Mrs. Meredith aufs Tapet.

»Diese gute Dame steht zwar in einem zweideutigen Ruf; Sie werden dies wahrscheinlich nicht gewußt haben«, sagte sie, »wie ich hörte, haben Sie ihren Vetter Sir Ethelred Merwyn gekannt. Man behauptet, er wäre ehemals Ihr Geliebter gewesen. Er hat Ihnen seine Cousine anempfohlen? Wahrscheinlich wird er nicht gewußt haben, daß sie so ausschweifend geworden ist. Übrigens kann Sie dies nicht berühren. Sie brauchen davon keine Notiz zu nehmen.«

Sie werden mich vielleicht fragen, ob ich nicht auch in London meine »Petites Frédains« gehabt habe? Nun ja doch, ich hatte meine kleinen Abenteuer, doch maskierte ich mich dabei so geschickt, daß es niemandem einfiel, in mir die berühmte Primadonna zu suchen. Ich besuchte sogar den sogenannten »Streck« in der Regentstreet und den Portlandrooms, bald mit dieser, bald mit der andern der Damen, die ich bei Mrs. Meredith kennen gelernt hatte, ja sogar mit Mrs. Meredith selber. Wir mußten uns freilich sehr in acht nehmen, damit wir keinem jener begegneten, die uns in Gesellschaft zu treffen pflegten, und eben deshalb wechselten wir den Strich, indem wir Gegenden besuchten, die sehr weit entfernt vom Zentralpunkte der Stadt sind. Freilich waren es hier keine Kavaliere, die wir antrafen, sondern Schiffsleute, Matrosen, Midshipmen und zuweilen ein Schiffskapitän. Wir verloren bei diesem Tausch im ephemeren Umgang durchaus nicht, im Gegenteil, wir gewannen nur hinsichtlich männlicher Lendenkraft, und diese Leute, für so roh sie auch immer gehalten werden, waren doch gegen uns viel höflicher, behandelten uns zarter, als wenn es andere Gentlemen gewesen wären, die uns für öffentliche Lustdirnen gehalten hätten. Das Schlimmste bei diesen Streifzügen war, daß man uns Geld anbot, und daß wir es annehmen mußten, wenn wir uns nicht der Gefahr aussetzen wollten, unsere Stellung in der Welt zu verraten.

Endlich aber hatte ich mir noch einen wunderschönen Hinduknaben als Page genommen; ich tat es, weil er mir so gut gefiel, daß ich mir vornahm, ihn in die süßen Mysterien der Liebe einzuweihen. Es hatte für mich einen ganz eigentümlichen besonderen Reiz, bei einem solchen Knaben, dem derartige Empfindungen ganz fremd gewesen waren, sie plötzlich entstehen zu sehen, in jeder Muskel seines Gesichtes, in jeder Bewegung seines Körpers sprach sich Liebe aus, seine Hingebung für mich war so grenzenlos, daß er zu einem freiwilligen Sklaven wurde. Sehr oft sagte er mir, er glaube nicht, daß das, was er genoß, Wirklichkeit sei, er müßte dies alles träumen, und wirklich sah ich ihn meist in Gedanken versunken, die Lider geschlossen, vor sich hinbrüten, und er hörte und sah mich erst, wenn ich ganz nahe an ihn herantrat und ihn mit meiner Hand berührte.

Ich kann Ihnen nichts mehr mitteilen, denn alles, was sich später ereignete, haben Sie aus meinem Munde gehört; Sie erinnern sich der Zeit, in der Sie meine Bekanntschaft machten, wohl noch gut genug, und ich glaube, mit diesem Briefe den Bericht über meine Abenteuer im Reiche der Liebe und der Wohllust abschließen zu dürfen. –

– Ende –

Klitoris' Freund –
Hymens Feind!

Editorisch-biographische Notiz

Dieses Werk ist mit dem Titel »Aus dem Tagebuch der Mademoiselle S...« als Privatdruck der »Literaria« Bibliophilen-Vereinigung in 300 numerierten Exemplaren in der Babylon-Presse zu Budapest im Jahre 1851 erschienen und nur an Mitglieder der Vereinigung auf dem Wege der Subskription abgegeben worden.

Die vorliegende Neuausgabe ist ein unveränderter, unbereinigter Nachdruck des Exemplars 272; auch die originale Orthographie und Interpunction wurden respectiert.

Die Memoiren werden der Schauspielerin und Sängerin Wilhelmine Schröder-Devrient zugeschrieben, geboren am 6. Dezember 1804 in Hamburg, gestorben am 26. Januar 1860 in Coburg. Ihr Grab mit eindrucksvollem Grabmal findet sich auf dem Trinitätsfriedhof zu Dresden.

Wilhelmine Schröder stammt aus einer Schaupieler- und Sänger-Familie; sie trat bereits im Kinderballett auf, bald als Schauspielerin und Sängerin (dramatischer Sopran). Sie sang die Pamina in Mozarts *Zauberflöte,* die Titelrolle in Carl Maria von Webers *Euryanthe,* die Leonore in Beethovens *Fidelio,* den Adriano in Wagners *Rienzi,* die Senta im *Fliegenden Holländer* und die Venus im *Tannhäuser.* Nach drei gescheiterten Ehen trat sie nach 1856 als Konzertsängerin mit Liedern von Beethoven,

Schubert und Felix Mendelssohn Bartholdy auf. Sie hat Beethoven gut gekannt, war mit Carl Maria von Weber, den Schumanns, besonders mit Clara befreundet; Richard und Cosima Wagner zählten zu ihren Bewunderern; der Arzt (Gynäkologe), Universalgelehrte und Naturphilosoph Carl Gustav Carus soll sie nachdrücklich ermuntert haben, ihre Erinnerungen festzuhalten und mitzuteilen.

Der erste Teil der ihr zugeschriebenen Memoiren könnte von ihr stammen oder doch inspiriert sein, bewiesen ist das freilich nicht.

HH am 28. Februar 2016 F. v. E.

GLOSSAR

AGRIPPINA, *Frau des Kaisers Claudius, Mutter des Kaisers Nero, der sie umbringen ließ.*

ASSISEN *Schöffen, Geschworene, Laienrichter.*

COCHONNERIE *Schweinerei, Sauerei, Unflätigkeit.*

CONDOM *s. Domino-Condom.*

CYTHEREA *Aphrodite, Venus, die Göttin der Liebe betreffend. »The Amour of Cytherea.« Ein Gedicht, dem Schönen Geschlecht gewidmet.* London: T. Warner in Pater-Noster-Row 1724. *»Omnia vincit amor, & nos cedamus amori.« Virgil.* Siehe auch *Die weibliche Eroberungssucht oder Mit der Liebe ist nicht zu scherzen.* Wien: k. u. k. Hofdruckerey Johann Joseph Jahn 1787

DOMINO-CONDOM *Aromatisiertes Kondom, Präservativ mit Frucht- oder Kaffeegeschmack.*

DUDEFFANT *für Dudevant, Name der Großmutter von George Sand.*

FIAKER *Miet-Kutsche, Pferde-Droschke in Wien und anderen österreichischen Städten.*

FICHU *Brust-Tuch, um das Dekolleté zu bedecken oder zu inszenieren.*

GALANTUOMO/GANTHOMME *Ehrenmann, Mann von galanter Lebensart.*

GODEMICHÉ / GODEMICHETTE *Dildo, künstlicher Penis.*

GROOM *Stallmeister, Pferdeknecht.*

HERMAPHRODIT *zweigeschlechtlich, gleichzeitig als Frau und Mann.*

HUILE PARFUMÉE *Aromaöl, Damendüfte.*

INSULTIEREN *beschimpfen, beleidigen.*

KONDOM *siehe Condom.*

KORREPETITOR *Klavierbegleiter, der den Part des Orchesters bei den Proben einer Sängerin oder Instrumental-Solistin übernimmt.*

MESSALINE/MESSALINA, *dritte Frau des römischen Kaisers Claudius; als habgierige, grausame Nymphomanin verrufen.*

ODALISKE *Harems-Sklavin.*

PEIGNOIR *Damen-Morgenmantel, Bademantel, Frisierumhang.*

Campo RACONA *Hinrichtungen wurden in Rom auf dem Campo de' Fiori vollstreckt, wie die von Giordano Bruno am 17. Februar 1600.*

ROUÉ *Lebemann, Charakterlump.*

SYBARITEN *Schlemmer, Feinschmecker.*

SYLPHIDE *anmutige Tänzerin, weiblicher Luftgeist, zartes Mädchen.*

TAFFETMASKE *Maske, die alle Gesichtszüge bedeckt.*

TOILETTE DE LA MOTTE *Schamhaar-Pflege.*

Über Wilhelmine Schröder-Devrient

»Das ist ein gewaltiges Weib – in der Kunst mein Ideal.« *Clara Schumann*

»Die singende Schauspielerin.« *Ludwig van Beethoven*

»Dresden besitzt die zwei größten Frauen der Gegenwart, die Sixtinische Madonna und die Schröder-Devrient.« *Carl Maria von Weber*

»Sie wußte so schön mit ihrem Atem umzugehen und eine wahrhaft weibliche Seele durch ihn so wundervoll ausströmen zu lassen.« *Richard Wagner*

»Neben den gleichfalls anonymen Romanen *Schwester Monica*, 1815, und *Josephine Mutzenbacher*, 1906, sind diese *Memoiren* (in einzelnen Abschnitten den beiden überlegen) das einzig bedeutende Stück erotischer deutscher Literatur.« *Eckart Kleßmann*

BRÜDER GRIMM
Kinder- & Hausmärchen. Kleine Ausgabe in einem schönen Bändchen. Nachwort von Peter Rühmkorf.

Gerd Haffmans (Hrsg.)
DIE KOMISCHEN DEUTSCHEN ERZÄHLER
119 gewetzte Geschichten aus 400 Jahren, mit den Kapiteln »Begierde, Lust & Leidenschaft« und »Verliebt, verlobt, verheiratet« usw.

Gerd Haffmans (Hrsg.)
DIE FEIERNDEN DEUTSCHEN
789 Gedichte durch den Tag, durch das Jahr und durch das Leben, mit den Kapiteln »Erste Liebe«, »Frauen & Männer«, »Wahre Liebe«, »Leidenschaft«, »Verlobt & verheiratet«, »Flitterwochen«, »Schwanger & Kinder«, »Hochzeitstage«, »Trennungen«, »Kummer & Scherz«.

RIDER HAGGARD
SIE-der-man-gehorchen-muß. Ein Abenteuer-, Liebes- und Unsterblichkeitsroman vom neuen Matriarchat. Deutsch, mit Anmerkungen und einem Nachwort von Susanne Luber.

ULRICH HOLBEINs
Weltverschönerung. Umwege zum Scheinglück. Ein vorläufiges Lebenswerk, darin: »Sind Frauen die besseren Männer?«

RUDI HURZLMEIER & HARRY ROWOHLT
Miez miez. Schöne scharfe Katzen in Bild & Vers.

RUDI HURZLMEIER & HARRY ROWOHLT.
Happy Birds-Day. Die fröhliche Vögel-Kunde in Bild & Vers.

RUDI HURZLMEIER
Rosinen des Gesamtwerks. Meisterwerke der scharfen Periode. Mit einer an- & ausziehenden Schönheitsgalerie.

Steffen Jacobs (Hrsg.)
DIE LIEBENDEN DEUTSCHEN
445 entflammte Gedichte aus 400 Jahren.

Steffen Jacobs (Hrsg.)
DIE KOMISCHEN DEUTSCHEN
881 gewitzte Gedichte aus 400 Jahren, mit den Kapiteln »Lust & Liebe« und »Ehe & Familie«.

ELSE LASKER-SCHÜLER
Die Gedichte & Essays. Das Hohe Lied auf ein Leben in Leidenschaft.

KATHERINE MANSFIELD
Sämtliche Werke. Eine Klassikerin der Erotik neu übersetzt von Ute Haffmans, Sabine Lohmann, Heiko Arntz.

SAMUEL PEPYS
Das Tagebuch 1660 – 1669. Erstmals vollständig Deutsch von Georg Deggerich, Michael Haupt, Arnd Kösling, Hans-Christian Oeser, Martin Richter & Marcus Weigelt in neun Bänden nebst einem Beibuch. Gesamtlektorat und Beibuch von Heiko Arntz. Hrsg. von Gerd Haffmans.

FANNY MÜLLER
Keks, Frau K. & Katastrophen. Die fehlten noch: Alle Geschichten von Frauen zwischen Anspruch & Hingabe.

OSCAR WILDE
Das Bild des Dorian Gray. Der Roman der erotischen Lebenskunst. Deutsch von Hans Wolf.

JOSEPH v. WESTPHALEN
Zur Phänomenologie des arbeitenden Weibes.

"WALTER"
Mein geheimes Leben. Das umfassendste erotische Tage- & Bekenntnisbuch aller Zeiten & Völker. Mit einer Einführung von Peter Rühmkorf und einer Nachbemerkung von Michel Foucault.